黔南

高中综合实践活动课程
理论与实践

QIAN NAN GAO ZHONG ZONG HE SHI JIANHUO DONG
KE CHENG LI LUN YU SHI JIAN

周光发　主编

文汇出版社

图书在版编目(CIP)数据

黔南高中综合实践活动课程理论与实践 / 周光发主编. —上海:文汇出版社,2018.4

ISBN 978-7-5496-2553-6

Ⅰ.①黔… Ⅱ.①周… Ⅲ.①活动课程–教学研究–高中 Ⅳ.①G632.3

中国版本图书馆 CIP 数据核字(2018)第 077888 号

黔南高中综合实践活动课程理论与实践

主　　编 / 周光发

责任编辑 / 熊　勇

出版策划 / 力扬文化

出版发行 / 文匯出版社

上海市威海路 755 号

(邮政编码 200041)

印刷装订 / 成都勤德印务有限公司

版　　次 / 2018 年 4 月第 1 版

印　　次 / 2018 年 4 月第 1 次印刷

开　　本 / 880×1230　1/32

字　　数 / 400 千

印　　张 / 12

ISBN 978-7-5496-2553-6

定　　价 / 58.00 元

黔南高中综合实践活动课程理论与实践

主　　编：周光发

编　　委：谢　韵　骆用刚　苏但忠　唐书君　李　匀
　　　　　杨先彤　刘廷昌　罗邦彪　贺　琨　申　浪

前　言

  综合实践活动课程是教育部 2000 年 1 月颁布的《全日制普通高级中学课程计划（试验修订稿)》的一项内容。综合实践活动是在教师引导下，学生自主进行的综合性学习活动，是基于学生的经验，密切联系学生自身生活和社会实际，体现对知识的综合应用的实践性课程。包括研究性学习、志愿服务与社会实践、劳动与技术教育等领域，并渗透信息技术教育。

  贵州省从 2010 年秋季普通高中新生入学开始，全面实施普通高中课程改革。贵州省黔南布依族苗族自治州都匀二中作为贵州省第一批新课改实验学校，为配合新课改的全面实施，该校于2010 年 9 月成立了"综合实践活动教研组"，选拔了一批不同学科的教师开展综合实践活动的教学工作，经过多年的综合实践活动教学实践，取得了不少的成绩，收获了不少的经验。

  周光发老师作为学校综合实践活动课程专任教师，长期以来潜心于中学综合实践活动课程的教学与科研工作，取得了丰硕的成果。《黔南高中综合实践活动课程理论与实践》一书是周光发教师带领黔南州长期从事综合实践活动教学的部分优秀教师多年来持之以恒的对综合实践活动教育教学研究的结晶，反映了周光发对中学综合实践活动的深刻认识和都匀二中等黔南地区学校对地方课程开发的重视。该书不仅展示了周光发老师的教学研究成果和研究水平，同时也反映了他敢于探索、创新和注重实践的精神，为我们在基础教育一线辛勤耕耘的中学综合实践活动教师如何将教学与科研工作结合起来、提高自身教育教学水平做出了榜样。我认为本书对帮助教师尽快提升其专业创新素养具有很好的作用。

本书详细介绍了黔南州中学综合实践活动四大方面的内容，一是走进综合实践活动课程，介绍了综合实践活动的内容、主导思想、目标、特点、原则、流程、评价及其管理等。二是黔南州研究性学习课程，介绍了黔南州研究性学习的方法、内容及要求等。并把研究性学习内容细化为语文、数学、英语、物理、化学、生物、历史、地理、政治、美术、音乐、体育等12类学科并进行案例分享。三是黔南州社会实践活动课程，介绍其内容、开展步骤、学分认定并进行案例分享。四是黔南州志愿服务活动课程，介绍其志愿服务概况、学分认定并进行案例分享。

本书是独具黔南特色的综合实践活动地方教材，是依据黔南的地域特点与学校的发展要求自主开发的课程，教学内容更具灵活性和针对性。比较真实地记录了黔南州师生开展综合实践活动的详细情况，凝聚了师生开展综合实践活动的心血。编写这本教材，旨在培养学生在学习中不断提升科学素养，做一个有开拓精神和广阔视野的当代中学生。

由于水平有限，时间紧迫，书中疏漏之处在所难免，敬请广大读者批评指正。谢谢！

夏五四教授

贵州青少年科技辅导员协会理事长

2018 年 3 月 20 日

目　录

第一单元　走进综合实践活动课程

第二单元　黔南州研究性学习活动课程

第三单元 黔南州社会实践活动课程

第四单元 黔南州志愿服务活动课程

第一单元　走进综合实践活动课程

第一篇　认识综合实践活动课程

1. 综合实践活动课程是什么样的课程？

综合实践活动课程是指在教师的指导下，由学生自主进行的综合性学习活动。它是基于学生经验，密切联系学生的生活和社会实际，体现对知识综合应用的学习活动。

综合实践活动不是任何学科的附庸，而是基于全体学生，具有特定教育功能的独立必修课程。综合实践活动倡导以问题解决为中心的学习，通过对问题进行独立的、持续研究的过程，发展学生探究的兴趣，培养学生在实践中发现问题、提出问题和解决问题的能力；获得参与研究、社会实践和服务社会的能力；学会分享、尊重与合作；养成实事求是的科学态度；增强服务社会的意识和关注社会的责任心与使命感。基于这样的认识，综合实践活动更强调对现实问题的解决和对知识的综合运用，更关注解决问题的实践过程及由此产生的丰富多彩、生动鲜活的体验。因此，综合实践活动是一类独立的课程。

2. 综合实践活动课程实施的依据及主导思想

综合实践活动是《普通高中课程方案（实验）》中规定的八大学习领域中的一个独立的学习领域，由国家设置并制订指导纲要、地方教育行政部门进行指导与管理、学校进行课程资源开发并组织实施的综合性活动课程，它是与其他学科课程并列而不是从属或依附于学科的一门国家必修课程。普通高中综合实践活动课程包括研究性学习、志愿服务、社会实践等三个科目。

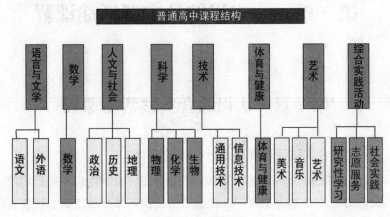

普通高中课程结构表

普通高中综合实践活动课程，是在九年义务教育阶段普遍开展综合实践活动的基础上，施于全体高中学生的必修课程。在高中实施和开发综合实践活动课程，既要坚持综合实践活动课程的基本理念，又要适合高中教学和高中学生的特点，准确地确定和完整地把握课程理念，正确地理解课程的价值取向。高中综合实践活动课程共 23 个必修学分，是高中毕业学分标准的重要组成部分，占最低必修学分的 20%，占最低毕业学分的 16%。

3. 综合实践活动课程的目标

（1）综合实践活动课程的总目标

综合实践活动的总目标是密切学生与生活的联系，推进学生对自然、社会和自我之间内在联系的整体认识与体验，发展学生的创新能力、实践能力以及良好的个性品质。

我国综合实践活动课程的总目标

学生发展目标	教师发展目标	学校发展目标
个人主要活动内容简述三种意识： 1. 主体意识：责任感、自信心 2. 合作意识：交往、分享、协作 3. 创新意识：质疑意识、探究意识 三种能力： 1. 自我管理能力：自省、自律 2. 服务社会能力：关注社会、乐于助人 3. 问题解决能力：学会运用知识、动手操作	1. 转变教学理念，改变教学策略 2. 强化课程意识，提高课程开发能力 3. 形成一种民主平等的师生关系 4. 形成教师之间的协作教学 5. 拓宽知识面	1. 对课程资源的开发与管理 2. 对责任安全问题的发展 3. 形成一种"自主、开发、合作"的校园氛围 4. 促进学校教育的整体发展

（2）综合实践活动的具体目标

1）亲近并探究自然，增进对自然的认识，逐步形成关爱自然、保护环境的意识和能力。

2）积极参与社区和服务社会，增进对社会的认识与体验，发展社会实践能力和社会责任感。

3）掌握基本的生活技能，发展认识自我的能力，养成积极而负责任的生活态度。

4）掌握各种逻辑思维方法、问题探究的方法及其基本规范，切实提高发现问题、提出问题的能力，具有规划能力和总结能力。

5）学习并开展力所能及的技术实践和劳动实践，培养技术意识和技术实践能力。

6）体验并初步学会调查研究与访问、实验研究与观察、技术设计与制作、社会参与与服务、信息收集与处理等多种实践学习方式，发展学生搜集处理信息的能力、自主获取知识的能力、分析与解决问题的能力、表达与交流的能力、逻辑思维能力。

7）通过社会实践和调查研究，要了解科学对于自然、社会、人类的意义与价值。学会关心国家和社会进步，关注人类与环境的可持续发展，形成积极的人生态度，培养对社会的责任心和使命感。

8）通过社会实践和社区服务，形成遵守社会行为规范，发展社会沟通能力，培养服务社会的正确意识和对社会负责的积极态度。

4. 综合实践活动课程的特点

（1）整体性

综合实践活动主题的选择范围包括学生本人、社会生活和自然世界。对任何主题的探究都必须体现个人、社会、自然的内在整合，体现科学、艺术、道德的内在整合。综合实践活动必须立足于人的个性的整体性，立足于每一个学生的全面发展。

（2）实践性

综合实践活动以学生的现实生活和社会实践为基础发掘课程资源，而非在学科知识的逻辑序列中构建课程。综合实践活动以活动为主要开展形式，强调学生的亲身经历，要求学生积极参与到各项活动中去，在"考察""实验""探究""设计""创作""想象""反思""体验"等一系列的活动中发现和解决问题，体验和感受生活，发展实践能力和创新能力。

（3）开放性

综合实践活动面向每一个学生的个性发展，尊重每一个学生发展的特殊需要，其课程目标具有开放性。综合实践活动面向学生的整个生活世界，它随着学生生活的变化而变化，其课程内容具有开放性。综合实践活动关注学生在活动过程中所产生的丰富多彩的学习体验和个性化的创造性表现，其评价标准具有多元性，因而其活动过程与结果均具有开放性。

（4）生成性

随着活动的不断展开，新的目标不断生成，主题不断生成，学生在这个过程中兴趣盎然，认识和体验不断加深，创造性的火花不断迸发，这是综合实践活动生成性的集中表现。对综合实践活动的整体规划和周密设计不是为了限制其生成性，而是为了使其生成性发挥得更具有方向感、更富有成效。

（5）自主性

综合实践活动充分尊重学生的兴趣、爱好，为学生的自主性的充分发挥开辟了广阔的空间。学生自己选择学习的目标、内容、方式及指导教师，自己决定活动结果呈现的形式，指导教师只对其进行必要的指导，不包揽学生的工作。

5. 综合实践活动课程的内容

（1）研究性学习

研究性学习是指学生基于自身兴趣，在教师指导下，从自然、社会和学生自身生活中选择和确定研究专题，主动地获取知识、应用知识、解决问题的学习领域。研究性学习强调学生通过实践，增强探究和创新意识，学习科学方法，发展综合运用知识的能力。学生通过研究性学习活动，形成一种积极的、生动的自主、合作、探究的学习方式。

（2）志愿服务与社会实践

志愿服务与社会实践是指学生在教师指导下，走出教室，参与社区和社会实践活动，以获取直接经验、发展实践能力、增强社会责任感为主旨的学习领域。通过该学习领域，可以增进学生与社会的密切联系，不断提升学生的精神境界、道德意识和实践能力，使学生人格臻于完善。

（3）劳动与技术教育

劳动与技术教育是以学生获得积极劳动体验、形成良好技术素养为主的，以多方面发展为目标，且以操作性学习为特征的学习领域。它强调学生通过人与物的作用、人与人的互动来从事操作性学习，强调学生动手与动脑相结合。通过该领域使学生了解必要的通用技术和职业分工，形成初步的技术意识和技术实践能力。

（4）信息技术教育

信息技术不仅是综合实践活动有效实施的重要手段，而且是综合实践活动探究的重要内容。信息技术教育的目的在于帮助学生发展适应信息时代需要的信息素养。这既包括发展学生利用信息技术的意识和能力，还包括发展学生对浩如烟海的信息的反思和辨别能力，形成健康向上的信息伦理。

以上四个方面是国家为了帮助学校更好地落实综合实践活动而特别指定的几个领域，而非综合实践活动内容的全部。四大指定领域在逻辑上不是并列的关系，更不是相互割裂的关系。"研究性学习"作为综合实践活动的基础，倡导探究的学习方式，这一方式渗透于综合实践活动的全部内容之中。另一方面，"社区服务与社会实践""信息技术教育""劳动与技术教育"则是"研究性学习"探究的重要内容。所以，在实践过程中，四大指定领域是以配合的形态呈现的。

在新的基础教育课程体系中，综合实践活动与各学科领域形成一个有机整体。二者既有其相对独立性，又存在紧密的联系。具体说来，综合实践活动与各学科领域存在以下三方面的联系：第一，学科领域的知识可能在综合实践活动中延伸、综合、重组与提升；第二，综合实践活动中所发现的问题、所获得的知识技能可以在各学科领域的教学中拓展和加深；第三，在某些情况下，综合实践活动也可以和某些学科教学打通进行。因此，妥善处理综合实践活动与各学科领域的关系，既是一个意义重大的课题，又是一个富有创造性和艺术性的课题。

6. 实施综合实践活动须遵循的原则

综合实践活动是教师与学生合作开发与实施的。教师和学生既是活动方案的开发者,又是活动方案的实施者。有效实施综合实践活动须遵循下列原则。

(1) 正确处理学生的自主选择、主动实践与教师的有效指导的关系

1) 倡导学生对课题的自主选择和主动实践是实施综合实践活动的关键

①学生要形成问题意识,善于从日常生活中发现自己感兴趣的问题;

②学生要善于选择自己感兴趣的课题;

③在课题的展开阶段,可以采取多种多样的组织方式,主要包括:个人独立探究的方式、小组合作探究的方式、班级合作探究的方式、跨班级与跨年级合作探究的方式、跨学校合作探究的方式、跨地区合作探究的方式等;

④在课题的探究过程中要遵循"亲历实践、深度探究"的原则,倡导亲身体验的学习方法,引导学生对自己感兴趣的课题进行持续、深入的探究,防止浅尝辄止。

2) 教师要对学生的活动加以有效的指导

在指导内容上,综合实践活动的指导在根本上是创设学生发现问题的情境,引导学生从问题情境中选择适合自己的探究课题,帮助学生找到适合自己的学习方式和探究方式。在指导方式上,综合实践活动倡导团体指导与协同教学。不能把综合实践活动的指导权只赋予某一学科的教师,或班主任或专门从事综合实践活动指导的教师,而应通过有效的方式将所有教师的智慧集中起来,对综合实践活动进行协同指导。总之,教师既不能"教"综合实践活动,也不能推卸指导的责任、放任学生,而应把自己的有效指导与鼓励学

生自主选择、主动实践有机结合起来。

（2）恰当处理学校对综合实践活动的统筹规划与活动具体展开过程中的生成性目标、生成性主题的关系

综合实践活动要集中体现学校的特色，学校应对综合实践活动进行统筹规划。建议每一所学校根据本校和本校所在社区的特色推出三类相互衔接的计划，即"学校综合实践活动计划""年级综合实践活动计划"以及"班级综合实践活动计划"。随着活动过程的展开，学生在与教育情境的交互作用过程中会产生出新的目标、新的问题、新的价值观和新的对结果的设计。有效实施综合实践活动要求教师首先要认识到这些生成性目标与生成性主题产生的必然性，肯定其存在价值，并加以运用，从而将活动引向新的领域。

（3）课时集中使用与分散使用相结合

综合实践活动要求的课时安排应是弹性课时制，即将每周3课时的综合实践活动时间根据需要灵活安排。做到集中使用与分散使用相结合。可以将每周的时间集中在一个单位时间使用，也可将几周的时间集中在一天使用，亦可根据需要将综合实践活动时间与某学科打通使用等。

（4）整合校内课程与校外课程

综合实践活动要打破学校、教室的框束，把校内课程与校外课程整合起来，把正规教育与非正规教育融合起来，积极鼓励学校和学生利用双休日、节假日等开展综合实践活动。

（5）以融合的方式设计和实施四大指定领域

研究性学习、志愿服务与社会实践、劳动与技术教育、信息技术教育四大指定领域以融合的方式设计与实施是综合实践活动的基本要求。各学校要根据地方和学校的课程资源，以综合主题或综合项目的形式将四者融合在一起实施，使四大领域的内容彼此渗透，达到理想的整合状态。

第二篇　综合实践活动开展的一般流程

综合实践活动的课型很多，如选题指导型、方案设计型、专题研讨型、设计制作型、家庭体验型、社区实践型、成果交流型等。综合实践活动没有固定的上课地点，没有统一的教学内容，没有专门的指导教师，就实施而言，也没有固定的模式，它需要广大师生发挥自己的聪明才智，进行创造性的劳动。综合实践活动一般按以下四个步骤实施。

第一阶段：活动准备阶段

1. 基本任务

1）提出问题，确定活动主题。

教师通过创设问题情境，引导学生观察社会、认识生活，帮助学生归类问题，提炼活动主题，使学生确定研究方向，明确活动任务。这部分任务有利于培养学生的问题意识，激发学生求知欲。

2）构成活动小组。

教师可以指导学生根据自己的兴趣爱好选择喜欢的主题组成研究小组；也可以相约几个好朋友确定某个主题，形成研究小组；或是由教师指定某个学生作为小组长，让其他学生自由选择小组等。分组开展活动，有利于培养学生与人合作、与人交往的能力。分工，有利于培训学生的责任意识与统筹意识。

3）制定活动方案以及准备必要的工具和条件。

活动方案包括的内容主要有：活动的主题或课题、活动的内容、活动的具体目的和任务、方法、活动的具体过程、任务分工、保证条件等。

制订活动方案后，教师可以根据学生年级的不同对方案进行指导。中年级学生的方案应适当简略，可以是条款式的；高年级学生的方案应该详细，具有一定的规划性和前瞻性。这部分活动有利于培养学生的规划能力和全局意识。

2. 需要注意的问题

教师要注意在选题、分组方面一定要关注学生的兴趣爱好，激发学生内在潜能，充分调动学生的参与积极性，让每一个学生都融入小组活动中。

1）主题的选择：主题的选择要根据学生的兴趣爱好，不宜过大，要小、近、实，具有可操作性。

2）计划的制定：充分发挥教师的指导作用，指导学生制作可操作性强的方案或计划。

第二阶段：活动实施阶段

1. 基本任务

按照制定好的活动方案，运用一定的方法（调查、考察、收集资料、讨论、服务、宣传、公益活动、生活实践、劳动、技术设计、制作），搜集文献资料和第一手资料，进行具体的活动操作，获得实际 的实践体验。这是整个课程实施中最核心、最活跃，同时也是最艰难的阶段。本阶段主要包括三项任务：

（1）收集相关需要研究的资料。

（2）教师指导学生学会甄别、筛选统计调查问卷、照片、图片等资料，并将有关资料按一定的类别和顺序装成册。

（3）总结前期的活动情况，计划下一步的活动等。

2. 注意的问题

（1）跟踪指导

在这个阶段中，教师要时刻关注学生在研究过程中的思维活动状态，并采取一些必要的措施来拓宽学生的思路，通过针对性的指导、点拨与督促，组织灵活多样的阶段交流研讨活动，促进学生的自我考究、自我探讨，将研究活动引向深入。

（2）关注进程

可进行小组内部交流和组与组之间的交流，每个小组应针对本组活动的需要不定期地进行交流，如：检测小组成员收集资料的情况，汇总个别成员所收集的资料，确保实践活动可以顺利实施，获得所需数据。

（3）指导方法

教师指导学生根据主题的内容，拟订调查计划、实施调查行动、做好调查记录等，指导学生根据自己小组的主题内容、活动方案开始收集资料。

（4）随时调整

在教师统一指导下开展阶段交流，总结前期的活动情况，计划下一步的活动等。在交流中，要学会做好会议记录。组与组之间的交流，集思广益、取长补短，随时调整下一步的工作。

（5）注意安全

制定相关安全措施确保活动的顺利开展。

第三阶段：总结交流阶段

1. 基本任务

整理活动过程中获得的资料、经验、结果和感受，形成对问题的基本看法、问题解决的基本经验，发展实践能力以及良好的情感态度价值观。

2. 注意的问题

（1）总结交流的内容要全面：如活动的过程与方法、结论、收获、经验等。

（2）成果的表达方式应多样：口头材料、实物、图片、音像制品、简单的书面材料。

（3）交流的方式应多样化：如辩论、研讨、展览、墙报、刊物、网页、小报等。

3. 成果表达方式及注意事项

（1）既可以有静态的交流方式也可以有动态的交流方式

动态的交流有：一次讨论会、答辩、一场主题演讲、一次口头报告、一个节目、一场比赛、演示操作过程或谈心得体会。

静态的交流有：一幅绘画作品、一份调查报告、一件小制作等。

（2）不同主题选择不同交流方式

①主题探究的展示可以有实验展示、写调查报告、小讨论等形式。

②项目与应用设计应以展示作品（模型、小件作品、小发明、设计图）及自己的探究过程展开辩论为主。

③参观与考察的展示可以办摄影展、放影像、开讨论会、演讲、调查报告的展示为主。

④社会调查与社区服务主题的展示，可以让学生展示资料集、写体验日记、文艺演出、写建议书、开交流会、办板报。

（3）依据实际情况选择交流方式。

①寻求与学生情况相符合的结果表达方式。

②寻求与学校条件相符合的结果表达方式。

③寻求与活动实际相符合的结果表达方式。

第四阶段：拓展提升阶段

提出一些课后进一步思索探索或需要延伸训练的问题，以激发学生探索和求知的欲望，引导活动向纵深发展。

第三篇　综合实践活动的评价

1. 综合实践活动的评价理念

综合实践活动要求新的评价理念与评价方式。它反对通过量化手段对学生进行分等划类的评价方式，主张采用"自我参照"标准，引导学生对自己在综合实践活动中的各种表现进行"自我反思性评价"，强调师生之间、学生同伴之间对彼此的个性化的表现进行评定、进行鉴赏。

（1）整体观

综合实践活动评价的整体观要求在评价中把课程、教学和评价进行统整，使它们融合为一个有机整体，贯彻到活动进行中去。一方面，将学生在综合实践活动中的各种表现和活动产品如研究报告、模型、主题演讲等作为评价他们学习情况的依据；另一方面，注重把评价作为师生共同学习的机会，提供对课程修改有用的信息，实践于教学。

（2）多元化

综合实践活动的评价强调多元价值取向和多元标准，肯定学生与世界交往的多元方式。不仅允许对问题的解决可以有不同的方案，而且表现自己所学的形式也可以丰富多样。评价者要尽量使用家长、学生及一般人能理解的语言描述学生的表现，避免将评价简化为分数或等级。此外，评价主体的多元化也是被积极提倡的。

（3）过程性

综合实践活动的评价要重视学生活动过程的评价，对学生进行评定的作业应该揭示学生在活动过程中的表现以及他们是如何解决问题的，而不仅是针对他们得出的结论。即使最后结果按计划来说是失败的，也应从学生获得了宝贵经验的角度视之为重要成果，肯定其活动价值，营造其体验成功的情境。

2. 综合实践活动的评价方式

综合实践活动的评价方式多种多样。但无论何种方式，其运用的先决条件为观察。通过观察，记录和描述学生在活动过程中的表现，并以此作为评价学生的基础，这是综合实践活动各种评价方式运用的基本要求。在具体操作中，"档案袋评定"与"协商研讨式评定"等方法被认为是非常有效的评价方法。教师在运用这些方法时，要注意用文字说明学生活动令人满意或需要改进的地方。

教师要鼓励每个学生建立自己的综合实践活动档案，以便使学生深入地了解和肯定自己的能力，并能与其他人分享自我探索的体会以及进步的喜悦。

第四篇　综合实践活动的管理

综合实践活动作为主要由学校自主开发的课程，与其他课程类型相比具有许多新的特点，学校要加强统筹，要切实加强对这一课程领域的研究和管理，使其作用得到充分发挥。

1. 教育行政部门对综合实践活动的管理

教育行政部门要把对学校的管理与对学校工作的指导结合起来，通过运用一定的评价手段和组织区域性的、校际的经验交流活动等方式，帮助学校领导和教师转变教育观念，指导学校切实地、创造性地落实课程计划中的有关要求。

2. 学校对综合实践活动的管理

学校必须从组织建设、人员建设和制度建设等方面着手，从开发、实施到评价加强综合实践活动的全过程管理。具体而言，要设立研究和协调综合实践活动的专门机构和人员，以保证综合实践活动的有效实施；通过制定相应的规章制度，给予综合实践活动一定的政策支持。

3. 教师培训的管理

教师培训是综合实践活动有效实施的关键，学校要十分重视通过各种形式开展教师培训工作。在通过培训促进教师教育观念转变的同时，要鼓励、支持教师去研究综合实践活动的实施规律，提高开发与实施综合实践活动的能力。

第二单元　黔南州研究性学习活动课程

第一篇　了解研究性学习活动

1. 什么是研究性学习？

研究性学习是教育部 2000 年 1 月颁布的《全日制普通高级中学课程计划（试验修订稿）》中综合实践活动板块的一项内容。它是指学生在教师指导下，从学习生活和社会生活中选择和确定专题进行研究，主动地获取知识、应用知识、解决问题的活动。

在新一轮的"普通高中新课程实验"的方案中，研究性学习占 15 个必修学分。

研究性学习不同于综合课程，虽然在很多情况下，它涉及的知识是综合的，但是它不是几门学科综合而成的课程，也不等同于活动课程。虽然它是学生开展自主活动，但它不是一般的活动，而是以科学研究为主的课题研究活动。它也不等同于问题课程，虽然也以问题为载体，但不是接受性学习，而是以研究性学习为主要学习方式的课程。

和现有的学科教学不同，研究性学习不再局限于对学生进行纯粹的书本知识的传授，而是让学生参加实践活动，在实践中学会学习和获得各种能力。

"研究"这个词本身就具有挑战性，而学生选的课题往往是平时自己最感兴趣的，这样就能充分调动学生的学习积极性。

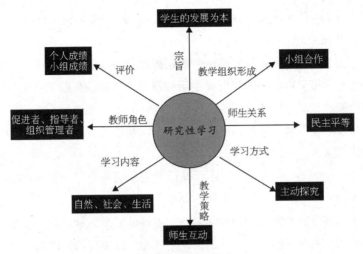

研究性学习组织模式

2. 研究性学习的目标

（1）为学生构建开放的学习环境，培养创新精神和实践能力

实施以培养创新精神和实践能力为重点的素质教育，关键是改变教师的教学方式和学生的学习方式，学生学习方式的改变，要求教师的教育观念和教学行为也必须发生转变。在研究性学习中，教师将成为学生学习的促进者、组织者和指导者。教师在参与指导研究性学习的过程中，必须不断地吸纳新知识，更新自身的知识结构，提高自身的综合素质，并建立新型的民主平等的师生关系。当前，受传统学科教学目标、内容、时间和教学方式的局限，在学科教学中普遍地实施研究性学习尚有一定的困难。因此，将研究性学习作为一项特别设立的教学活动作为必修课纳入《全日制普通高级中学课程计划（试验修订稿）》，这将会逐步推进研究性学习的开展，并从制度上保障这一活动的深化，满足学生在开放性的现实情境中主动探索研究、获得亲身体验、培养解决实际问题能力的需要。

（2）引导学生关注自然、科技、社会、经济和生活中的问题，开阔视野。

在参与真实世界的某种任务中获得体验，不但能使学生很自然地就把学校学得的知识与现实生活相联系，还能够帮助学生构建知识框架，且有助于各门学科知识的综合化，在实践中学会学习，还能激发学生探索世界的动机和挑战欲，以及积极寻找解决问题的愿望和方法。

随着活动的深入开展，还可以让学生从另一个侧面展现自己的个人价值。当学生能够从多种不同角度看待事物及其环境时，无疑将成为具有自主学习能力的学习者。也就能够有效地培养和提高学生的科学素养、创新思维意识、人文精神、自主学习兴趣与学习能力，包括收集信息、自主决策、自主探究能力、动手能力、与人合作能力、解决问题能力等，促进学生个性化的全面发展。

（3）培养信息收集和处理能力

研究性学习过程是围绕着一个需研究解决的问题展开，以解决问题和表达、交流为结束。故其目标是培养学生发现和提出问题的能力，提出解决问题设想的能力，收集资料的能力，分析资料得出结论的能力，以及表述思想和交流成果的能力，掌握基本的科学方法，学会利用多种有效手段，通过多种途径获取信息。其中，在一个开放性环境中，学生自主收集和加工处理信息能力的培养是个关键。

（4）提高综合应用能力

通过学习要激活学生在各科学习中的知识储存，掌握基本科学方法，尝试相关知识技能的综合运用。比如我校学生所做的研究性学习课题《施肥对学校草坪影响的研究》，研究的重点是施肥问题，方法用对比实验。但实施起来涉及的面很广，要买草籽，落实各种肥料、生长素，准备栽草的土壤等。由此涉及多方面工作，如土壤酸碱度测试、播种、肥料分类、浇水等，为此学生查阅了许多学过或未学过的知识，并通过实践使这些知识在研究中得到了综合的应用，提高了知识综合应用的能力。

（5）**获得亲自参与研究探索的积极体会**

研究性学习过程，也是情感活动过程。一般而言，学生通过研究性学习获得的成果，绝大多数只能在自己或周围同学中现有基础上的创新，很少能达到科学发现水平。不过在强调通过让学生自主参与类似于科学家探索的活动，获得体会，可逐步形成一种在日常学习与生活中喜爱质疑、乐于探究、努力求知的心理倾向。

（6）**学会沟通与合作**

现代科学技术的发展都是人们合作探索的结果。研究性学习过程，正是一个人际沟通与合作的过程。通过这个过程发展学生乐于合作的精神，培养善于合作和交往、沟通的能力。

（7）**培养科学态度和科学道德**

学生要在研究性学习过程中，学会从实际出发，通过认真踏实的探究，求得结论的获得，并懂得尊重他人的成果。只有把创新精神的培养同科学态度和科学道德培养统一起来，才会真正形成对社会、个人发展有价值的结果。

3. 研究性学习的特点

研究性学习是学生在教师指导下，从自然、社会和生活中选择和确定专题进行研究，以类似科学研究的方式主动地获取知识、应用知识和解决问题的学习活动。它强调的是一种主动地学习活动。主要特点有：

（1）**开放性**

在研究性学习中，"学什么"要由同学们自己选择，学习的内容是开放的。天文地理、古今中外，只要是学生感兴趣的题目，并有一定的可行性，都可作为研究课题。在研究性学习中，"怎么学"要由同学们自己设计。研究性学习强调理论联系实际，强调活动、体验的作用。同学们可以走出校门进行社会实践，实地勘察取证、走访专家、收集信息等等。在研究性学习中，"学到什么程度"要由同学们自己作出预测和规定。在同一主题下，由于个人兴趣、经验和研究活动的需要不同，研究视角的确定、研究目标的定位、切入口的选择、研究过程的设计、研究方法、手段的运用以及结果的表达等可以各不相同，具有很大的灵活性。在研究性学习中"学到什么程度"要由同学们自己作出决定，因此研究性学习的最大特点是开放性。

（2）探究性

在研究性学习过程中，学习的内容是在教师的指导下，学生自主确定的研究课题。学习的方式不是被动地记忆、理解教师传授的知识，而是敏锐地发现问题，主动地提出问题，积极地寻求解决问题的方法，探求结论的自主学习的过程。因此，研究性学习的课题，不宜由教师指定某个材料让学生理解、记忆，而应引导、归纳、呈现一些需要学习、探究的问题。这个问题可以由展示一个案例、介绍某些背景或创设一种情景引出，也可以直接提出。可以自教师提出，也可以引导学生自己发现和提出。鼓励学生自主探究解决问题的方法并自己得出结论。

（3）实践性

研究性学习强调理论与社会、科学和生活实际的联系，特别关注环境问题、现代科技对当代生活的影响以及社会发展密切相关的重大问题。要引导学生关注现实生活，亲身参与社会实践性活动。同时研究性学习的设计与实施应为学生参与社会实践活动提供条件和可能。

4. 研究性学习的内容及要求

（1）研究性学习的内容

研究性学习的内容范围大致涉及四个方面，即人与自然关系领域、人与社会关系领域、人与文化关系领域、人与自我关系领域。在研究性学习实施过程中，可根据学生的年龄特征，学习内容逐步综合、深化和拓展。

1）人与自然关系领域

人与自然关系领域的问题是与学生生活的社区直接相关的自然现象或问题。自然探究领域十分广泛，主要涉及与人的存在环境相关的自然事物或现象的问题的研究，该活动领域的核心是人的现实生活的自然环境。如水资源研究、植被研究、能源研究、环境生命科学研究等。

结合我州当前社会发展所遇到的自然问题和学生生活的实际，进行人与自然关系领域的研究性学习，可以围绕下列问题来选择性地提出探究主题：

黔南州水资源及污染现状研究

黔南州土壤资源及开发利用现状研究

黔南州空气质量的调查研究

黔南州植被与绿化现状研究

黔南州垃圾污染、光污染、噪声污染与处理问题研究

黔南州动物及其保护问题研究

黔南州资源或能源问题研究

黔南州水土流失与水灾问题研究

黔南州各中学在实施研究性学习的过程中，学生可以结合当地的实际，有针对性地提出并确定研究性学习活动的主题或课题。

2）人与社会关系领域的问题

人与社会关系领域的问题是我州中小学课题研究学习的基本内容，它涉及社会或社区的历史变迁、社区文化（如文化传统、风土人情的考察与探讨）、社会经济问题（如证券与股票、产业结构研究等）、社会政治（社会现象、政策研究、组织结构，科学技术与社会、个人、群体与制度的探究等领域）。通过这些活动学生会感悟出

社会责任感，自觉地形成作为社会公民的责任感。结合我州当前社会发展所遇到的社会问题和学生生活的实际，中学生关于人与社会关系领域的研究性学习，可以围绕下列问题来选择性地提出探究主题：

黔南州社区或故乡的变迁与发展考察研究

黔南州社区或地方产业状况与发展研究

黔南州社区或地方人口状况的调查研究

黔南州民族历史与发展问题研究

黔南州农村或城市交通问题研究

黔南州农村产业问题研究

黔南州城市产业与经济问题研究

黔南州汽车普及现状研究

黔南州老龄人口与养老问题研究

黔南州下岗与就业问题研究

黔南州城镇住房问题研究

黔南州旅游资源与旅游业发展问题研究

黔南州社会生活中的法律现象与问题

学生可以结合黔南州实际，有针对性地提出并确定研究性学习活动的主题或课题。

3）人与自我关系领域问题

人与自我关系领域的问题是学生的家庭生活、社会生活和学习生活中亲身感受到的问题。学生从自我生活中提出研究性学习活动主题或课题，使我州中学生提高对自我的认识，反思自我，发展自我。人与自我关系领域的问题探究，可围绕下列问题来选择和确定研究性学习的主题或课题。

黔南州中学生学习习惯的调查与研究

黔南州中学生的饮食与营养问题研究

黔南州校园环境与学校周边环境研究

黔南州中学生成长环境与安全问题研究

黔南州中学生的服饰与审美问题研究

黔南州中学生追星现象研究

黔南州中学生心目中的教师形象调查

黔南州中学生心目中的家长

黔南州中学生的理想调查研究

黔南州中学生的休闲生活调查研究

黔南州中学生的消费观念与行为研究

黔南州各中学在实施研究性学习的过程中，学生可以结合当地或社区背景和自身的实际，有针对性地提出并确定研究性学习活动的主题或课题。

（2）研究性学习的要求

研究性课程内容的构建应遵循以学生发展为本的原则。现代教育将学生置于教育过程的中心，将学生的发展作为教育的目的。研究性课程的内容也必须体现以学生发展为本的思想。具体说，应符合以下要求：

1）课程来源于学生的学习生活、社会生活、自然界和人类自身发展等各方面

涉及的研究课题是相当广泛的：可以是传统学科的，也可以是新兴学科的，可以是自然科学方面的，又可以是人文科学方面的；可以是单学科的，也可以是多学科相互交叉的，可以是偏重于实践活动的，也可以是偏重文献研究或思辨性的；同时也可以是上述各种内容和研究角度交叉、综合的。因此在选择和设计上要遵循和体现研究性课程内容的开放性、广域性和综合性。要把研究的内容和课题的选择、设计，从学科领域开放到现实生活的事件、问题、情境以及自然界的现象等方面。要为学生和教师各种知识的综合运用和个性特长、技能才干的充分发挥准备足够的空间。

2）课程在内容上注重联系社会生活、自然界和人类自身发展的

现实问题。

因此在选择和设计上要遵循和体现研究性课程内容的社会性、生活性和实践性。要注意研究内容与学生的现实学习生活和社会生活的紧密联系。努力克服当前基础教育脱离现实生活和社会实际的倾向；要创造条件为学生提供学习直接经验并在实践中获取积极情感体验的途径与机会，从而强化学生的实践意识，培养学生的综合实践能力。

3）课程内容呈现方式是需要学习和探究的具体问题

课程内容可以是由教师向学生展示一个案例、介绍某些背景材料或创设一种情境而引出要学习探究的具体问题，也可以是学生在自身的学习生活、社会生活以及自然界中发现并选取的自己感兴趣、又具有研究价值的问题。因此在选择设计上要遵循和体现研究性课程内容的问题性和可探究性。综上所述，研究性课程的内容几乎是不可穷尽的，但可以确定一定的学习范畴，对学生做一些如何选择学习内容的介绍时，可在一定的范畴中用列举的方式予以指导性阐述。这些指导性的内容介绍，一般都可按"课题库"或"主题库"的形式例举，供不同学生根据自己的兴趣与特长作出一定的选择，而具体内容（题目）都应符合"可研究性"和"开放性"的特征。

（3）研究性学习应注意的问题

1）学校的教职员工、学生的家长以及各行各业的专业工作者是研究性学习可充分利用的人才资源；学校内部和外部的自然环境、人文环境以及现实的生产和生活，是研究性学习可充分利用的物质资源。在研究性课程内容的选择和设计上，学校要因地制宜，广开思路，多方协调，充分地挖掘和广泛地利用各种教育资源，并将对文献资料的利用和对现实生活中"活"资源的发掘和利用有机地结合起来。

2）研究性课程内容的开放性为学生的主动参与、自主探究以及师生合作提供了广阔的空间；研究性课程内容的层次性则要求从整体出发，结合学生的年段以及年级特点，认真做好课程资源开发建设的积累工作，在研究性学习活动开展的规则、内容设计上形成一个与不同年级学生的发展水平以及已有的经验基础相适应的序列。因此学校要将研究性课程内容选择的开放性与内容设计的层次性有机地结合起来，逐渐积累形成序列。

3）不同地区、不同学校、不同学生开展研究性学习是有差异和区别的，在目标定位上可以各有侧重，在内容选择上可以各有特点。学校要根据自身的传统优势和校内外教育资源的状况，构建有地区特点和学校特色的研究性课程内容体系。教师要根据学生的差异和兴趣、爱好，指导学生选择和设计研究内容，为学生的自主学习和发展特长创造有利的条件。

5. 研究性学习的类型

依据研究内容的不同，研究性学习可分为两类：课题研究和项目（活动）设计。课题研究以认识和解决某一问题为主要目的，具体包括调查研究、实验研究、文献研究。项目（活动）设计以解决一个比较复杂的操作问题为主要目的，一般包括社会性活动的设计和科技类活动的设计。

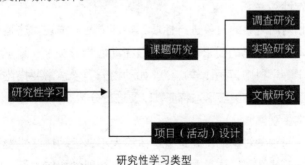

研究性学习类型

6. 研究性学习的方法

（1）观察法

1）从观察进行的方式来看，可以分为直接观察和间接观察

①直接观察

是指凭借人们的感官直接对研究对象进行描述。随着观察工具的发展，仪器设备的出现，在观察者和观察对象之间出现了中间环节——仪器。仪器在观察方法中的使用，使人们的观察能力大大跃进了一步，由直接观察发展到了间接观察。直接观察的优点是感官能够对所观察的事物进行直接作用，可以避免由于运用中间环节——仪器所引起的误差。

② 间接观察

是指借助仪器设备对研究对象进行观察。随着仪器和技术手段的发展，间接观察的范围大大向前推进了。在宏观方面，在 1608 年伽利略使用最原始的望远镜对天体进行观察，当时只能看到月亮上的"环形山"、木星的卫星和金星的圆缺；而今天使用直径 6 米的天文望远镜，却能观察到距地球三十亿光年的遥远天体，使人们的视野不知扩大了多少倍。至于把人们的视野扩大到二百亿光年之远天体的射电天文望远镜，则把人们的观察能力提高到了更高的程度。

2）从观察描述的结果来看，可以分为定性观察（质的观察）和定量观察（量的观察）

①定性观察

是指对所观察的对象进行性质和特征方面的描述。这是观察方法最基本、最起码的要求。这种观察在动植物分类学、地理学、传统生物学等学科中运用比较广泛。如动物分类学常常要描述动物的体形、四肢、头胸腹等形态特征，以便进行分类。

②定量观察

是指对观测对象的位置远近、体积大小、运动速度快慢等数量方面的观测或测量。这种观察在天文学、物理学和技术科学中运用较为广泛。如天文学中对遥远星球的位置、运行轨道的观察等，技术科学中对各种物理量的定量观测。随着各门科学向精密科学发展，定量观察愈益显得重要，数学方法在各个领域中的运用，也正反映这一特点。

3）从观察者的空间位置来看，又可分为地面观察和空间观察

①地面观察

是指观察者在地球表面上所进行的观察。当科学技术水平还没有达到一定程度，观察手段还无法摆脱地球引力的作用时，在有些领域中观察所获得的资料，就带有一定的局限性。如对地震的观测、星球的观测等。

②空间观察

是指在宇宙空间所进行的观察。由于空间技术的发展，遥测遥控手段的出现，设立了能够摆脱地球引力作用的星际飞行器和避开大气屏障的空间观测站，这种观察手段所取得的资料，能够更客观地反映宇宙、天文、气象、地震等情况。

（2）**实验法**

实验方法是指人们根据一定的科学研究目的，利用科学仪器设备，在人为控制或模拟的特定条件下，排除各种干扰，对研究对象进行观察的方法。

随着自然科学的不断进步、实验手段的日益提高，实验方法的种类也越来越多。按照科学实验方法的不同方面，可以分为许多种类型。

1）以实验在科学研究过程中的不同作用进行分类，可以分为析因实验、判决实验、探索实验、比较（对照）实验、中间实验等

①析因实验

是指为了寻找引起某些变化或结果的原因而安排的实验。它的特点是从已知的结果中去找出未知的原因。科学史上这种例子很多。

②判决实验

是指为了判定某种假说是否正确而安排的实验。它的特点是能够宣判这一假说的前途命运。经过这类实验，假说就可以被证实或被否定。

③探索实验

是指创设一定的条件来达到某一目的而安排的实验。它的特点是从已知的原因来发现它将产生的未知结果。如英国科学家戴维（1778—1829）在真空中使两块冰在水的冰点上互相摩擦，结果冰融化了，证明了冰融化所要求的热是由于摩擦产生的，推翻了"热素"说。

④比较（对照）实验

是指两个或两个以上的相似组群进行比较，一个是"对照"组，作为比较的标准；另一个是实验组，是进行某种试验而采取的一些措施，通过一些实验步骤，然后观察其结果，与"对照"组进行比较，得出这种措施对研究对象所产生的影响。这种方法的特点往往运用于生命科学中，如医药学中新研制的药品疗效的试验，农业科学研究中的田间试验等。

⑤中间实验

是指在科学研究中已取得初步成效，在生产应用前必须进行的一种模拟生产条件的实验。这种实验方法一般应用于农业科学研究和工程技术试验中比较复杂、规模又比较大的研究项目，以便通过中间实验来最后确定其科研成果能否应用于生产的科学价值。

2）从实验结果的性质进行分类，可以分为定性实验、定量实验和结构分析实验。

①定性实验

是指为了测定研究对象的性质及其组成部分而安排的实验。其目的就是为了判定某种组成部分是否存在，或是否起作用。它的特点是回答"有没有"或者"是不是"等问题。这种实验在科学研究中经常使用。

②定量实验

是指在测定研究对象的组成成分的基础上，进一步测定各组成成分之间的数量关系，确定含有某一组成成分的数值等实验。

定性实验和定量实验虽然是不同性质的实验，但是它们之间又是不可割裂的。定性实验是定量实验的基础，只有在确定了某一物质的组成成分以后，才能进一步测定其含有的数值。同时，也只有经过定量实验，才能对这一物质的整体性质有所了解。因此，从定性实验发展到定量实验，这是认识不断深化的表现。

③结构分析实验

是指为了测定研究对象的空间结构状况并对其进行分析而安排的实验。它既有定性的一面，也有定量的一面。

（3）**访谈法**

访谈，就是研究性交谈，是以口头形式，根据被询问者的答复搜集客观的、不带偏见的事实材料，以准确地说明样本所要代表的总体的一种方式。尤其是在研究比较复杂的问题时需要向不同类型的人了解不同类型的材料。

访谈法是调查者根据预先的计划，围绕主题，与调查对象面对面地直接交谈而获取信息的方法。访谈时一定要做好记录，可在征得对方同意后，用辅助工具（如录音、录像等）辅助记录，以便于整理使用。

1）访谈法的优缺点

①访谈研究法的优点

非常容易和方便可行，引导深入交谈可获得可靠有效的资料；团体访谈，不仅节省时间，而且与会者可放松心情，作较周密的思考后回答问题，相互启发影响，有利于促进问题的深入。首先是信息双向沟通。调查者和调查对象直接面对面，调查者可以对调查对象不懂的问题，做出解释，也可以从调查对象的言谈中发现新的问题，还可以纠正调整调查对象的谈话中心。其次有些访谈是私下进行，时间、地点，可以双方约定，场合环境调查者还可调控，更有利获得真实的信息。另外访谈如果一次不理想，还可以约定再访谈，比较灵活。一般地讲访谈成功率较高。

②访谈研究法的缺点

样本小，需要较多的人力、物力和时间，应用上受到一定限制。另外，无法控制被试受主试的种种影响（如角色特点，表情态度，交往方式等）。所以访谈法一般在调查对象较少的情况下采用，且常与问卷法、测验等结合使用。

2）访谈法类型

访谈又有个别访谈和集体访谈。个别访谈是调查者对一个人或一个家庭的访谈。集体访谈是调查对象有多人参加。访谈又分问卷和提纲访谈。问卷访谈是以问卷形式进行的；提纲访谈是调查者把问题列成提纲，即时发问调查对象，可以灵活机动地变换提问的次序和方式，对调查对象不理解或理解不正确的地方加以解释说明。

无论哪种访谈，都要事先经过周密计划，准备好问卷或提纲，访谈中态度要虚心、和蔼、平等、礼貌。要注意与调查对象的接触技巧、谈话技巧和记录技巧。

例如：在《仲贞子的艺术人生》专题研究中，调查者对仲贞子进行了两次访谈，用的就是访谈法。

在个案调查中一般都要用到访谈法。在抽样调查等方法中，有时也要用到访谈法。如《都匀市农村老人赡养现状调查》中就用到访谈法。

3）访谈法适用范围

访谈法收集信息资料是通过研究者与被调查对象面对面直接交谈方式实现的，具有较好的灵活性和适应性。访谈广泛适用于教育调查、求职、咨询等，既有事实的调查，也有意见的征询，更多用于个性、个别化研究。

4）访谈的技巧

①谈话要遵循共同的标准程序，避免只凭主观印象，或谈话者和调查对象之间毫无目的、漫无边际的交谈。关键是要准备好谈话计划，包括关键问题的准确措辞以及对谈话对象所做回答的分类方

法。也就是说要事先做好如下准备：A. 谈话进行的方式，B. 提问的措辞及其说明，C. 必要时的备用方案，D. 规定对调查对象所做回答的记录和分类方法。

②访谈前尽可能收集有关被访者的材料，对其经历、个性、地位、职业、专长、兴趣等有所了解；要分析被访者能否提供有价值的材料；要考虑如何取得被访者的信任和合作。另外，在访谈时要掌握好发问的技术，善于洞察被访者的心理变化，善于随机应变，巧妙使用直接法——开门见山，间接法等。

③关于访谈所提问题，要简单明白，易于回答；提问的方式、用词的选择、问题的范围要适合被访者的知识水平和习惯；谈话内容要及时记录。

④研究者要做好访谈过程中的心理调查。为了使被访者留下良好的印象，要善于沟通，消除误会隔阂，形成互相信任融洽的合作关系。研究者还要注意自己的行为举止，其中关键是以诚相待，热情、谦虚、有礼貌。有时访谈的失败正是在于沟通不够。

如有人想对师范生职业理想状况进行调查，采用访谈法。问："你为什么报考师范?"答："喜欢。""你爸爸妈妈支持你报考师范吗?""支持。""周围亲戚朋友是什么态度?""不反对。"结果谈话进行不下去，真实材料没有收集上来。

为防止被调查者出现反应效应，可先用非正式谈话沟通感情。至于如何开好调查会，还要注意以下几点：

首先，要选择好对象。参加调查会的人数不要太多，一般参加人数以 6 至 12 人为宜，参加成员要有代表性、典型性。参加者在学历、经验、家庭背景等各方面情况尽可能相近。事先要了解一下与会者的个人问题，避免触及个人隐私而造成被动局面。

第二，拟订好问题。问题设计要具体，如有可能，可事先发给每人发言讨论提纲，让他们事先做好准备，并约定好开会时间和地点。临开会前应追发一个通知。

第三，要创造一个畅所欲言的气氛。座谈会要按计划进行，目的明确，中心议题要集中。视具体情况，也可根据调查课题的需要临时提出提纲上没有的问题，让与会者作答。重要的是要创造一个畅所欲言的气氛。讨论中若发生争执，如果争执有利于课题的深入，支持争执下去；若争执与结论无关，要及时引导到问题中心上来。主持人一般不参加争论，以免堵塞与会者的思路。主持人应以谦虚平等的态度，诙谐亲切的语言，争取与会者的合作。

（4）调查研究法

调查研究法，就是有目的、有计划，系统性地去了解、考察和分析社会和自然现象，从中发现问题，探索其本质和规律而采用的研究方法。

现代社会是信息化社会，调查研究是收集和处理信息的基本方法。在研究性学习中，调查研究是最常用的基本方法。

调查研究时，要深入实际，要通过各种方法尽可能全面、客观地掌握实际情况，获得足够的信息，并对信息进行分析处理、思考研究，从中发现事物的本质和发展变化的规律。

如：在开展《都匀市中学生课外阅读状况调查》《都匀市某中学学生上午饮食初步调查研究》《关于都匀市农村老人赡养现状的调查》《都匀市中学生上网现状调查》这些研究性学习专题时用到的方法主要是调查研究法。

1）调查研究法的类型

①普查（全面调查）

指对研究对象全体进行调查。通过对全体研究对象的普查，可以了解全面情况，获得的数据、信息比较可靠。但当研究的对象数量多、范围广时，需花大量人力、物力、时间等。如果要用这种方法，在选题上要尽量把范围缩小到力所能及的局部。如人口普查，教委系统经常要的教职工情况报表、学生情况报表等都属于全面调查类型。

②抽样调查

在研究性学习过程中，使用最多的是抽样调查。抽样调查是指从全体被研究对象中抽取一部分样本进行调查分析，用样本调查结果估测和推论全体。抽样调查，可以节省人力、物力、时间。抽样调查要有足够的样本，样本要尽量分布广泛（如不同班级、男女生等等）。

在抽样调查中，被研究的对象全体叫总体或母体，抽出来进行调查的部分叫样本。抽样调查虽然是从全体中抽取部分样本进行调查分析而取得的统计数据，但它也可以起到全面调查的作用。例如：在《高二年级学生上网情况调查》的研究性学习专题中，可以采用抽样调查法。调查对象范围要在二年级的八个班级中都有一定数量的学生，而且男女生比例要适当，所居住的社区要考虑，走读和住宿都要有一定比例。这样调查研究的结果才能更有价值。

③典型调查

是指当研究对象没有个别差异或个别差异很小时，从研究对象总体中抽取一个或若干个具有代表性的对象作为典型，对它进行周密系统的调查，用其结果来概括总体的调查方法。

典型调查也可在全面调查和抽样调查后，选择研究对象有代表性的个体，进行更深入、细致、具体、系统的调查，以保证所获信息和资料直至结论更准确、更可信。

在开展典型调查前，必须精心选择典型，可将定性分析与定量分析结合起来。

例如：组织学生开展研究性学习的题目《都匀市名胜古迹调查》。其中一个小组（7人）只选四大名桥：风雨桥、百子桥、斜桥、西山桥为典型代表开展研究。这就是使用的典型调查法。

④个案调查

个案调查是指对某个特定的对象作深入细致全方位的调查研究的一种方法。个案调查对特定对象的调查研究比典型调查更加具体、深入、细致、全面。这种方法经常应用于社会调查中。如：央视《焦点访谈》《新闻调查》对一个事件做的深入细致的多层侧面与多角度全方位调查，都属于个案调查。又如：研究性学习专题《黔南州的艺术名人》，就是个案研究。8 名学生组成的研究小组从四个方面（A. 黔南州艺术名人有哪些？B. 黔南州艺术名人有哪些成就？C. 作为普通人的罗秀英是怎样的一个人？D. 罗秀英退休以后有无建树？）开展全面而具体的调查研究。这就属于个案调查。

2）调查研究的具体方法

①现场调查法

也叫现场观察法，这是在现场，用感官及其辅助工具（如笔记本、录音机、摄像机等）去了解、观察记录研究对象的调查方法。现场观察法是社会调查中常用的基本方法。它的最大优点是不干扰被观察者的正常活动，使被观察者处于"原生态"，获得的数据更可靠。

②表格调查

就是通过表格进行调查。调查者为了掌握相关信息和数据，设计含有调查项目的调查表格，发放给他人或自己亲自调查，把数据和信息直接填到表格中的一种方法。

（5）问卷法

问卷调查是以书面提出问题的方式搜集资料的一种研究方法。研究者将所要研究的问题编制成问题表格，以邮寄方式、当面作答或者追踪访问方式填答，从而了解被试者对某一现象或问题的看法和意见，所以又称问题表格法。问卷法的运用，关键在于编制问卷，选择被试和结果分析。

1）问卷的基本结构

问卷的基本结构一般分为四部分：问卷题目、导语与说明部分、资料登记部分、调查主体项目部分。每部分各有相应内容。

①标题很关键，一定要与研究目的相符，而且还要让人一目了

然，词语设计能吸引人关注。

②导语与说明部分是写在问卷开头的一段话，主要包括下面内容：调查的目的与意义，对被调查人回答问题的指导及要求；调查者的个人身份或组织名称等。有的问卷此部分可省略。

③资料登记部分是被调查者个人的基本情况，包括年龄、性别、文化程度、职业、家庭住址，在设计问卷时这部分内容要根据后期分析研究的需要而定，并非基本情况多就好，有时不需要这项内容可以省略。还有的时候把需要的少许几项列入调查问卷的主体项目中。

④主体部分。就是要调查的关键内容。调查者把与研究目的有关内容设计成问题作为问卷的主要内容。

2）问卷类型

问卷形式有结构型、非结构型、综合型。

①结构型

也称为封闭式问卷，是把问题的答案事先加以限制，只允许在问卷所限制的范围内进行挑选。

例如："你购买××牌电扇的主要原因：a. 价格便宜；b. 保修期长；c. 看到电视广告宣传；d. 听亲朋介绍；e. 样式时髦。"这是固定应答题，对指定答案方式的回答。

结构型问卷包括是否式、选择式、评判式、划记式四种问题型式。

A. 是否式

把问题可能答案列出两极端情况，从中择一，"是"与"否"，"同意"与"不同意"。

B. 评判式

每个问题后列有许多答案，要求被试者依其重要性评定等次，所以评判式也叫排列式、编序式，是用数字表示几种答案应排列顺序。

C. 划记式

划记式按同意或不同意，在答案上分别作记号"√"或"×"。这是一种核对表形式。在核对表的细目中，被调查者通过选择一个提供选择的答案来回答。与选择式、评判式不同之处在于，答案在连续统计上并不代表分点，而是称名类型。

②非结构型

非结构型也称开放式问卷，问卷由自由作答的问题组成，是非固定应答题。这类问卷，提出问题，不列可能答案，由被试者自由陈述。就题型分析，可以是填空式的，也可以是问答式的。

非结构型问卷往往用于以下情况：一是较深层次的问题研究。被调查者不受研究者和题目答案选择范围已界定的限制，按各自对问题的理解回答。这种问卷能如实地反映出被调查者的态度、特征、对有关情况的了解程度以及所持看法的依据等。因此用于探讨那些只能进行描述性分析的较复杂问题，以及获得有关人士对某些问题的看法。二是在研究初期，对所研究的问题或研究的对象有关情况还不十分清楚的情况下，采用开放式问卷，来帮助研究人员设计封闭式问卷。一般做法是：在小范围内进行问卷调查，并对搜集的资料进行归纳分析。在掌握相当的资料后，再采用结构型问卷进行较大规模的调查和进行定量分析。因此，在一定意义上，开放式问卷调查正是封闭式问卷调查的基础。

③综合型

综合型，形式一般以封闭型为主，根据需要加上若干开放性问题。也就是说，将研究者比较清楚、有把握的问题作为封闭性问题提出，而对那些调查者尚不十分明了的问题作为开放性问题放入，但数量不能过多。经调查，在积累一定材料基础上，问卷中的某些开放性问题就有可能转变为封闭性问题，这也是问题设计时常常使用的技巧。

3）问卷中问题与答案的设计

　　问卷的设计过程，是研究者根据调查研究的目的和需要，编写问题和形成问卷的过程。编制程序包括下列步骤：明确研究目的，根据研究目的和假设范围收集所需资料，并确定调查对象；列出问卷调查所需研究问题的纲要，确定所要搜集的信息和问卷类型；围绕主题草拟问题，列出标题和各部分具体项目；征求有关人员、专家的意见，修订项目；试测，从总体样本中抽取 30—50 人为试测样本，以检查问卷表述的方式、项目、内容能否被受试者所理解，并求出信度、效度；再修订。根据试测结果，对项目内容、排列方式加以改进，然后打印。根据问卷中问题的回答方式分三种类型。

　　①封闭型问题：在问题提出后，提供若干备选答案。让被调查者根据实际情况只能从中选择答案。

　　例如：问卷一：关于《都匀市农村老人赡养现状》的调查问卷

　　（略）

　　问卷二：《关于都匀市中青年人养老观的调查》问卷

　　（略）

　　其中问卷一的所有问题和问卷二的（1）–（13）题都是封闭型问题。

　　②半封闭性问题：在问题提出后，提供若干个备选答案，让调查对象在其中选择答案；如果在备选答案中选不出符合自己实际情况的答案，则在最后"其他"处填上自拟的答案。"其他"之前的答案是预先提供的，而"其他"是开放的，故称这类回答为半封闭型问题。

　　例如：问卷三：《关于都匀市中学生"人情风"调查》问卷（略）

　　卷三的（1）（2）（4）（7）问题就是半封闭型的。

　　③开放型问题：只提出问题，不提供任何答案，由被调查者自拟答案，回答是不受约束的，这种问题就是开放型问题。

　　例如：问卷四：《关于都匀市高中生阅读情况的调查》问卷

（略）

问卷四中的（4）—（7）均为开放型问题。

开放型问题一般有两种。

一种是填空式，如：你最喜欢上的一门课是_____。

另一种是问答式，如：请你说说对研究性学习的看法？

问卷中封闭型问题占多数，半封闭型问题占少数，开放型问题个别情况下才采用。一份调查问卷中可只有一种形式的问题，也可几种形式的问题混和编排。

4）编制问卷要注意的事项

①明确调查范围。在什么范围内调查，调查的是思想认识态度方面的问题，还是行为过程结果方面的问题，事先一定要明确。

②内容与目的相符。问卷中所有问题都要和研究目的相符合，无关的问题不要列入问卷中，所列问题要有较好的覆盖面，答案尽可能能反映调查问题的主要方面，问题不交叉重叠。

③问题数量适度。一份问卷回答时间尽可能在10—30分钟以内。题量多容易产生厌倦情绪。题量小不利于得到调查的基本信息。题目要精心设计，控制时间，保持被调查者的兴趣。

④问题要易于回答，调查题应准确、简明、通俗、易答。问题不能超过回答者的知识和能力范围。问题的排列要由易到难，分类清楚、层次分明。开放型问题与敏感问题要放在问卷最后，问题的设计不要有暗示倾向，避免主观和感情色彩，不要涉及个人隐私太深。

⑤设计的问题及答案资料易于后期处理。

⑥问卷发放要组织好。不论是有组织发放，还是当面填答，都要及时回收，提高回收率，回收率在70%以上时才有价值。

5）调查资料数据信息的处理

①统计归纳资料数据

在全部调查结束后，要对来自各个方面的数据信息资料分类归纳、计算统计，以便发现问题，为进一步分析、研究打下基础。

②通过分析资料统计数据，调查者围绕问题展开交流讨论，可从中发现问题的本质和一般规律，也可通过资料数据验证假设。

③得出结论、阐述问题，撰写调查研究报告

调查报告是调查研究总结阶段的最后一环，其任务是准确、鲜明、生动地表现调查研究的内容和分析结果。调查报告要求：尊重客观事实，凭借事实说话；抓住事物本质，提示事物规律，目的明确，针对性强；有叙有议，叙议结合。

6）调查案例

下面例举一个学生开展研究性学习的调查报告。

《都匀市中学生上网现状调查》

为了更好地了解网吧对中学生的影响，我们对二百多名中学生和社会上不同职业的五十多人进行了问卷调查。

（一）调查结果显示，中学生进入网吧现象十分普遍。高达96%以上的调查对象认为中学生占到网吧顾客总量的三分之一以上……

（二）造成中学生频繁出入网吧的原因有哪些呢？

其一，网吧中的电脑游戏对中学生极具吸引力，高达87%的中学生认为同龄人进网吧的主要目的是游戏娱乐，以交友聊天为主要目的占10%左右，而以学习查找为主要目的的不到3%。

其二，网吧的收费（尤其是单纯的电脑游戏）低廉，只有2%的学生把"经济能力有限"作为制约自己出入网吧的首要因素。

其三，网吧业主的热情接待和优惠措施在一定程度上刺激了中学生进入网吧。分别有42%和18%的学生认为网吧业主对中学生光顾的态度"热情"和"过分热情"，也就是说有将近60%的学生认为网吧业主为了自身利益是欢迎中学生顾客的。

其四，社区文化活动场所匮乏，也是中学生出入网吧的原因之一。有62%的中学生认为本社区没有吸引人的文化活动场所，有

70%的学生认为社区文化场所的管理人员态度"不热情、冷漠生硬",有66%的学生认为社区文化活动场所"设备、图书等陈旧",不能满足他们的需要。

(三)调查结果还表明,大多数人认为网吧对中学生有不良影响。

约有85%的各界群众认为网吧跟游戏机室一样,甚至更有害于中学生的身心健康,有近70%的中学生有相同看法。

赞成取缔学校周边的众多网吧的,成人占80%以上,中学生占61%。

认为网吧对中学生的影响弊大于利的占被调查总人数的67%,28%的人未置可否,只有10%的人认为利大于弊。

认为网上交友和聊天十分无聊的中学生占56%,成年人占69%。

综合以上情况,本研究小组强烈呼吁有关部门对此现象引起重视,将网吧的管理纳入学校周边环境整治之中。同时呼吁社会各有关部门加强社区文化建设,为青少年提供更多更好,更舒畅的文化活动场所。

7. 如何实施研究性学习

(1)研究性学习的基本步骤

作为综合实践活动课程的重要组成部分,研究性学习一般步骤如下。

1)确定课题

大多数研究性学习都是围绕着一个特定课题开展的,所以第一个环节应该是确定课题。课题的内容来自三大领域:人与自然、人与社会、人与自我。课题的确定方法可以是学生独立提出,也可以是在教师的指导下学生共同讨论得出。教师通过问卷调查、实地考察等方法引导学生确定主题,找出研究方向。

2）划分小组

研究性学习与常规教学活动最大的区别，是在研究性学习中我们通常是以一个小组为单位的。建立研究性学习小组，每班分成 7 组，每组七八个同学，确定小组组长和邀请一位指导老师。小组可以相对固定也可以根据研究性学习的内容作适当的调整。

3）制定计划

计划要有明确的目标、时间、地点，还要包括适当的资料收集方法、工具材料的准备、特殊情况的应对等，尤其是必要的安全方案。

4）开题报告

接着师生共同创设一定的问题情境，经过讨论，通过搜集相关资料，了解有关研究题目的知识水平，在此基础上确定研究范围或研究题目提出研究性学习的课题，完成开题报告。

5）计划实施

根据计划实施具体的工作。一般情况下是以小组为单位，各自履行自己的职责。例如通过网络了解相关的问题研究现状，可以到图书馆查找资料，参观访问、实地考察、实验验证，可以对有关的专业人士进行采访等等。实施阶段是研究性学习的核心部分，只有充分的占有真实的资料才能够得出正确的结论。在实施阶段要注意保持第一手资料，体验经历过程，在实际中注意安全也是一个重要问题。

6）整理总结

通过具体的实施过程，学生要整理分析搜集的资料，验证自己的假设，并综合资料提出自己的观点或结论。这是一个总结提升的过程，如果遇到新的问题可以结合问题进行再次的相关研究，以便得出更符合客观事实的结论。

7）交流展示

通过研究论文、主题演讲、小品表演、辩论会等形式，将自己的研究成果进行展示。这是研究性学习的重要阶段，学生通过展示自己在整个过程中的所思所得，体验研究性学习的过程欣赏。

在这一阶段，同学们要将取得的收获进行归纳整理、总结提炼，形成书面材料。成果的表达方式提倡多样化。除了按一定要求撰写实验报告、调查报告以外，还可以采取开辩论会、研讨会、搞展板、出墙报、编刊物（包括电子刊物）等方式。同时，还应要求同学们以口头报告的方式向全班发表，或通过指导老师主持论文答辩。

8）结题，自我反思

在交流展示的基础上，学生通过研讨、写作等方式，反思自己的研究历程，综合评价学生的研究活动，为下一步的学习和研究提供经验与借鉴。

（2）研究性学习中如何选择好课题？

进行科学研究选题非常重要。课题选得怎样，关系到研究有无价值，研究能否顺利进行等一系列重要问题。两次获诺贝尔奖的巴尔丁博士曾说，决定一个研究能否取得成效，很重要的一点就是看他所选择的科研课题。

1）选择一个好课题

什么样的课题是好课题？对于纯粹的科学研究来说，要符合下面的要求：

①目的性

科学研究是一项目的性极强的活动，课题的选择必须有明确的目的性。如"节水洁具的设计"，目的就是节约用水。

②科学性

科学研究是探索真理的活动。科学性是要求我们注重科学价值。所谓科学价值是指科学上的新发现，新创造。也包括对不正确的结论给予纠正，对不完整的结论给予补充。

③创新性

科学研究是对未知领域的探索活动，意在发明、创新、前进。

科学研究的选题应体现创新性，这种创新性既可表现为理论、观点、概念的创新，又可以表现为方法上的创新以及应用领域的创新。

④可行性

科学研究是一项严谨求实的活动。教育科研课题的选择必须充分考虑主客观条件，分析课题在实际研究过程中的切实可行性。从主观方面看，自己是否具备课题研究必须的知识水平和研究能力等。从客观方面看，是否有必要的资料、工具、经费等。具体可以从以下几个方面考虑：

第一，人力。a. 研究兴趣；b. 基础知识；c. 合作伙伴；d. 指导教师。

第二，物力。a. 研究地点；b. 实验设备。

第三，财力。a. 资料复印；b. 调研费用；c. 交通费用；d. 实验费用。

第四，时间。a. 预研究时间；b. 实验或收集资料时间；c. 撰写报告时间。

2）课题的来源

①自己在生活中或学习中遇到的问题

爱因斯坦曾经说过：提出一个问题往往比解决一个问题更重要。因为解决一个问题也许仅仅是一个数学上或实验上的技能而已，而提出新的问题、新的可能性，从新的角度看旧的问题，却需要有创造性的想象力，而且标志着科学的真正进步。

仔细地观察，然后提出问题是科学的核心所在。对于高中生而言，这一点非常重要。

那么如何做才能提出高质量的问题呢？

在最初阶段，你不应该过多地去顾及"高质量"，你只需要仔细观察你的周围，对每一事物提出为什么，然后试着给予回答。例如：我们每天吃的大米中含有哪些成分？大米是从哪儿来的？影响水稻生长的因素有哪些？除了大米以外，还有哪些粮食？其营养成分又是怎样的？为什么我们要吃粮食？世界上是否还有饥饿存在？为什么还有饥饿存在？如何才能防止饥饿？砍伐森林与粮食有关吗？等等。

准备一本笔记本，随时记下你所不能回答的问题，不管它是怎样一个问题。

坚持不懈地提出问题，这将会提高你的批判性思维和创造性思维的能力。

学会由一个主题出发，提出各种问题。这将会提高你综合、全面地思考问题的能力。

下面给出几个由主题出发而发散出去的问题。你可以试着挑一些别的主题，做些尝试。

以常见的"动物"这个概念为例。从"动物"这个集合词出发，我们可以把它分成几个不同的类别。例如，可以把与人类日常生活密切相关的动物分成宠物类、家禽类、工具类（用于搬运、拉犁等）、食用类和其他用途类（皮毛用于制衣、制鞋等），这是最直接的分法。每一个类别又都可以引发出来，作为一个研究性学习的内容。例如，你可以专门研究宠物狗，从宠物狗的分类、喂养、疾病的防治等进行资料的查找。你也可以从这些具体的动物出发，找出一些共性的东西，引发出若干研究学习的内容。如此发散出去，你可以得到许多研究课题。

②文献资料中提出的尚未解决的问题

如我们从历史方面的文献资料中可以查到"夏商周的断代"以及"奴隶社会与封建社会的分期"等问题。又如我们从文学方面的文献资料中可以查到"曹雪芹的家世探究"以及"《红楼梦》续书的优劣"等问题。

不论问题出自何处，都需要分析整理选出适合自己的课题来作研究。

3）选题应注意的问题

第一，注意课题的难易程度要适中。

难度过大，目前的能力还无法完成，如"夏商周的断代"问题。如果课题过于简单，小学生也能完成，就不能够使自己综合运用在高中阶段学过的知识，提高自己解决问题的能力。

第二，课题的大小要适中。

题目过大（往往难度也过大），限于时间和精力，不可能在短期内完成。如"《红楼梦》研究""中国诗歌的发展与演变"这类课题难度大，需要搜集大量资料，而且花费时间长，不适合高中生研究。不过我们可把它缩小为对其中某一个问题或几个问题的研究，如"贾宝玉是怎样一个叛逆形象"，"格律诗是怎样产生的"。

第三，课题的陈述要简洁具体明了。

确定研究课题，应当用简洁明了的词语来陈述。例如，有一个学生想研究高中生开设的阅读课对阅读成绩的影响，他把题目定为"高中阅读课"。这种宽泛的不包含任何问题的陈述显然不合要求，可以改成"高中生开设阅读课程对提高阅读成绩的影响"，这样就比较具体，也包含了问题在其中。

又如："洗衣粉、洗洁精、工厂废弃物等对生态环境的影响研究"也是一个非常大的研究题目，因为仅洗衣粉、洗洁精就有许多种类。另外，"工厂废弃物"到底指哪些，有多少也无法确定。这样一来，研究范围太广，而且无法操作。因此，这也不是一个好题目。

下面的例子是原题目和经过改进后更便于操作的题目。

原题目：水果蔬菜中 VC 含量的测定及日常饮食中的应用

修改 1：贵州省长顺县高钙苹果中 VC 含量的测定（使研究内容集中化）

修改 2：贵州省三都县水晶葡萄中 VC 含量是如何测定的？（使内容式陈述变成问题式陈述）

另外，还有一些科研课题的题目的表达形式：

当今社会"儿童电视剧的历史、现状和展望"

"美国中小学计算机应用对中国的启示"

"都匀市高中生高考前后心理的调查研究"

"都匀市水资源的研究综述"

"关于'双11'打折现象的思考"

"关于都匀市贫困地区人口问题的探讨"

"都匀市自来水中余氯测定的实验研究"

"惠水县金钱橘橘皮的构造及其使用价值初探"

"都匀市家教对正常教学的影响"

"都匀市中学生课外阅读之我见"

"都匀市野生中草药的血凝活性测定"

"都匀市餐饮业含油废水工程的处理方法研究"

第二篇　研究性学习案例分享

第一章　研究性学习的步骤
——以都匀市第二中学高二学生学习情况调查为例

第一步　选择一个适合的课题

1. 发现问题

随着 21 世纪的到来，我国经济水平在迅猛发展、物质文化生活水平在不断的提升，我们青少年一代的素质有了明显的提高，但不得不承认青少年的压力也比以前重了很多。所以国家一再提出让青少年减轻负担。但是，减负的成效究竟如何呢？减负之后的学生们的学习情况和学习态度、学习兴趣究竟有没有产生好的变化呢？还有，国家一再提倡素质教育，培养学生的全面发展和学习兴趣的方针究竟有没有落到实处呢？

对于我们来说，通过培养广泛的兴趣，既可以陶冶生活情趣，又可以"因材施教"，更好地发掘出我们的特长，为祖国培养出有一技之长的专业人才。

这样一些既实在又对我们青少年未来发展有着举足轻重的问题，难免引起我们的好奇心，所以我们提出要做一次学习情况调查，以了解我们周围最贴近我们学习和生活的问题。于是我们提出了一个问题"学生学习情况调查"。

2. 将问题转化为课题

问题"学生学习情况调查"还不是一个课题，因为其研究的范围、对象还不明确。需将问题转化为课题。

3. 课题的表述

根据学生的研究水平和时间要求，研究的课题必须有可操作性。于是将课题表述为"都匀市第二中学高二学生学习情况调查"。

第二步　确定活动目标、制定研究计划并开题

1. 活动目标

（1）了解中学生兴趣的倾向及对兴趣培养的状况，和不同性别的同学在兴趣选择上的区别；

（2）了解我校同学对"素质教育"和"全面发展"的看法；

（3）了解普遍学生的学习压力负担的情况；

（4）培养团队精神，学会沟通与合作；

（5）发展对社会的责任心和使命感。

2. 活动实施计划

（1）确立调查的中心、主体、目的和讨论可行的调查方案。（第一、二课时）

在这两个课时中，我们使用了"完全民主＋自由讨论"的方式，由同学做主人，结合老师的建议，进行了热烈的讨论。讨论中完全围绕"了解学生志趣，弄清学生学情"这一主题展开。并且确立了调查的主体（即被调查人）是都匀市第二中学高二学生。目的是锻炼自身能力，加强社会责任心和使命感。调查方案简略来说就是分成两个小组（学情与志趣），各司其职进行调查，然后统一交流总结。

（2）制定详细行动方案。（第三、四、五、六、七、八课时）

在第三、四课时中，我们针对上一次的讨论结果，选出了各组的成员和组长。兴趣组组长由吴剑担任，组员李俊、邓忠达、张国

英；学情组组长由黄伟峰担任，组员周维、吴正、彭艳芳。各组制定自己的行动方案和制定各自的调查目的，各自设计自己的调查表格，各个小组组员进行具体分工。以后的每一次实践课，各组都互相交流各自的成果和给对方提出意见。

第五、六课时，制定调查表。这两节课中，在老师的帮助下，我们两个小组迅速用电脑制成了各自的调查表，使用的是无记名调查。具体的问卷如下：

（3）调查问卷设计

学习情况调查表1

前言：为了深入了解当代学生关于兴趣方面的情况，请您完成以下由高二（5）班调查小组提供的调查表。在此感谢你的支持！

1. 放学后最喜欢参加什么活动？ _____
   课间最喜欢做的事情_____
2. 周末经常参加的活动是什么？ _____
3. 有多长时间用在该活动上？ _____
4. 每一天大约用多长时间在自己喜爱的活动上？
   A. 半小时　　B. 1 小时　　C. 2 小时　　D. 2 小时以上
5. 对哪门学科最感兴趣？ _____
6. 在兴趣培养过程中家长持如何态度？
   A. 支持　　B. 中立　　C. 不支持　　D. 强烈反对
7. 平时还喜欢看哪些方面的书籍？ _____
9. 将来有什么志向？为什么？ _____
10. 通常用电脑来干什么？
    A. 学习　　B. 上网　　C. 玩游戏　　D. 其他
11. 通常上网干什么？
    A. 学习　　B. 玩游戏　　C. 聊天　　D. 工作

学习情况调查表2

前言：为了深入了解当代学生关于学情方面的情况，请您完成以下由高二（5）班调查小组提供的调查表。在此感谢你的支持！

所在年级＿＿＿＿＿＿＿＿＿　　　性别＿＿＿＿＿

1. 你觉得学习压力大吗？（　　　）

A. 大　　　B. 中　　　C. 小　　　D. 没有

2. 每天是否有睡午觉的习惯？（　　　）

A. 经常　　　B. 很少　　　C. 几乎没有

3. 觉得学习与娱乐的比例是否合适？（　　　）

A. 合适　　　B. 还可以　　　C. 不合适　　　D. 没感觉

4. 觉得自己学习及复习的效率如何？（　　　）

A. 高　　B. 良好　　C. 还可以　　D. 不好

5. 是否热爱学习？（　　　）

A. 非常热爱　　　B. 热爱　　　C. 一般　　　D. 不爱

6. 课间通常做什么？（多选）（　　　）

A. 做作业　　B. 嬉戏　　C. 聊天　　D. 休息　　E. 进行体育活动
F. 看书　　G. 其他＿＿＿＿＿＿

7. 午休通常做什么？（多选）（　　　）

A. 做作业　　B. 看书　　C. 午休　　D. 闲逛　　E. 其他＿＿＿＿＿＿

8. 周一至周五通常每天花费＿＿＿＿＿＿小时做作业。

9. 每天大概＿＿＿＿＿＿点睡觉。

10. 除做作业外，大概有＿＿＿＿＿＿小时做其他事。做什么？＿＿
＿＿＿

11. 假日大概每天有＿＿＿＿＿＿小时进行娱乐活动。有＿＿＿＿＿＿小时做作业。

12. 用什么方式纾解压力？＿＿＿＿＿＿＿＿＿＿＿＿＿＿＿

13. 平时看什么类型课外书？＿＿＿＿＿＿＿＿＿＿＿＿＿＿＿

14. 参加哪些类型的补习班或提高班？什么时间参加？

＿＿＿＿＿＿＿＿＿＿＿＿＿＿＿＿＿＿＿＿＿＿＿＿＿＿

第三步　实施研究

　　等一切工作准备就绪之后，我们开始了令人又紧张又兴奋的调查活动。（第九、十、十一、十二课时）

　　在中午午休的时候，我带领宣传行动队员周维、吴正，捧着两种不同颜色还喷着油墨芳香的调查问卷，"明目张胆"地进入了高二（6）班的课室。（6）班里几乎全是女同学，一双双睁大的、好奇的眼睛好像看怪物似地看着我。幸好我没有被盯得不自在，大声向她们解释了我来的目的和有关调查问卷的一些问题。（6）班的女同学听完之后表现得十分配合，都愿意做这份调查，于是我细心地把两种不同的调查卷合成一份，分发给每一位同学，然后从容地走出了（6）班的课室。

　　进（7）班感到比较棘手，说实在的，我对他们班的同学并不太熟悉，我也怕进去之后被人排斥。所以我找到了（7）班两个同学帮我宣传，分发和回收表格，分别是热心助人的李世谊同学，还有是在（7）班威望较高的罗诗伟同学。他们的工作做得很好，确实帮了我们调查小组不少忙。在这里我代表我们小组对他们还有所有完成调查问卷的同学的支持表示感谢！

　　调查问卷的回收情况也较为令人满意，90 张问卷的回收率达到了90%以上，其中只有几张是某些同学不怀好心、恶意在问卷上乱做。在这里还要谢谢周奇轩同学，在我们不在的情况下，她帮助了我们回收问卷。

第四步　结题

1. 统计资料（第十三课时）

　　在老师的指点下，学情组的代表吴正和兴趣组的邓世达很快统计出了调查中的数据，为下一步的工作打好基础。下面是学生制作的统计表，简洁实在：

选择题统计表

题号	A. 选项	B. 选项	C. 选项	D. 选项
5				
7				
10				

填空题、简答题统计

题号	最大值答案	最小值答案	没人选的答案
1			
2			
3			

2. 数据分析（第十四课时）

这一部分的工作较为关键，数据分析的结论直接影响到最后的结论的正确性。事实上，这一课时中，几乎每一个同学都积极参与讨论，发表自己对调查结果的见解。因为不同的人有不同的思维方式、是非观念和道德观念，所以结果也不尽相同。这时组长的工作就是细心归纳每一个同学的分析，取其精华，去其糟粕，得出最令人信服的结论。下面，摘录一段兴趣组组长吴艳平的笔录及数据分析：

解决我们在调查前所考虑讨论的问题：

（1）在调查中的简答题如：可见，"周末最喜欢做的事情"的结果显示了一个较突出的规律：在中学的男生中，他们的兴趣爱好一般是打球、打游戏机等玩耍类的活动，较为活泼，在老师眼里可谓"与学习背道而驰"；但女生却相反，一般以看小说等优雅的文娱类活动为主，较男生文雅。

（2）"中学生兴趣与学习结合情况"所调查到的数据则是一面倒。综合选择题以及简答题的数据资料，男生着重于自身爱好，一般是玩乐、吃喝以及一小部分的"不良活动"，一般与学习无关。对较有兴趣的科目的选择较为杂乱，说明在一般男生眼中兴趣与学习根本是风马牛不相及的两回事；女生却从字里行间表露出她们兴趣与学习紧密结合的良好状况，可见女生对其自身的学习情况比较关注。

（3）此外，由涉及信息工具应用的选择题的统计资料表明，男女生都在计算机中浏览互联网，表示男女生的兴趣都趋于现代化。

（4）问卷中还有资料表明，现代中学生因学习时间紧迫及其压力巨大而导致各人在每天、每月进行兴趣培养的时间短暂，数据表明为每天一般半小时左右或以下。这使我们中学生发展一技之长的机会与使用所学技能获得成功的概率大大减少，但愿这不是我们中学生的又一重大问题——因学习而放弃爱好。

经过调查后发现：学生的压力不算太高，证明了减负真的减轻了学生的压力。学生对学习还是比较热爱的，这体现了减负的好处。多数学生有午睡的习惯，这是对晚上与上午学习有精力的保证。晚上都在 11 点前睡觉，这就说明学生还是懂得如何合理安排时间的。

一切都表明，学生是有比较好的学习时间与合理的休息。但为何成绩还是有高有低呢？

这就说明了，学生是会合理利用时间，但是在学习的方法上，稍欠火候，不懂得如何学习。这就是一个很大的问题，值得我们深思。

我想在大家条件一致的情况下，关键在于学生们的毅力与钻研精神。同样是 2 至 3 小时，有毅力与钻研精神的人将会比其他人得到的要多。所以我想，钻研精神将会成为成功与否的一项重要因素。

3. 验证分析结果的正确性（第十五课时）

这一个步骤必不可少，相当于做完数学题后再检验一遍，是非常重要的，好的验证对后面问题的回答的正确性提供了保证。于是我们开了在整个活动后段最大的一次交流大会，让各个同学（不分组）将自己或他人经过实践、体验的分析进行最后的出厂检查，确保每一句话尽量准确。在会上，大家各抒己见，发表了不少精辟的见解，将某些不太成熟的想法批评得体无完肤。

4. 根据分析、归纳做出调查结论（第十六课时）

这一步工作在整个调查中算是最关键的了，因为我们这次调查的目的就是希望能全面了解当前中学生的学习和生活的情况，它的完成也标志整个调查工作到了尾声。经过我们细致的分析与归纳，我们得出了以下一些结论：

（1）兴趣方面

①通过调查，了解中学生兴趣的倾向，和不同性别的同学在兴趣选择上的区别。

男同学选择运动的较多，女同学选择学习看书的较多。

②通过调查，了解中学生学习与兴趣的结合状况。

经调查，男同学学习与兴趣分开，女同学多数将之结合。

③通过调查，了解中学生对兴趣培养的时间状况。

大约每天在半个小时以下，极少数多于一个小时。

④通过调查，了解家长对中学生兴趣培养所持态度。

一般支持，几乎没有不赞成的情况。

⑤通过调查，了解现代化信息工具对中学生兴趣的影响。

中学生花较多时间在现代化信息技术里，多数表现为喜欢上网；也有一小部分对物理实验产生浓厚兴趣。

（2）学情方面

①通过调查，了解我校同学对"素质教育"的看法。

普遍喜欢素质教育，希望能全面发展。

②通过调查，看学生是否热爱学习。

普遍学生对待学习抱有很高的热情。

③通过调查，看学生能否合理安排学习时间。

具体表现为自主学习，部分同学甚至能做到有计划的学习。

④通过调查，了解普遍学生的学习压力负担是怎样。

绝大多数同学认为来自学校、家庭、自身的压力都不太大，为学生所能承受范围内。从来自父母的压力逐渐转化为来自自身的压力，表现出同学们有自主学习的意识。

⑤通过调查，研究究竟学生是否有厌学情绪。

大部分学生学习态度端正，在调查中没有发现有厌学的情况。

5. 活动总结（活动的结果与学生的收获）

经过一个学期理论与实践的结合，使这一活动取得了突破性的成功。在最后的两个课时里（第十七、十八课时）我们每个同学都撰写了各自的工作小结。从小结中我们不难看出，我们已圆满地达到了活动开始时给自己定下的目标，同时又有一些意想不到的收获。

通过这次研究性学习活动，每位学生都受益匪浅。不仅学到了不少新的学习方法，而且锻炼了能力与勇气。这次的研究性学习，使我们学会了如何查阅资料，如何以调查方式获取信息，怎样撰写研究报告，怎样整理和归纳信息。虽然花了许多时间和精力，但我们从中学会了主动学习，自觉学习，合作学习，培养了团队精神；学会了磨砺自己，努力完成自己肩负的任务；学会了如何与人交往，增强社会交际和实践能力；培养了对社会的关注，以及注入了对社会现象的思考；了解了当代学生的学习、兴趣情况，增长了许多见识，是一笔可贵的人生财富；还从中深切体验到进行研究性学习的科学性、严谨性、复杂性，有的学生还感受到综合实践原来也具有趣味性，也让他们感到新鲜感，希望这样的活动能长久地开展下去……

6. 指导老师点评

自从开展综合实践活动，我们学校的同学以很大的热情投入到这门新的课程中，他们的积极性调动起来了，自主参与、探究的热情被激发了。能从同学最贴身的话题——学情出发，去进行调查研究，充分体现了 21 世纪的青年，关心自身，关爱社会，关心国家命运、民族前途的强烈的社会责任心。这正是我们新世纪提倡素质教育，所要召唤的一种精神或素养。同学能开动脑筋、想方设法，制定周密的调查表格，鼓起勇气走入同学中去开展调查，又能深入细致地进行分析处理、归纳总结，从中找出问题的症结。这是我们在书本上学不到的知识，练不了的能力。正如他们自己所总结的那样，受益匪浅，增长了见识，积累了可贵的人生财富。

第二章　学科研究性学习课题案例

第一节　语文学科

都匀市中学生对汉字文化传承状况的调查研究

作者：兰　婧　　韦娜娜

指导老师：周光发　　杨先彤　　唐书君

摘　要：数字化时代，文字记录方式发生革命性变革，键盘上"敲字如飞"常常代替了一笔一画的汉字书写。

本课题通过对回收问卷的数据分析以及对资深语文老师调查访问得出：都匀市各中学学生出现提笔忘字、书写错误等问题日益严重，这一调查可为汉字文化如何传承研究以及缓解这一现象提供一定的依据。对都匀市中学生进行抽样调查，进而分析都匀市中学生对汉字文化传承的现状，为研究提供理论依据。提出具有可操作性的改革和完善教育体制等方面的政策建议，成果可供有关部门参考。

关键词：都匀市　中学生　汉字文化传承　研究　建议

1. 问题的提出

暑假期间，中央电视台科教频道推出了一档特别节目《中国汉字听写大会》，由社科院专家当裁判，14岁上下的小选手们同场竞技听写汉字。

熨帖、桀纣、癞蛤蟆、枭首示众、未雨绸缪……听写的内容多为这类生活中时常用到却有一定书写难度或容易写错的词语。结果，小选手中有人把《现代汉语词典》来回翻了三遍，参加现场体验团的成人们很多人也都是"提笔忘字"。其中，"癞蛤蟆"一词难倒了七成人，"间歇"、"熨帖"这些生活中的常用词也特别让人犯难。"熨帖"一词成人体验团中只有 10% 的正确率。"颠茄"、"猢狲"等词，更是让现场的观众们"想破了头脑"。许多网友也在微博上秀出自己的听写记录。网友惊呼："把学的字都还给老师了，我的语文一定是数学老师在体育课上教的！"有网友说自己"会念不会写，会写也太难看"，"习惯了电脑打字，输入法会自动输出词语，究竟怎么写怎么用却忘记了，很惭愧！"许多人表示："看完后认清了自己的文盲本质。"

图 1　汉字之危

在现实学习生活中，写错字的同学大有人在。如语文老师经常在班上说："某某同学你的作文怎么写得这么潦草，错字还这么多！"这种现象让改作文的老师很是头疼。背诵默写是学习语文不可缺少的一部分，可每次默写总有些人不过关，不是背不了整篇文章，就是文章中的某些字写不出来。又比如我们在写作时会经常出现"提笔忘字"的情况，但我们又想表达某些意思，所以不得不用一些同音字或者形近字来代替，让写出的文章错漏百出。

如此状况不免让我们忧心：汉字的危机到来了！我们会不会将凝集着祖先们智慧结晶的汉字文化抛之脑后呢？对此我们提出了都匀市中学生对汉字文化传承的调查研究这一课题。

2. 实施过程

2.1 2013 年 8 月—2013 年 9 月，准备阶段，确定课题并对课题进行可行性分析。

2.2 2013 年 9 月—2013 年 10 月，查找资料阶段，查找与本课题有关的资料内容，通过网上查找，书籍查找等方式了解与本课题相关的最新研究进展。

2.3 2013 年 10 月—11 月，调查阶段，对都匀市中学生汉字文化传承状况进行调查。

2.4 2013 年 11 月—12 月，整理分析阶段，对调查结果进行整理分析，修改论文，参加比赛。

3. 研究思路

3.1 通过查阅资料详细了解汉字危机的由来以及汉字文化的起源与发展。

3.2 采取问卷调查以及个人访谈的方式，在课余时间对都匀市市区各个中学进行深入调查，调查对象包括都匀市市区中学学生及语文老师。

3.3 对所收集的材料、问卷进行分析研究，得出结论。

4. 调查研究目的

4.1 了解中学生对汉字的使用情况。

4.2 让中学生高度重视汉语的使用和汉字的书写。

4.3 在此基础上建议有关部门采取相应的教育对策，让汉字文化源远流长。

5. 研究过程与步骤

5.1 汉字文化传承现状的研究

5.1.1 我国汉字文化的起源

文字是语言的符号，是交流思想的工具，是传承文明的载体。世界上的文字大体分为两类，即表意文字和表音文字。汉字属于表意文字，同时也有表音的成分，是兼具象形、指事、会意和形声多种功能的特殊文字，也是四大文明古国中唯一尚存并仍在使用的古老文字。

我们现在能够看到的最早而且成批的汉字是商代后期（约公元

前 14 世纪—公元前 11 世纪）的甲骨文和金文。它们离现在已经有 3300 年以上的历史。从记录汉语的情况来看，甲骨文和金文已经是相当成熟的文字体系。20 世纪 50 年代在山东省莒县发掘出来的陶器上发现了一些象形符号，它们属于大汶口原始文化。

汉字的结构方式就是汉字造字的方式方法。象形的方法是汉字最早的造字法。所谓象形，就是用线条画出物体的形状，人们一看就知指的是什么。图画发展为文字，就必须具备这样一些特点：

其一，把整幅画拆散成个别的图形，一个图形跟语言里的一个词相当。

其二，这些图形必得作线性排列，按照语言里的语序。

其三，有抽象的意思。语言里有的字眼，不能直接画出来，得用拐弯抹角的方法来表示。

5.1.2 汉字文化的发展过程

三千多年来，汉字形体变化很大。就现在了解的情况来看，汉字形体的演变，大致经历三大阶段：

第一，由商代的甲骨文，周代的金文，籀文发展为秦代的小篆。

第二，由秦代的小篆发展为汉代的隶书。

第三，由汉代的隶书发展为魏晋以后的草书、楷书和行书。汉字从甲骨文到小篆可统称为古文字。从隶书到草书、楷书和行书可以统称为今文字。这些古老的文字犹如一幅幅优美的图画和一方方神秘的篆刻，我们甚至可以从现代的简化字中寻觅它们藏身的踪影。（见下图）

图2　汉字的演变

　　汉字的发展至今已有数千年的历史了，但文字自古以来都是掌握在少数人手中，一直到中华人民共和国成立之初，这种情况仍未改变。当时文盲率占到全国人口的80%。为了在一片废墟上建设新中国，必须要提高广大人民的文化水平。1986年重新发表的《简化字总表》共有2235个简化字，约为现代通用汉字的三分之一。我们可以观察到汉字字数的不断增多，是文字为适应语言和社会发展而不断创造新字的必然结果。

图3　汉字的简化

　　汉字在现代以来经历了两次书写工具的巨大变革。一次是硬笔取代了软笔。这次变革在整个20世纪都深刻地影响了中国人对于书写的理解，也使得书法艺术变为了毛笔存在的理由，毛笔退出了日常生活。一次就是电脑的普及。其所带来的汉字输入方式的变革使得笔的存在也开始在日常生活中渐渐淡化。两次变革都带来了汉字书写方式的改变，使得书写更加方便，但同时也带来了书法由一种普及性的文化变为一种独特的"小众"艺术的变化。写字的传统境界受到了冲击。我们应该在承认和尊重变化的同时，也珍惜和传承关于书写文化的那些弥足珍贵的遗产。

20世纪90年代以来整个学术界发生了很大的转变。最近，对于"简化字"的争议相当热烈。但其实汉字的简化也是历史的趋势。目前使用的简化字多数都有传统的渊源，现代以来汉字简化的努力也一直没有中断过。而且今天的简化字已经形成了自己的传统，同时也有了自己的国际性的影响，如新加坡就使用简化字。因此，简化字也已经成为中华文化的一部分，也是现代中国值得珍重的重要文化资源。20世纪后半期中国文化的多数文献是以简化字来写作的，而且古籍文献多数也都有了简体字版，方便了人们的阅读和理解，其意义和价值也不能一笔抹杀。同时在文字的电子输入中，繁简转换也没有任何技术上的障碍。

文字使人类文明发展到一个崭新的水平，犹如在人类的双目之上又增加了一对眼睛，可以鉴往知来，观照四方并修养睿智，使鬼魅无所遁身。这就是文字的魅力所在。

5.2 都匀市中学生对汉字文化认知的意义

汉字不仅是一个文化的符号，它本身还具有独特的、独立的价值，以及深刻的内涵和复杂的演变历史。汉字有几千年的历史，每

图4　汉字文化源远流长

一个字都有一个演变的过程，从甲骨文到现在的文字有一个很长的演变，里面包含着很多文化的意蕴，需要我们终身学习。手写汉字是接触中国文化核心的重要方式，也是最直接面对我们自己文化的一种有效方式。汉字是中国文化的载体，是中国人用于表达思维的文字符号，是丰富多彩且博大精深的。中国人有个经典的说法，叫做"读书必先识字"。汉字是中华文化存在的基础。中

华文明能够持续发展，从未中断，始终保持着旺盛的生命力，和汉字文化的发展有密切的联系。汉字承载了许多历史记忆，每个字都有深刻的文化内涵和很长的演化传承，是中华文明的载体和符号。

汉字的书写本身是一门艺术，方块字造就了一种文化上的美感，在艺术上有很高的审美价值，它不光是一个文化的符号，本身还具有独特的、独立的价值。书法和绘画等同样是重要的中国艺术形式。这是其他文字，比如拼音文字很难达到的。

现在我们中学生往往觉得写字简单，一个字还不会写吗？但是一表达就会出问题。就拿140个字的微博来说，很多中学生的表达都非常的单调，只会赞，只会拍砖，这是简单地表现好恶情绪，但是说不出一个子丑寅卯来。会认字，但是不会用，这种情况很多，写出来的东西也不太具有表现力。所以，我们需要加强书写方面的训练和汉字知识的普及。汉字如果写不好，对汉字的基本知识缺少了解，遣词造句方面就很难达到一个比较好的水平。

5.3 都匀市中学生对汉字文化的认知现状调查

本次抽样调查的20个班级，有高一和高二的重点班级和普通班级。共发放问卷1000份，实际回收问卷950份。除了调查问卷外，我们还与各中学老师、学生交谈，尽可能客观地了解当前中学生使用汉字的现状。

5.3.1 都匀市中学生写错汉字的情况

正确并规范地书写汉字是我们中学生应必备的一项能力。但从调查情况来看，仍大约有五分之一的同学在平时的书写中经常出现写错字的情况，这是相当严峻的数字。这不仅对学生造成了语文学习

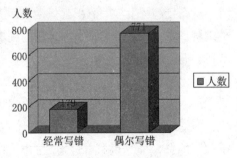

图5 中学生写错汉字的情况

方面的障碍，而且也会影响在其他学科上的理解。汉字是文化载体，我们身为祖国未来的接班人，若连汉字都不能正确书写的话，何以谈文化的传承？所以汉字书写问题不得不引起大家的重视。

5.3.2 都匀市中学生遇到生字词做法的情况

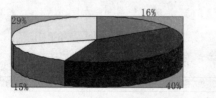

图6　都匀市中学生遇到生字词的做法

图6说明，有16%的中学生对此情况置之不理，40%询问同学，15%等待老师讲解。中国汉字文化源远流长，博大精深。1994年时《中华字海》收入了87019个汉字，而在1988年国家公布的《现代汉语常用字表》只选收了2500个常用字、1000个次常用字，总共只有3500字。所以遇到生字词是正常的现象，我们也正是通过对生字词的认识和积累去丰富我们的知识量。由于高考、中考以及社会各界的压力，中学生不得不学习更多学科，从而承受繁重的作业量，时间难以分配，很多同学在面对文章中的个别生字词时，不愿花费时间去查询，宁愿把更多的时间花费在考试科目的学习上，以至于同学们采取等老师讲解和询问同学的捷径，更有甚者则置之不理。通常在询问同学时，我们只了解生字词的读音，而不去深究它的词义，从而我们对生字词的积累只是表面上的认识，而不是真正意义的理解，更不能到达正确熟练运用的程度，这对我们的汉字学习是有百害而无一利的。

5.3.3 都匀市中学生对汉字态度的情况

从图7可以看出，仅有28%的中学生对汉字的态度是"知道含义，能正确读音，书写并且工整"，而"知道含义，能正确读音，能书写"的有57%，可见有过半数的同学对自己的书写不要求工整，持无所谓态度，更能体现出同学们需要加强书写的必要性。由于各科作业量的繁多，让同学们逐渐只注重汉字书写的速度，而忽略书写的质量，各科升学考试的压力也减弱大家对书写的重视程度。一个班上书写工整的人屈指可数，况且汉字书写得不工整也影响大家对学习的热情。有少数同学连是否能正确读音也不在乎，这也是态度不端正而造成的。

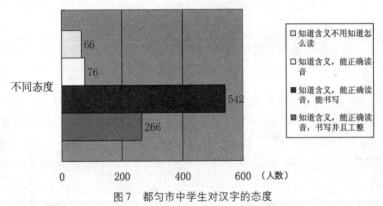

图7　都匀市中学生对汉字的态度

5.3.4 都匀市中学生查阅生字词所用工具的情况

从图8可看出，有58%的同学在查生字词时选择现代化科技的工具而渐渐疏离了传统字典。不难看出在科技日益发展的21世纪，同学们的行为也正被潜移默化的影响，各种手机词典程序、学习机、电子词典等功能在进入我们的学习中，让我们越来越依赖这些工具给我们带来的快捷与便利，在我们日常学习中占据重要地位，但这并不意味着电子词典能达到和传统词典一样的学习效果。要真正理解一个字，写好一个字，还是离不开传统词典。电子产品都采用人工植入的方式，因此想查一个生字或生词的读音、含义时，依靠电子产品，只能为学生提供最常用的一种解释，知识点不全，不利于学生完整地掌握这个生字或生词。所以为了加强我们对汉字的理解，我们应经常选择使用传统词典才能不对汉字理解模棱两可。

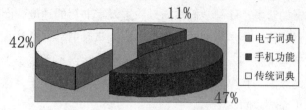

图8　都匀市中学生查阅生字词的工具

5.3.5 都匀市中学生是否赞成汉字拼音化的观点

从下图中看出，虽然有82%的同学选择了不赞同汉字拼音化，但仍有18%的同学支持汉字拼音化。这说明还有五分之一的人没能意识到拼音不能替代汉字在日常生活中的地位。首先，汉语的语素大部分都是单音节的。其音节结构比较简单，数量有限，词素的数量要比音节多好多倍，这就产生了大量的同音词。通常一个音节能够记录不同的词，如 ji 这个音节可表示机、箕、讥、叽等意义不同的词。若实现拼音化，这些原用字形区别的不同的词素将无法识别，势必给语言文字的使用带来混乱。其次，字中有大量形声字。文字毕竟是记录语言中词的，象形、指事、会意这些纯表意字，不仅不能满足汉语词汇日益增长的需要，而且还与所记录语言的联系也不如形声字紧密。再次，汉字的超方言性和超时空性特征决定了不同方言区的人们可以利用这一书面语进行交际交流。汉语使用地域辽阔，方言众多，并且同一方言区内的发音也大有不同。因此我们应正确认清拼音

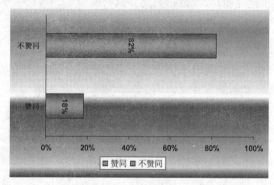

图9　都匀市中学生是否赞成汉字拼音化的观点

与汉字之间的关系，拼音只是人们学习汉字的一个辅助工具而并非等同于汉字，所

以我们认为实行汉字拼音化是不可取的。

5.3.6 都匀市中学生发短信时常用输入法

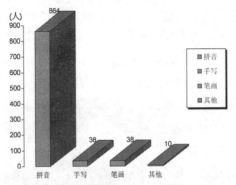

图10 都匀市中学生发短信时常用输入法

都匀市中学生发短信常用拼音输入法为主。

从图10中可看出有九成的同学选择拼音的输入方法发短信，而选择手写与笔画的人仅各占4%。

5.3.7 都匀市中学生汉字书写问题的原因分析

从图11可以看出手机、电脑的广泛使用实质也是拼音输入法在其中的原因。手机使用率的日益增长，使各种版本的汉字输入法层出不穷，只要输入一个词语或成语拼音缩写就会马上出现想要的字，其智能程度可见一斑。也正因为这样，让越来越多的人会选择拼音输入法，既快捷又便利，对比手写输入的费时，笔画输入的麻烦，同学们选择拼音输入法就毋庸置疑了。拼音输入法的快捷与高效，大大减少了人们的写字机会，渐渐的，对其的使用，由习惯变成了依

图11 都匀市中学生汉字书写问题

赖，由依赖变成了退让。用手写输入法与之相较之下，用一笔一画

的书写可在大脑的语言中枢系统形成特殊印记,而且坚持手写对人的意志、耐力、毅力和神经系统稳定功能也是必不可少的训练。在电脑、手机打字缺少笔迹的书写感和印痕感,无法形成这种印记,对大脑的语言中枢产生不了刺激作用,从而就会造成提笔忘字的现象。由此可见,依赖拼音输入法的同学对汉字的模糊。

5.3.8 都匀市中学生日常联系所用方式的情况

随着社会科技的发展,人们的联系通信方式也逐步在改善,从远古时代的快马传书,鸿雁、飞鸽传信到近代的电报再发展到电话。现在的我们会用更方便更快捷的方式,如电话、QQ、微信等。从图12

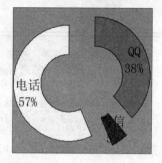

图12　都匀市中学生日常联系方式

可看出有57%的同学更愿意使用电话作为通信工具,与QQ、写信等方式相比之下,它更省力省时,不用手写也不用打字,所以更多的同学选择了它。相较之下我们的传统通信比QQ速度更慢且费时又费力,和电话相比它不限时间、地点,更经济、使用范围更广。所以QQ作为接近一半的同学与外界交流的最佳工具。只有5%的同学选择写信的方式。从这个数据来看,写信的同学寥寥无几,这成为学生书写能力下降的重要原因就不言而喻了。对此,我们认为学校应该鼓励同学们在节日里通过书信的方式给家人朋友送祝福,而不是用冰冷的键盘敲出你的心意。

5.3.9 都匀市中学生对书法课是否开设的观点

从图中看出,有相当多的同学赞成学校设置书法练字课和政府通过政策手段强化汉字书写、传承。为什么会有这么多的同学都认为这两项是必要的呢?就我们身边的同学来看,他们都很"实际",有功夫练字远不如练几道数学题或背几个单词来得实惠。且他们的

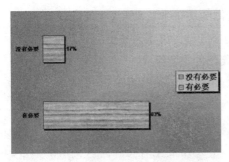

图13　都匀市中学生对书法课是否开设的观点

汉字书写，七倒八歪甚至缺胳膊少腿的现象比比皆是，汉字不会书写用拼音代替的情况屡见不鲜，更不用说错别字、笔误了。汉字并不是我们所想象的那么枯燥、无味，它从象形字演变而来，既有它的古朴美又有它的形象美，但今天很多同学把它写得如此缺少美感。因此学校应该重视学生书写汉字的问题，并且积极开展各种关于汉字的活动。

5.3.10　都匀市中学生对汉字在考试中所占比例增大的观点

有大约78%的同学赞成在高考等考试中加大对汉字运用书写所占的比例，说明此举是很必要的，但仍有22%的同学没有意识到"汉字危机"的到来。这不禁让我们想到如果汉字作为一门考试的科目，那么，同学们同样也会用

图14　都匀市中学生对汉字在考试中所占比例增大的观点

对待数理化的态度、时间去对待汉字的认识和书写，以用来传承我们的汉字文化。到那时他们就不会认为去认识、书写更多的汉字是一种浪费时间的事情。虽然这好像是"应试教育"的体现，但这也是强有力的方法。对此，我们建议教育部门应该考虑增大汉字在考试中的比例。

5.3.11　就主观题"我们中学生在汉字书写危机中该做什么"进行了问卷和访问调查。

大部分的问卷答案和被访问结果都是"加强汉字的书写",因此我们深深感到汉字书写教育的必要性。汉字教学更可以培养"爱国之德"。汉字是中华民族人文传统的重要组成部分,中国文化博大精深、源远流长,文化的流传依赖于最具有"中国特色"的汉字这个载体,汉字也因之成为实施文化传承和爱国主义教育的最好载体。汉字是我们的,可是很多人不懂得珍视她,教师可以随随便便地教,学生也可以随随便便地写。一个人如果连自己的语言文字都不爱,不加珍惜,爱国又从何谈起?对写字教育的态度折射出我们对本族文化的态度,是一个民族是否有自我认同感的问题。写字和识字非常重要,识字更多的是获取知识,而写字更多的则是体验艺术。中国有句古话"人能写字,字能写人",写字是每个炎黄子孙生活中不可或缺的一件事。

5.4 影响都匀市中学生汉字文化传承原因分析

5.4.1 中学生写字意识淡化,书写运用态度不端正

在对一些中学生的调查中发现,写不好字的学生已经占多数。在汉字进入电脑以前,写字曾被看作人的"门面",予以足够的重视。但电脑和汉字输入技术却使写字的"必要性"越来越小。现在不仅大、中、小学生,就连家长和老师大都也认为只要学习好,字写得好不好已经无所谓了。通常

图 15 书法的魅力

为了完成学习任务而不注重汉字的含义与字形结构,对其记忆模糊以至错误百出。

5.4.2 网络语盛行,创造语言成"帮凶",用语中夹杂英文。

网络语言及网络表情符号的出现,同学们对新鲜事物好奇,模

仿能力强。因此，网络语言及网络表情符号就成了某些同学的所爱。

随着对英语重视程度的加强，用语中夹杂英文的现象越来越多。

5.4.3 家长不够重视孩子汉字学习

汉字书写不被重视，很重要的一方面是由家长的功利性造成的。孩子的成绩永远是"望子成龙、望女成凤"的中国家长关注的热点话题。只要孩子成绩好，字体不影响得分，又何必斤斤计较。很多孩子的兴趣是由家长选定的，他们更多偏重于让孩子培养那些可以直接展示的、价值展现更突出的项目，例如舞蹈、体育、音乐等。

图16　网络语言的泛滥

5.4.4 对汉字书写训练缺少"整合"

首先，是幼儿园、小学、初中和高中之间的衔接不够。比如在写字习惯的培养上，学生在学龄前就已经开始用笔写字、用笔画画，但各种执笔的方法，幼儿不易掌握，造成儿童用铅笔写字时，会出现用蜡笔或毛笔的执笔方法。对于学生错误的执笔方法和写字姿势，幼儿园教师没有引起足够重视，没有及时纠正，使学生在幼儿时期就形成了不良习惯。学生在幼儿时期形成的不良习惯，在小学、初中和高中都没有得到教师的纠正，使学生写字习惯的培

图17　网络对汉字的冲击

养一误再误。其次，是没有形成良好的环境。学校和家长没有配合，很多学生在幼儿时便得到家长的书写训练，但家长未给予执笔方法

和写字姿势的正确指导，在幼儿园和小学没有得到教师的及时纠正和训练，初、高中时，家长基本不关注孩子写字了。

5.4.5 社会各界对汉字的不规范运用

篡改成语，形成广告效应。一家理发店把"一手遮天"写成"艺手遮天"，餐饮店把招牌"时尚"改为"食尚"，目的是追求与众不同的效果，以招徕顾客。

同音字混用。长虹汽配城中汽车配件店前的"装璜"与"装潢"混用；"家具"的"具"被写成了"俱"，这些都属于同音字混用。

写字潦草。出现错字，有一部分原因是写字潦草，当然还有的是多一笔少一笔的。如在都匀裤裆街包子店前发现的"咸"字多写了一撇；修鞋的店前"补鞋"的"补"被写成"衤"字旁；中国移动公司的广告，"存"字少一竖；富万家超市橱窗上的"蒙牛"的"蒙"字少一横都属于此类错误。

简体字与繁体字混用。有的店面招牌出现繁体字，也是为了吸引顾客的眼球。如：我们都匀比较有名的餐饭店"阳光家园"的"阳"就被写成了繁体字"陽"。

随着计算机的普及和以音定字的流行，汉字书写在变得越来越便捷的同时，也带来一个很严重的后果。很多字我们能认，但是却搞不清楚如何来写。这其实就是因为我们对汉字本身的了解不深刻，对

图18 "提笔忘字"的尴尬

汉字背后蕴藏的文化也不熟悉。这种提笔忘字的现象在我们中学生中非常普遍。虽然十几年来我们的识字率有了很大的提高，认字的人是历史上最多的，但现在大家对写字的焦虑也比较普遍，一提笔就忘字的情况越来越严重。

6. 对策思考

6.1 个人行动方面

身为中国未来接班人的我们，势必应承担汉字传承的重任。在汉字危机日益严重的今天，怎样的行动才能使汉字得以更好的传承是中学生所面对的难题。对此，我们向广大学生提出以下建议：

6.1.1 在我们每次认识和书写一个汉字的时候，都要注重字的字形和含义，以便于记忆。

6.1.2 我们应当端正对待汉字书写的态度，在有繁重作业量的情况下，抽出一定的时间写字帖、练书法，通过这种方法逐渐改掉书写不工整的不良习惯。

6.1.3 我们应该及时纠正他人在汉字书写和运用方面的错误，养成以严谨的态度对待汉字的好习惯。

6.1.4 积极向他人介绍关于汉字文化的相关知识，让他们意识到汉字危机的严重危害，从而使更多的人自觉维护汉字文化并且让其得以更好的发展。

图19　汉字保护

6.1.5 以理性的思想对待网络语、火星文等现象。我们不应只为自身娱乐或追赶潮流而在写作中运用所谓的火星文，而是要理性分析其利弊。生活不应缺少娱乐的因素，这一点无可厚非，但是当娱乐成为冲击我们汉字文化的利器时，就要杜绝这种行为，并且呼吁他人共同维护汉字文化。

6.2 家庭教育方面

6.2.1 保持正确的写字姿势。有的孩子握笔姿势不正确，有的出于舒服或趴在床上写字，或歪着身子写字，这时就需要家长的及时纠正。

6.2.2 书写规范，注重质量。家长对孩子的书写一定要严格要求，重点放在质量上，即便是铅笔字，下笔也要规范。开始练习写字时，量不能多，否则，孩子容易产生抵触情绪。

6.2.3 选择握笔器和字帖。针对拿笔不正确和写字不规范的孩子，可以选择适合的握笔器和字帖，以纠正他们握笔不正确或笔画不规范的毛病。

6.2.4 针对孩子不认真书写的情况应适度惩罚其多练字，让孩子从小就用端正的态度对待汉字书写。

6.3 学校教育方面

6.3.1 在常规测试中，加大错别字扣分力度，使学生认识到错别字带来的严重影响。近几年高考中已有几个省份规定"一个错别字扣一分、不封顶"，因此，在日常测试中我们更应该加大错别字扣分力度，以引起学生重视。

图20　老师指导学生练习书法

6.3.2 作文批改采取师批、学生自批、同学互批等方法，通过自批和互批让学生主动发现错别字，并把纠错当作一项常规要求。人们一向重视的是教师的严批细改，其实学生自己动手去发现问题，更有利于他们改正错误。

6.3.3 严抓名句默写。高考中名句默写占 5 分，一个错别字扣一分。为了让学生少写错别字，我在日常教学中不仅抓紧学生的背诵，更重视学生的正确理解和准确书写，这一要求较大幅度地提高了学生正确书写汉字的能力。

6.3.4 重视形近、同义、同音字的区分。虽然高考没有这一类考题，但由于学生在此方面问题较严重，因此，我常通过此类训练来提高学生区分形近、义近、同音字的能力。

6.3.5 提高学生的理解能力。同音同义形近字的错误多数是因为理解错误造成的。例如，学生之所以把"白云生处有人家"写成"深处"，是理解成了"白云从深山之中升起"，再加上原本前后鼻音就不分，当我把这句诗的意思向学生讲清楚之后，出现的错误就大大减少了。

图 21　广告中的错别字

6.3.6 开设书法社团，邀请专业书法老师进行指导，定期开展书法比赛，从而培养学生的习字兴趣。学校在每天下午都设置 15 分钟的天天练习字时间，同时，实行"双师指导"制度，即一名教师指导书写，一名教师纠正坐姿。

学校是加大中学生对汉字文化传承力度的中心体，希望学校考虑并采纳我们提出的建议，让汉字文化在中学生中得以更好的传承。

6.4 社会关注方面

一些商家为了吸引更多的顾客，就把我们的经典文化等进行篡改，即使用与经典文化同音异形字从而招揽顾客，这样的现象在街上各种招牌广告上屡见不鲜。从汉字文化的使用方面看，极大地影响了这些字词在人们脑海中的印象，特别对于小孩而言。所以我们希望社会各大商家能从汉字文化传承的角度，正确使用汉字。在此基础上用更吸引人的方式带来效益，而不通用篡改经典汉字来作为招牌。这也体现了对社会的一种责任感。

此外，为了让应聘者重视汉字的书写，我们建议用人单位应让应聘者亲自用汉字书写自己的简历，让简历上的书写也成为一项用人单位对应聘者的考核。

6.5 国家政策方面

把书法列入中小学生必修课，加强习字与书法教育。书法艺术一直是中国古代学府中主要科目之一，是中国历代文人的精神栖息地。据《礼记》记载，早在西周时期，书法即为当时教学内容"六艺"之一，汉朝增设"书馆"；唐朝国子监有"六学"；近代北洋政府的国民教育中也设有专门的习字课。由此可见，提倡书法教育只是重新让其回归课堂，这无论帮助学生识字、写字还是从文化传承的角度来看，都是非常必要的。尤其在面临汉字书写危机的今天更显得尤为迫切。由于上述历史和现实的原因，本着对中华传统文化传承与弘扬的责任，教育部应把习字和书法列入全国中小学生的必修课程，加强习字与书法教育，建立配套的书法师资队伍，确保书法在常规课中占有一定的比重。同时，还应出台大中小学学生汉字书写等级标准，通过强制性的标准提升汉字的社会地位、教育地位。倘如此，则当下所面临的汉字书写危机必将得到有效化解。

后 记

在做课题的过程中，我们遇到了不少困难，多亏了老师们的耐心指导和鼓励，我们才能比较完善的完成这次调查，并使意志得到了磨炼。从来没有想过做一个课题是那么的困难，会遇到如此多的问题，我们的论文一次一次被提出问题，一次又一次的对其进行修改，到最后定稿时，得到老师满意的眼光，这是对我们最大的鼓励。

【教师点评】

因长期使用电脑，提笔忘字、频写错别字正成为一个令人忧心的文化现象。该课题的作者通过对都匀市中学生进行抽样调查，了解了汉字文化传承的现状，分析了问题出现的原因，并提出了几点改革建议，成果可供有关部门参考应用。

（本文获第29届贵州省青少年科技创新大赛二等奖）

第二节　数学学科

荔波小七孔景区旅游环境承载力研究与可持续发展模式构建

作者：兰　洋　王子玥

辅导教师：周光发　唐书君　李　匀

摘　要： 环境承载力是指某一环境状态和结构在不发生对人类生存发展危害的前提下，所能承受的人类社会作用在规模、强度和速度上的限值。本文主要通过对荔波小七孔的实地考察，通过对景区的总环境容量量测（指标有旅游区各景点旅游点的环境容量、旅游目的地极限容量的量测、客流时间分布特征），从而对荔波小七孔景区的旅游环境承载力现状进行计算分析，得出荔波旅游环境承载能力和接待能力状况，并建立可持续发展的生态旅游模式。

关键词： 小七孔景区　旅游环境承载力　可持续发展模式

1. 问题的提出

随着社会经济的发展，人们外出旅游的欲望日益增强。交通条件的改善，缩短了各地区间的距离。促使着现代旅游以前所未有的速度发展。荔波有高原上的绿宝石之称，风景秀美，气候宜人，是休闲度假的好去处。世界自然遗产之一。

2009 年 10 月 25 日，农历九月九重阳节的前一天，我到荔波小七孔游玩。看到荔波小七孔出现了国庆节过后少有的热闹场面，多个景点都出现人头攒动的景象。酒店客房爆满。给游客的游玩造成了很大的影响。这种情况引发了我对旅游者怎样旅游才是满意的思考。于是我就进行了准备，着手调查荔波小七孔的旅游接待能力，并对荔波旅游环境承载能力进行计算。因此我们提出了研究荔波小七孔旅游环境能力和可持续发展模式这一课题。

图1　小七孔一景

2. 实施过程

（1）2010年1月—3月，准备阶段，确定课题并对课题进行可行性分析。

（2）2010年4月—6月，查找资料阶段，查找与本课题有关的资料内容。通过网上查找，书籍查找等方式了解与本课题相关的最新研究进展。

（3）2010年7月—9月，调查阶段，对荔波旅游环境承载能力和接待能力状况进行调查。

（4）2010年10月—11月，整理分析阶段，对调查结果进行整理分析。

（5）2010年12月—2011年1月，修改论文，参加比赛。

3. 研究思路

（1）通过请教地理老师了解到，影响旅游环境承载能力的因素主要有：生态环境容量、资源空间、居民心理、经济承载力等。

（2）通过网上查阅国家对旅游景区规划的规定，了解影响接待能力和承载能力的因素。

（3）采取抽样调查法的方式，在周末和假期时间到荔波小七孔进行深入调查。调查对象包括荔波小七孔本地居民和外来游客，以及有关旅游环境部门。调查内容有旅游旺季和淡季的游客人数，游客人数增多对当地居民的影响。

（4）计算公式计算出荔波小七孔的环境承载力。

（5）构建小七孔生态旅游的可持续发展的模式。

4. 研究内容

（1）小七孔的旅游环境现状调查。

（2）小七孔的旅游环境承载力计算。

（3）小七孔的旅游可持续发展模式构建。

5. 研究流程

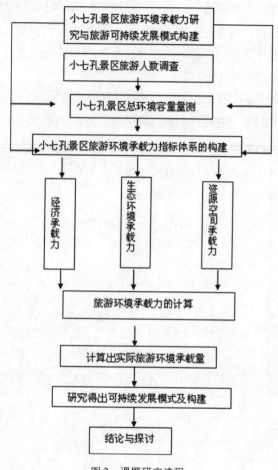

图 2　课题研究流程

6. 小七孔景区旅游环境承载力评价指标体系建立

6.1 小七孔景区概况

小七孔旅游风景区位于 1988 年被列为国家级自然保护区的贵州茂兰喀斯特森林中，发现一处独特的山水林洞湖融为一体的原始奇景，面积约 10 平方公里，有百多个游览点。绿林环抱的鸳鸯湖，面积200亩，水深37米，常年碧波荡漾，碧水恒温在15摄氏度左右，终年双双对对鸳鸯游弋于水面。约1公里长的响水河上，共有68级天然跌水和瀑布，落差40余米，渔民们经常在这里撒网捕鱼，均满载而归。溶洞群中的天钟洞，有许多与众不同的奇景，游人称："这不是打鸡洞，却胜过打鸡洞。"该景区位于布依族、瑶族居住的王蒙乡，距荔波县城33公里。因河上有一座小七孔古桥，得名为小七孔旅游风景区。小七孔风景区属喀斯特山区，地貌特殊、风景奇丽、峰峦雄峻、清泉密布，它是由原始森林、岩溶洞群、鸳鸯湖等组成的绝妙景致，为我国目前游览风景区中独特的自然风光胜地。

6.2 小七孔景区旅游环境承载力评价指标体系的建立

从国内外对旅游环境承载力的研究现状，我们可以总结出目前用于旅游环境承载力研究的评价指标主要集中在两个方面，即社会环境指标、自然环境指标。本课题以一般旅游地的旅游环境承载力评价指标体系建立原则为基础，结合荔波小七孔旅游景区自身特性，以喀斯特脆弱的生态环境为本，以《世界遗产公约》保护遗产

图3 小七孔景区范围

地的要求为根本宗旨，以发展生态旅游促进景区社会经济发展和民族文化交流为主要目的，从景区的生态环境承载力（EEBC）、资源空间承载力（REBC）、居民心理承载力（PEBC）和经济承载力（DEBC）四个方面构建了小七孔景区旅游环境承载力评价指标体系（图4）。

小七孔景区旅游环境承载力研究

- 生态环境承载力（EEBC）
  - 引用水源达标率 C1
  - 观赏水体水质达标率 C2
  - 空气质量达标率 C3
  - 土地环境容量指数 C4
  - 植被覆盖率 C5
- 资源空间承载力（REBC）
  - 游客密度指数 C6
  - 单位面积遗产地游客数量 C7
  - 游客可进入度 C8
- 居民心理承载力（PEBC）
  - 当地居民平均受教育程度状况 C9
  - 当地居民环保意识 C10
  - 当地居民社会心理容量 C11
  - 当地居民心理开放程度 C12
  - 当地居民亲自参与旅游业的态度 C13
- 经济承载力（DEBC）
  - 生活废水处理能力 C14
  - 固体垃圾处理能力 C15
  - 住宿接待能力 C16
  - 车辆接待能力 C17
  - 船只接待能力 C18
  - 商品供应能力 C19

图 4　荔波小七孔旅游环境承载力评价指标体系

7. 小七孔景区旅游环境承载力计算

7.1 旅游环境承载力计算方法的选择与指标权重的确定

7.1.1 计算方法的选择

旅游环境系统是由旅游景区资源、生态、社会和经济等子系统构成的复合系统，旅游环境承载力的每一个环境指标都是从不同侧面旅游环境系统反映人类活动强度的大小。要想全面反映荔波小七孔自然遗产地综合旅游的环境承载力的大小，采用多线性标加权目函数法即常用的综合评分法比较合理。函数表达式为：

$$TECQ = \sum_{n=1}^{j} K_i \times C_i \qquad ①$$

①式中，TECQ 为遗产地实际和理论旅游环境承载量的综合评分值；C_i 为某单项指标的评分值；K_i 为该单项指标对于实际和理论旅游环境承载量的权重大小，n 为指标个数。

7.1.2 指标权重的确定

指标量化和数学模型确定后，如何合理分配各指标的权重也是环境承载力研究中的核心任务之一。关于指标权重确定的方法有很多种，有以研究人员的实践和主观判断为主来确定权重的，但主观性较强；也有用各种数学方法为主来确定权重的，在客观上避免了人为判断的主观性错误，其结果较前者令人信服。层次分析法（简称 AHP 法）就是其中一种，它简便易行、可操作性强，自 20 世纪 70 年代由美国学者 T. L. Saaty 提出后，在多目标决策研究中获得了广泛的应用。它将要识别的复杂问题分解成若干层次，有关专家对所列指标通过两两比较重要程度而逐层进行判断评分，利用计算判断矩阵的特征向量确定下层指标对上层指标的贡献程度，从而得到基层指标对总体目标或综合评价指标重要性的排列结果。针对旅游环境承载力研究的特性，比较适合于采用层次分析法。具体操作步骤如下：

7.1.2.1 建立旅游环境承载力影响因子重要性的判断表

通过查阅资料以及向专家咨询，影响旅游环境承载力的因子间的相对重要性（贡献度）可以分为以下几种情况：甲因子和乙因子同样重要；甲因子比乙因子稍微重要；甲因子比乙因子明显重要；甲因子比乙因子重要得多和甲因子比乙因子极端重要等五种，并对各种重要程度进行量化取值（表1）。

表1 各指标重要程度量化取值表

C i j	含义
1	指标 C i 与 C j 同样重要
3	指标 C i 比 C j 稍微重要
5	指标 C i 比 C j 明显重要
7	指标 C i 比 C j 重要得多
9	指标 C i 比 C j 极端重要
2、4、6、8	指标 C i 比 C j 的重要程度分别介于 1 ~ 3、3 ~ 5、5 ~ 7、7 ~ 9 之间的不重要程度
C i j = 1/ C i j	表示指标 C i 比 C j

7.1.2.2 构建判断矩阵

根据各指标间重要程度比较获得的量化取值，构建一个能计算出各指标权重大小的判断矩阵。假定评价目标为 A〔在荔波小七孔旅游环境承载力研究中，A 可以是综合的旅游环境承载力（TECC），也可以是单项的生态环境承载力（EEBC），资源空间承载力（REBC），居民心理承载力（PEBC）或经济承载力〕；P，评价指标集为 C =（C1，C2，......Cn），n 为指标个数，判断矩阵 S 为：

$$S = \begin{bmatrix} C_{11} & C_{12}\cdots\cdots C_{1n} \\ C_{21} & C_{22}\cdots\cdots C_{2n} \\ \cdots\cdots\cdots\cdots\cdots \\ \cdots\cdots\cdots\cdots\cdots \\ C_{n1} & C_{n2}\cdots\cdots C_{nn} \end{bmatrix}$$

判断矩阵中的各元素应满足下列三个条件：

$$C_{ii} = 1；C_{ij} = 1/C_{ji}；C_{ij} = C^{ik}/C_{jk}$$

对于荔波小七孔旅游环境承载力研究来说，其相应的判断矩阵有五个：一是旅游环境承载力（T EB C）和生态环境承载力（E EB C）、资源空间承载力（R EB C）、居民心理承载力（P EB C）或经济承载力（D EB C）之间的，另外四个分别是生态环境承载力（E EB C）、资源空间承载力（R EB C）、居民心理承载力（P EB C）或经济承载力（D EB C）分别与其下属指标间的。

7.1.2.3 计算判断矩阵的特征根和特征向量

判断矩阵建立后，可采用方根法计算各矩阵的最大特征根和特征向量，具体方法如下：

第一步：求矩阵 S 中各行元素之积

$$M_i = \prod_{n=1}^{i} Sij \quad (i = 1, 2, 3, \ldots, n) \qquad ②$$

第二步：计算 Mi 的 n 次方根 Wi，得向量 Q，即：

$$\bar{W}_i = \sqrt[n]{M^i} \qquad ③$$

得到向量

$$\bar{Q} = (\bar{W}_1 + \bar{W}_2 + \bar{W}_3)^T$$

第三步：对向量 Q 作标准化处理，令

$$W_i = \bar{W}_i / \sum_{i=1}^{n} \bar{W}_i \quad (n = 1, 2, \ldots, n), \qquad ④$$

得特征向量 Q，

$$Q = (W_1, W_2, \ldots, W_n)^T$$

该向量的 Wi，也即为各指标分别对 A 的权重。

第四步：计算矩阵的最大特征根 λ

$$\lambda_{max} = \sum_{i=1}^{n} \frac{(AW)_i}{nW_i} \quad (n = 1, 2, \ldots, n) \qquad ⑤$$

第五步：判断矩阵的一致性检验

根据公式 CI = （λ_{max-n}）／（n − 1），求矩阵 A 的一致性指标 CI，根据平均随机一致性指标（表 2），取 n 阶的平均一致性值 RI。如果 CI 和 RI 比较，比值如果 < 0.10，则说明矩阵 A 具有满意的一致性。

表2 平均随机一致性指标

阶数	1	2	3	4	5	6	7	8	9	10	11	12	13	14
RI	0	0	0.58	0.90	1.12	1.24	1.32	1.41	1.45	1.49	1.52	1.54	1.56	1.58

7.2 小七孔景区旅游环境承载力的计算

7.2.1 小七孔景区游客活动现状分析

7.2.1.1 客流时间分布特征

A. 年际分布特征

荔波小七孔风景区 1990 年正式对游人开放以来，除了 2003 年受"非典"影响，旅游人数较 2002 年有所下降之外，其余年份旅游人数一直保持逐年增长的趋势（图5）。总体而言，2003 年之前，荔波遗产地的旅游人数增长较缓慢。2003 年之后，

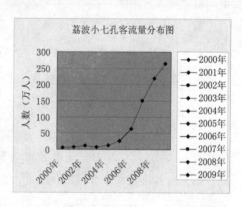

图5 2000—2009 年荔波小七孔客流量

进入了迅速增长的时期，年平均增长率达到50%以上。截至 2010 年 1 月，荔波遗产地历史最高年游客量出现在 2009 年，为 264.6 万人次。因此，论文以 2009 年荔波遗产地各项数值为标准，对其旅游环境承载力进行研究分析。

B. 年内分布特征

几乎所有类型的旅游地都存在客流量年内分布不均的现象，荔波遗产地也不例外。以 2009 年荔波遗产地各月份旅游人数所占比例（图6）中可以看出，其客流量存在明显的年内分布差异。如果以月为单位，则 4—11 月为旺季，11 月—次年 3 月为淡季。"五一"和"十一"黄金周等节假日呈中心分布，其中尤以暑假、十一黄金周游

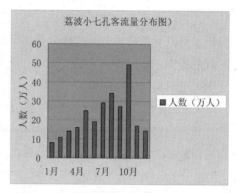

客最为集中。

　　旅游环境承载力是旅游地域环境系统实际的旅游环境承载量和理论承载量的比值。通过年际和年内客流分布特征分析，由于其客流量年内分布不均，造成在某个时间段旅游环境承载力超载。以2009年"五一"和"十一"黄金周为例，荔波遗产地分别

荔波小七孔客流量分布图）

图6　2009年1-12月荔波小七孔客流量分布

接待游客19.23万人和31.2万人，平均每天接待游客2.747万人和4.457万人，这大大超出了荔波小七孔景区0.718万人/天的游客接待极限值，属于瞬时超载。同年其他月份以及2009年全年的旅游环境承载力却属于弱载状态。

　　7.2.1.2　客流空间分布特征

　　旅游者在荔波小七孔遗产地游览有四条线路可以选择。第一条是经三都县或者独山县—荔波县城—大七孔景区—小七孔景区（经由小七孔东门）—茂兰自然保护区；第二条是经麻尾县—小七孔景区（经由小七孔西门）—大七孔景区—茂兰自然保护区；第三条是经广西南丹县—小七孔景区（经由小七孔东门）—大七孔景区—茂兰自然保护区；第四条是经广西河池市—茂兰自然保护区—荔波县城—大七孔景区—小七孔景区（经由小七孔东门）。

　　由于距离较远，大小七孔景区和茂兰自然保护区将分别花费游客一天的时间进行游览。因此，荔波遗产地每天的客流高峰期都相对比较固定，茂兰自然保护区通常是9时—14时，大小七孔的通常是9时—17时。由此可以看出，尽管荔波小七孔遗产地面积广阔，其中的景点也比较分散，但游客已经形成了一定的游览时间和游览

路线，客流量的集中度比较高，景点客流差异比较小。

通过对荔波遗产地目前旅游活动时间和空间客流量分布特征的分析，可以为荔波小七孔遗产地旅游环境承载力的研究提供时间和空间的范围，即以 2009 年遗产地各项评价指标数据为依据，对荔波小七孔进行整体分析研究。

7.2.2 旅游环境承载力指数的确定与分级

计算出遗产地的实际和理论旅游环境承载量后，根据下列公式可计算出遗产地的旅游环境承载力指数：

$$TECC = ATECQ/TTECQ \qquad ⑥$$

式中 TECC 为遗产地旅游环境承载指数，ATECQ 为遗产地实际旅游环境承载量，TTECQ 为遗产地理论旅游环境承载量。

根据旅游环境承载力指数的大小，可对其进行分级处理。从理论上讲，同一旅游地不同的开发模式所引起的旅游环境承载力是有差异的。当开发强度和资源与环境承载力的比值大于 1 时，说明开发过度（表 3）；在生态旅游地，以旅游环境承载量是旅游环境承载力的 30% ~50% 为宜，而对观光度假旅游，其环境承载量一般要大一些。考虑到小七孔喀斯特地区生态环境的脆弱性，以及世界遗产委员会对于遗产地"真实性"和"完整性"保护的特殊要求，课题对小七孔自然遗产地旅游环境承载力指数做了进一步划分，并以 0.6 ~0.8 作为阈值（表 4）。

表 3　旅游环境承载力指数分级表

	旅游环境承载指数			
	<0.8	0.8~1.0	1.0~1.2	>1.2
级别划分	弱载	适载	轻度超载	强度超载

表 4　荔波小七孔景区旅游环境承载力指数分级表

	旅游环境承载指数			
	<0.6	0.6~0.8	0.8~1.0	>1.0
级别划分	弱载	适载	轻度超载	强度超载

7.2.3 理论旅游环境承载力的计算

对遗产地理论旅游环境承载量计算时，都会涉及对旅游设施的重建或改造。这种调整会改变遗产地旅游环境承载力的大小，或者增大，或者减小。"中国南方喀斯特"第一批三个遗产地，在被列入世界遗产名录之前就已经开展旅游活动，所以在以荔波遗产地为例对旅游环境承载力进行定量研究时，一般都认为理论旅游环境承载量为最大，在量化时取 1。

7.2.4 小七孔景区实际旅游环境承载力的计算

遗产地实际旅游环境承载量的计算，是通过数学模型采取多因素加权求和综合评分法，指标权重的确定通过层次分析法求取。对那些有公认标准的指标，且和旅游环境承载量成正比的指标，用实际取值的结果和标准相比来进行量化；对那些和旅游环境承载量成反比的指标，则用标准和实地调查的结果相比来进行量化。

7.2.4.1 生态环境承载力计算

C1 引用水源达标率

打狗河水系的樟江干流是荔波小七孔引用水的主要水源。2009年，荔波境内樟江河水环境质量达到国家地表水环境质量标准（GB3838-2002）Ⅱ级标准以上。依据地表水水域环境功能和保护目标，Ⅱ类水主要适用于集中式生活饮用水地表水源地一级保护区、珍稀水生生物栖息地、鱼虾类产卵场、仔稚幼鱼的索饵场等（国家环保总局 2002），满足荔波遗产地引用水要求，因此论文在理论旅游环境承载量和实际环境承载量计算中都取 1。

C2 观赏水体水质达标率

荔波小七孔遗产地具有典型的二元水结构，观赏水体对于遗产地的整体景观有着十分重要的作用。经向荔波国家级重点风景名胜区管理处和荔波世界遗产办公室咨询，2009 年荔波小七孔遗产地主要的观赏水体景观卧龙潭、响水河和鸳鸯湖的水体颜色无异常，无任何异臭，不含有漂浮的浮膜、油斑和聚集的其他物质，透明度 > 1.2m，水体均满足国家景观娱乐用水水质标准。在理论和实际旅游环境承载量计算中都取 1。

C3 空气质量达标率

经向荔波世界遗产办公室咨询，2009 年荔波遗产地内监测点的环境空气质量均达到国家《环境空气质量标准》（GB3095 - 1996）一级标准。则在理论和实际旅游环境承载量计算中都取 1。

C4 土地环境容量指数

旅游活动产生的固体垃圾，对遗产地土壤会产生负面影响。通过测算遗产地旅游者所产生的污染物和环境自净能力与人工治理污染的能力，可以有效合理的对遗产地进行旅游垃圾管理工作，最大程度的在单位时间内对这些旅游垃圾进行清理，减少它对遗产地的土地污染。

土地环境容量计算公式为：

$$Ce = \left(\sum_{i=1}^{n} N_i S + \sum_{i=1}^{n} Q_i \right) / \sum_{i=1}^{n} P_i S \qquad ⑦$$

式中，Ce 为遗产地土地环境日容量（单位：吨），Ni 为遗产地每天单位面积土地对 i 种污染物的自净能力（单位：吨），S 为遗产地可供旅游活动的面积（单位：平方公里），Qi 为遗产地每天人工处理 i 种污染物的能力（单位：吨），Pi 为旅游者每天产生污染物的数量（单位：吨）（崔哲浩、李英花 2005）。

荔波小七孔遗产地总面积 46.4 km^2，其中 4.6 km^2 的核心区禁止旅游活动，可供旅游开发和活动的区域面积为 41.8km^2。2009 年，遗产地人工处理旅游垃圾能力为 0.8 吨/天，游客数量 264.6 万人，平均每天 7250 人，每天产生旅游固体垃圾 0.64 吨。荔波小七孔遗产地土壤以中性至弱碱性的石灰土代表性强，其中又以发育在喀斯特峰林、峰丛和喀斯特槽谷斜坡喀斯特森林下的黑色石灰土最为普遍。考虑到旅游垃圾主要由纸和塑料制品构成，其在遗产地土壤中的降解时间分别为 3—4 个月/克和 100—200 年/克。由于土壤对塑料每天的降解能力极小，论文只取土壤对纸制品垃圾的降解能力，折合得土壤对纸制品的降解能力为 0.008 克—0.01 克/月，即 0.0003 吨/天—0.0004 吨/天。代入公式⑦，计算得出荔波遗产地 2006 年土地环境承载力系数为 0.030。论文在理论环境承载量计算中取最理想值 1，实际环境承载量计算中取 0.030。

C5 植被覆盖率

在荔波小七孔显性喀斯特环境中，较高的岩石裸露率是其主要特征和脆弱性根源，而植被质量的好坏又是其环境是否脆弱的重要决定因素。旅游活动和开发建设会破坏荔波小七孔遗产地的植被数量和质量，增加岩石裸露率，从而使遗产地的生态环境更加脆弱。如果现有植被覆盖率越高，则遗产地生态环境对于旅游活动和开发建设的抗干扰能力的持续时间就会越长。目前，荔波小七孔遗产地植被覆盖率为 98%。

7.2.4.2 资源空间承载力计算

C6 游客密度指数

旅游业在对该遗产地带来经济效益的同时，旅游者对当地的社会文化冲击也是显而易见的，游客密度越大，冲击越强。该指标即反映这种关系。其公式

$$VDI = RD/VD \qquad ⑧$$

式中，VDI 即为游客密度指数，RD 为当地居民人数，VD 为游客人数。

论文取荔波遗产地年接待旅游者的人数和荔波县的当年人口数。

2009 年，荔波遗产地接待游客人数 264.6 万人，同年荔波小七孔当地居民人口 46.04 万人。代入公式⑧，得到荔波遗产地 2009 年游客密度指数为 0.174。论文在理论环境承载量计算中取最理想值 1，实际承载量计算中取 0.174。

C7 单位面积遗产地游客数量

游客人均遗产地面积直接影响着游客在遗产地的游览质量。荔波小七孔遗产地总面积 46.4km²，其中 4.6km² 的核心区禁止旅游活动，可供旅游开发和活动的区域面积为 41.8km²，2009 年游客人数为 264.6 万人，则 2009 年荔波遗产地单位面积游客数量为 5.7 人。根据中国《风景名胜区规划规范》对游憩地生态用量标准的规定，论文取与荔波遗产地用地类型最接近的森林公园的允许容人量 <15 ~ 20 人，同时结合荔波遗产地喀斯特生态环境的脆弱性和遗产地保护的特殊性，将荔波遗产地的允许容人量规定为 10 ~ 15 人，计算中取 10 人。由于该指标与旅游环境承载力呈反相关关系，则在实际旅游环境承载量计算中，荔波遗产地实际容人量与标准容人量的比值 0.570，在理论环境承载量计算中取最理想值 1。

C8 游客可进入度

该指标用于反映荔波遗产地和外界连通程度的指标。论文按照公路级别对其进行量化：高速公路取 0.4，一级公路取 0.6，二级公路取 0.8，三级公路取 1。荔波遗产地同毗邻的独山县、麻尾县、三都县、南丹市、河池市连接的公路均为二、三级公路，因此，论文在理论环境承载量取 1，在实际环境承载量计算中取 0.9。

7.2.4.3 居民心理承载力计算

C9 当地居民平均受教育程度状况

遗产地的少数民族居民是在发展遗产旅游过程中最直接的参与者和受益者，其文化程度高低直接影响着与游客的交流，以及是否可以为游客提供满意的服务。论文采用现场问卷的方式对遗产地内少数居民做了文化程度的调查，共发放问卷 400 份，有效回收 400

份，被试人群范围涉及荔波小七孔遗产地周边的王蒙乡及其他村寨（表5）。

表5 荔波小七孔居民平均受教育程度调查表

文化程度	频率（次）	百分比（%）	有效百分比（%）	累积百分比（%）
大专及以上	16	4	4	4
高中	25	6.25	6.25	10.25
初中	89	22.25	22.25	32.5
小学	116	29	29	61.5
文盲	154	38.5	38.5	100
缺失	0	0	0	0
合计	400	100	100	100

对被试居民的各种文化程度进行打分量化："大专及以上"得0.2分，"高中"得0.4分，"初中"得0.6分，"小学"得0.8分，"文盲"得1分。然后

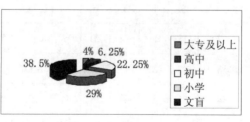

图7 荔波小七孔居民受教育程度

根据每个态度进行加权求和得0.784。在理论环境承载量计算中取最理想值1，在实际旅游承载量计算中取0.800。

C10 当地居民环保意识

遗产地的生态环境保护，除了有关部门的管理和执法，当地少数民族居民的参与式管理也是一个重要的手段。论文采用现场问卷的方式，在遗产地内做了"如果发现旅游者的行为对遗产地生态环

境造成破坏，将采取何种态度"的问卷调查，共发放问卷400份，有效回收400份。被试范围涉及荔波遗产地周边的王蒙乡及其他村寨（表6）

图8 对景区周边居民进行调查

表6 荔波小七孔居民环保意识调查表

年龄结构 态度	频率（岁·人）					百分比（%）					有效百分比
	15 – 25 岁	26 – 35 岁	36 – 45 岁	46 – 55 岁	55 岁以上	15 – 25 岁	26 – 35 岁	36 – 45 岁	46 – 55 岁	55 岁以上	
1	3	8	20	6	4	0.75	2	5	1.5	1	10.25
2	15	14	34	20	6	3.75	3.5	8.5	5	1.5	22.25
3	30	28	12	24	7	7.5	7	3	6	1.75	25.25
4	21	33	43	28	44	5.25	8.25	10.75	7	11	42.25
合计	400					100					100

对表7被试采取的各种态度和行为进行打分量化：1. "亲自制止"得0.4分，2. "向有关部门举报"得0.6分，3. "不知道怎么处理"得0.8分，4. "无所谓"得1分。根据每个态度进行加权求和得0.799。论文在理论旅游环境承载力计算中取理想值1，在实际承载量计算中取0.799。

C11 当地居民社会心理容量

旅游活动的开展，对于遗产地内少数民族居民而言，将意味着有更多的机会与外来旅游者发生接触，也很有可能带来旅游者和遗产地居民的矛盾。论文通过现场问卷的方式，

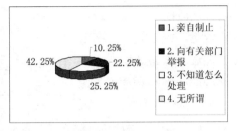

图9　荔波小七孔居民环境保护意识

对遗产地居民是否对在遗产地发展旅游具有良好的心理容量和社会氛围进行了调查，共发放问卷300份，有效回收300份。被试人群年龄在18—60岁之间，被试人群范围涉及荔波遗产地周边的王蒙乡及其周边村寨（表7）。

表7　荔波遗产地少数民族居民对游客数量态度调查表

年龄结构 态度	频率（岁·人）				百分比（%）				有效百分比
	18–30岁	31–45岁	46–60岁	60岁以上	18–30岁	31–45岁	46–60岁	60岁以上	
越多越好	89	78	72	11	29.7	26	24	3.6	83.3
越少越好	0	0	0	0	0	0	0	0	0
无所谓	5	10	12	23					16.7
合计	300				100				100

对被试采取的各种态度进行打分量化："越多越好"得0.2分，"无所谓"得0.6分，"越少越好"得1分。然后根据每个态度进行加权求和得0.267。论文在理论环境承载量计算中取最理想值1，在实际旅游承载量计算中取0.267。

C12 当地居民心理开放程度

该指标用于描述遗产
地内少数民族居民对在遗
产地进行旅游开发和旅游
活动的心理预期程度。论
文通过现场问卷的方式，

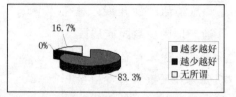

图10　荔波小七孔居民社会心理容量

对遗产地内少数民族居民对旅游开发的心理预期进行了统计，共发
放问卷400份，有效回收400份。被试人群范围涉及荔波遗产地周边
的王蒙乡及其他村寨（表8）。

表8　当地居民心理开放程度调查表

年龄结构\态度	频率（岁·人）					百分比（%）					有效百分比
	15-25岁	26-35岁	36-45岁	46-55岁	55岁以上	15-25岁	26-35岁	36-45岁	46-55岁	55岁以上	
1	66	22	31	25	12	16.5	5.5	7.75	6.25	3	39
2	31	19	10	27	7	7.75	4.75	2.5	6.75	1.75	23.5
3	4	12	19	23	41	1	3	4.75	5.75	10.25	24.75
4	2	3	12	21	13	0.5	0.75	3	5.25	3.25	12.75
合计	400					100					100

对被试采取的各种态度进行打分量化：1．"希望加大力度并有
具体建议"得0.2分，2．"希望加大力度但无具体建议"得0.4分，
3．"不希望加大开发力度并保持现状"得0.8分，4．"无所谓"得
1分，根据每个态度进行加权求和得0.498。论文在理论旅游承载量
计算中取最理想值1，在实际旅游承载量计算中取0.498。

C13 当地居民亲自参与旅游业的态度

该指标用于反映荔波小七孔遗产地是否能为旅游发展提供充足的从业人员，这关系着旅游者是否能够拥有良好的游览经历。论文采用现场问卷的方式，对荔波遗产地就业适龄人员（包括即将首次就业人员、已就业但有可能重新

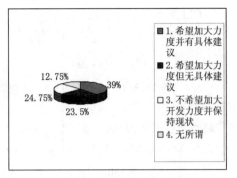

图 11　荔波小七孔居民心理开发程度

择业人员以及 40、50 下岗人员）参与旅游业的态度进行了调查，共发放问卷 400 份，有效回收 400 份。范围涉及荔波遗产地周边的王蒙乡（表9）。

表9　荔波小七孔居民参与旅游业态度调查表

年龄结构 态度	频率（岁·人）					百分比（%）					有效百分比
	15－25岁	26－35岁	36－45岁	46－55岁	55岁以上	15－25岁	26－35岁	36－45岁	46－55岁	55岁以上	
1	81	35	34	30	21	20.25	8.75	8.5	7.5	5.25	50.25
2	18	10	73	20	28	4.5	2.5	18.25	5	7	37.25
3	2	2	4	14	28	0.5	0.5	1	3.5	7	12.5
合计	400					100					100

对被试采取的各种态度进行打分量化：1. "愿意加入"得 0.2 分，2. "暂时没有决定"得 0.6 分，3. "不愿意加入"得 1 分。然后根据每个态度进行加权求和得 0.454。论文在理论旅游承载量计算中取 1，在实际旅游承载量计算中取 0.454。

7.2.4.4 经济承载力

C14 生活废水处理能力

反映景区内废水处理
能力的指标。除了旅游用
水外，如考虑当地居民的
生活用水，荔波小七孔的
日耗水量约为 225t/d，如
按排放系数 0.8 计算，每
日的污水产量为 180t。按

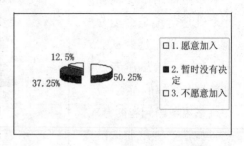

图 12　荔波小七孔居民参与旅游业态度

前述规划，建污水处理厂两个，日容量能力为 2（个）× 10（h）×
15（t/d）= 300t。由此，该指标可量化为 180 ÷ 300 = 0.6。所以在实
际承载力中取 0.6，在理论承载力计算中取 1。

C15 垃圾处理能力

垃圾处理能力，荔波小七孔景区内有垃圾存放池 11 座，垃圾桶
75 个，垃圾转运车 2 辆。荔波小七孔景区内平均日产垃圾 800 千克。
生活、旅游垃圾成为小七孔景区环境卫生的主要污染物。小七孔景
区内的垃圾处理的主要方式是：垃圾桶收集—垃圾存放站分类存放
—每日定时运出景区—垃圾处理厂处理。根据实际调查，人均每天
产生的固体垃圾大约为 1.2kg人/d。垃圾处理日容量为 9000 人/d。由
于荔波小七孔垃圾处理厂能有效的对垃圾进行处理，所以在理论和
实际旅游环境承载量计算都取 1。

C16 住宿接待能力

该指标为遗产地旅游住宿床位与过夜游客的比值。2009 年，荔
波遗产地拥有可用于接待旅游者的宾馆 33 家，共有各类客房 1152
间，总床位 2242 张，则全年共可接待游客 81.83 万人。当年遗产地
游客人数仅为 264.6 万人。论文在理论环境承载量计算中取二者比
值的近似值 0.310，在实际承载量计算中取 1。

C17 车辆接待能力

该指标为遗产地可用于旅游的车辆载客量与游客数量的比值。2009 年，荔波小七孔拥有可以用于遗产地旅游的大巴 4 辆，每辆载客 35 人；中巴 5 辆，每辆载客 19 人；五菱观光车 23 辆，每辆载客 13 人；电瓶车 34 辆，每辆载客 11 人（其中有两辆可载客 18 人）；则遗产地旅游车辆接待能力为 922 人/天，约 40 万人/年。同年游客数量为 264.6 万人。论文在理论环境承载量计算中取二者的比值 0.151，在实际承载量计算中也取 1。

C18 船只接待能力

该指标为遗产地游船载客量与游客数量的比值。荔波遗产地 2009 年拥有游船 62 艘，每艘游船最大载客量 12 人；漂流艇 74 条，每条漂流艇最大载客量 5 人，则遗产地的游船载客量 1114 人/天，41 万人/年。同年遗产地游客人数为 264.6 万人。因此，2009 年荔波遗产地船只接待能力 0.155。论文在理论环境承载量计算中取最理想值 1，在实际承载量计算中取 0.155。

C19 商品供应能力

截至 2010 年 1 月，荔波遗产地内包括荔波县城共有旅游纪念品商店 30 家。通过实地调查，这 30 家商店在 2009 年经营状况良好，且任何旅游商品都不存在脱销的情况。论文在理论环境承载量和实际环境承载量计算中都取 1。

7.2.4.5 旅游环境承载力指数的确定

将评价指标体系中各个指标的取值结果以及权重值，代入公式①，分别计算得到 2009 年荔波喀斯特世界自然遗产地的理论旅游环境承载量和实际承载量（表 10）。

表 10　荔波遗产地旅游环境承载量计算结果

	理论承载指标	实际承载指标	权重（W）	理论承载量	实际承载量
C1	1	1	0.052	0.052	0.052
C2	1	1	0.052	0.052	0.052

	理论 承载指标	实际 承载指标	权重 （W）	理论 承载量	实际 承载量
C3	1	1	0.253	0.253	0.253
C4	1	0.030	0.124	0.124	0.004
C5	2	1	0.023	0.046	0.023
C6	1	0.174	0.147	0.147	0.026
C7	1	0.570	0.084	0.084	0.048
C8	1	0.900	0.032	0.032	0.029
C9	1	0.800	0.012	0.012	0.010
C10	1	0.799	0.071	0.071	0.057
C11	1	0.267	0.040	0.040	0.011
C12	1	0.498	0.022	0.022	0.011
C13	1	0.454	0.007	0.007	0.003
C14	1	0.600	0.014	0.014	0.008
C15	1	1	0.032	0.032	0.032
C16	0.310	1	0.009	0.003	0.009
C17	0.151	1	0.004	0.001	0.004
C18	1	0.155	0.009	0.009	0.001
C19	1	1	0.134	0.134	0.134
Σ			1	1.135	0.767

　　将遗产地理论和实际旅游环境承载量分别代入公式⑥，得出 2009 年荔波小七孔旅游承载力指数为 0.676。由此得出结论：截至 2009 年底，荔波小七孔自然遗产地的旅游环境承载力保持在适载的状态。说明遗产地实际旅游环境承载量明显小于理论承载量，遗产

地对游客的容纳量尚有一定的空间，对旅游开发和发展强度还有较大的承载余地。目前的旅游发展规模暂时不会对遗产地的资源环境、居民社会文化以及旅游设施产生污染和破坏，也不会出现因游人过多而导致旅游质量降低的问题。这种状态对于遗产地的旅游可持续发展是最有利的。在这种情况下，荔波小七孔遗产地可以适当的加大旅游开发，扩大旅游活动的规模。

8. 小七孔景区旅游可持续发展模式构建

8.1 荔波小七孔景区可持续发展现状及主要矛盾

8.1.1 片面追求经济利益。

景区管理本是一项公益性事业，但地方管理机构和地方政府却将景区的经济效益当作评价自身政绩的主要指标，势必会导致景区资源、景区效益化，这与我国的旅游业可持续发展的根本宗旨背道而驰。有的地方在实现资源化、效益化的过程中不计后果甚至涸泽而渔，对景区的可持续发展造成无法估量的损失。

8.1.2 景区资源不合理的开发利用

现今小七孔出现了令人忧虑的"旅游开发"。虽然各景区都在强调景点生态环境的规划与保护，但由于大部分生态系统的生态阈值目前还不清楚，在"投资主体多元化与社会办旅游"的发展模式下，在宏观调控乏力和规划执行随意性大的粗放发展格局下，科学利用与保护措施在政府、企业及旅游者三个层面上已明显脱节，利益驱动的短期旅游开发行为已严重危及到生态环境的良性循环，并将会导致植物多样性的减少等。造成的后果往往无法挽回。总之，生态系统的破坏和环境的退化已成为景区可持续旅游发展的主要障碍。

8.1.3 城市文化对景区的冲击

城市文化对景区的冲击最明显的表现是景区房地产的开发。开发商们采取的是"城市包围农村"的政策，使景区逐步城市化。开发商为了获利，对景区修建一些休闲度假村，提出旅游目的地的规划，在可以设想的将来大量豪华宾馆、度假村的修建必然会加重风景区的城市痕迹。另外，当地纯朴文化受到外来文化的冲击，特别是年轻一代喜欢模仿游客的衣着打扮、语言，向往城市生活，对传统的文化无疑会形成巨大的冲击。因此，如何有效地保护小七孔的民族特色和传统文化，对景区的可持续发展有着重要意义。

8.1.4 旅游科技水平低，发展滞后

旅游发展规模的迅速扩大使大部旅游地处于一种高负荷的运转状态之中，环境压力也在不断加大。但现阶段小七孔旅游环境管理技术的应用处于低水平、低效率状态。很多景点缺少旅游环境监测系统和保护设施，污水、垃圾处理仍采用原始的方式，就近排放，造成遗产地污染，景观质量下降，威胁珍贵物种的生存。同时，旅游决策缺少科学依据，带有相当的主观性和盲目性。旅游经营管理的电子化、信息化、网络化程度远远落后于相应技术的发展水平和发展速度。

8.2 荔波小七孔旅游可持续发展管理模式构建

8.2.1 生态旅游可持续发展的追求目标

8.2.1.1 资源开发的限制性条件

资源开发的前提是保护生态旅游资源及其环境，须在其环境的可承受范围内，超出这一范围，保护就成了空话一句。故生态旅游的发展应该是在强度上的控制性开发，在方式上的选择性开发。

8.2.1.2 最大效益

三大效益协调发展而呈现的综合效益最大，而非三大效益中的某一效益最大。

8.2.1.3 可持续效益

远期目标是获得可持续效益，这是建立在经济、社会、环境三大综合效益的整体可持续。同时，这一可持续效益也不是为了保护而降低整体效益，追求的既是可持续又是整体最佳效益。

8.2.2 生态旅游可持续发展的运作原则

8.2.2.1 综合考虑生态旅游相关主体的实际关系和预期利益，这是公众广泛参与可持续性生态旅游的激励机制之所在。

8.2.2.2 生态旅游的可持续性发展是制度和技术双重意义上的创新。

8.2.2.3 特别考虑当地居民的传统文化、生活方式以及相关态度。社区公众的广泛参与是生态旅游可持续发展战略成功的前提与保证。可持续生态旅游产业的发展应尊重当地居民的综合权利。

8.2.3 模式构建

8.2.3.1 荔波小七孔生态环境与管理

（1）生态景点

扩大景区自然景观游览、观光、休闲的内涵，构建不同类型景点等示范观光项目，引导游客分流，鼓励游客积极参加到保护自然、享受自然、关爱环境的生态教育中去。

（2）喀斯特地貌的保护

禁止开山采石、挖砂取土等活动，防止喀斯特地貌遭破坏。控制人为活动对喀斯特地貌的影响，防止石漠化，制定相应的专项保护规范。

（3）功能分区管理

荔波小七孔世界自然遗产地具体可以分为以下几个功能区域：特级保护区、一级保护区、二级保护区、三级保护区。特级保护区内不得建设任何有碍资源和环境的设施，可配置必需的游览步道、游憩亭廊和环保厕所，应严格限制游人进入，禁止居民生产活动；一级保护区内控制开发行为，限制居民生产活动，控制机动车辆进入；二级保护区内可以安排游赏活动项目和旅游服务设施，控制居民生产活动；三级保护区内可以有序建设同风景区性质和容量相一致的各项设施，允许保留原有土地利用方式与形态，合理安排居民生产活动。

8.2.3.2 荔波小七孔居民参与式管理

（1）让居民参与景区的决策制定

参与景区的决策制定意味着景区居民有机会就发展景区旅游表达他们的希望、意愿以及担心。同时，他们也可以利用自己在景区生活多年积累的经验和专长，为景区的发展规划献计献策。作为景区管理者而言，凡是涉及景区旅游资源的进一步开发的问题，比如哪些区域适合开发，哪些区域不适合开发，除了以专家意见为主导，也要尽量的征求和听取当地居民的意见。如果当地居民对某些资源的开发持反对的态度和意见，那么管理者就要考虑此项开发的可行性，如果坚持开发，会产生一系列的负面效应。

（2）让居民参与旅游收益的分配

让居民参与景区旅游的另一个方面就是参与分享旅游所带来的各类效益，其中就包括为本地居民创造更多的就业机会，甚至拥有自己的旅游企业的机会。例如，在建设基础设施的过程中，荔波小七孔景区管理者可以积极引导和鼓励本地居民建设辅助型旅游服务设施，包括旅游饭店、旅社和旅游商品纪念摊点。

（3）让居民参与景区的保护

当地居民一些自行制定的规范和规定，对于遗产地生态环境的保护起着重要的作用。在荔波小七孔的"王蒙乡规民约"就有规定显示：砍伐、盗卖树木的，据树木种类与大小处以 10 ~ 500 元不等罚款；发现其他村组的牲畜放到我组辖区内进行对森林资源的破坏，应积极制止，并向组领导反映，由组领导出面处罚，造成严重后果的向保护区管理局反映；不管是本组人员或外组人员，都不得开垦森林沼泽，不得毁坏湿地林木和草本，不准污染水源。如有发现，根据不同情况处罚 50 ~ 500 元。通过村规民约，村民增强了自然资源的保护意识，增加当地居民的参与性，提高了社区能力和自我约束力，为更有效管理当地生态环境、生态系统、自然资源等起到有效作用。

（4）努力培育景区居民的旅游意识

因为荔波小七孔的经济条件所限，当地居民很少有机会外出旅游，所以他们的旅游意识，即对旅游者特性的认识是很淡薄的。但他们具有自己的优势，就是熟悉遗产地的风土人情、传统习俗以及建筑遗迹等等。如果遗产地管理者能为本地居民提供更多的培训机会，他们的旅游意识就会被很好的激发出来，从而更好的参与遗产地旅游业的发展，为旅游者提供更好的服务。

8.2.3.3 游客容量管理

因环境容量限制，生态旅游区不仅要合理确定与控制生态容量和经济容量，把经济增长限制在环境生态允许限度内，尽量增长生态潜力，还须有效控制游客容量，通过科学区划分流和疏导游人，避免生态旅游区超负荷接待游人，防止因出现游客临界容量而使环境遭不可逆转性破坏。

（1）**在旅游旺季有计划的分散旅游客流**

在旅游黄金周，全国大部分景区都会出现环境承载力超载现象，小七孔景区也不例外。现在景区已经与大七孔景区合并成为一个旅游景点，大大地加大了旅游面积，但是大部分游人的目的地仍在小七孔，使得这条主轴线上人流过于拥挤。应该加大大七孔景区在外地游客心中的游览价值，不仅可以增长游客在小七孔景区的游览时间，还可以缓解主景区内的游客超载现象。游客多集中于上午10点到下午4点，而且大多数游客是以七孔古桥、68级响水河瀑布、拉雅瀑布、龟背山原始森林、野猪林漏斗森林、天钟洞、卧龙河生态长廊的顺序在中山风景区进行游览，所以团队可以调整游览顺序，把景区不同的拥挤时间段相互错开。同时，小七孔景区管理部门还可根据不同情况调整旅行社带团游览时间，以避开旅游旺季客流高峰，缓解对小七孔孝陵景区的压力。

（2）**通过价格杠杆调节客流**

在黄金周前三天可以采用原价，相应的降低周边旅游景区的价格来分流游客。由于荔波小七孔景区是 12 小时开放，可以在同一天的游客稀少时段，如早上十点之前、下午四点之后的价格下调以吸引游客。为了限制本地游客数量，可以限制购买年卡的游客进入时间或者不允许在黄金周前三天进入。淡季时，下调价格。此外，还可实行其他灵活多样的价格政策。这样不仅能满足不同游客的需要，而且可使旅游活动有序化、均衡化。

（3）通过管理措施，实现地段和时段分流

在游览面积较小的景点，如天钟洞的内在空间最多只能容纳 100 人左右，要保证游览质量只能容纳 60 至 70 人，在游客过多时，可通过分批进出的方法，保证景点内不会超载。还可以在超载景区入口地段或超载时段设置限流警示牌，一旦景点达到饱和则停止进入。

（4）增加小七孔景区旅游淡季的游客数量

景区游客在淡旺季的分异度很高，除了五一、十一黄金周和 3 月、5 月和 10 月的旅游旺季，小七孔景区内的游客人数明显较少，尤其在 12 月、次年 1 月和盛夏的淡季。此外，但是很多游客都是匆匆而来，并没有品出这个世界遗产的味道来。要让小七孔景区使人觉得物有所值，就要加大两方面的力度：一是景区内建筑完善力度，二是景区相关宣传力度。

加大景区相关宣传力度，可以通过广告牌、旅行社加大荔波小七孔景区的知名度，加强合作，拓展市场；对于短时间内风景区游人过于饱和的旅游活动，还有会议、展销会等，可尽量安排在旅游淡季。这样既可缓解旺季游

图 13　淡季观光车

人过多、环境容量有限的矛盾，又可延长全年旅游时间。

8.2.3.4 资金管理

面对日益增长的旅游人数和不断扩大的旅游规模，荔波小七孔在管理方面的费用和成本也是逐渐增多的。这些费用用于完善遗产地内基础设施建设、整治和维护遗产地环境、修缮遗产地内历史遗迹、发放遗产地从业人员薪酬、维持遗产地日常监督管理以及偿还申遗之前用于环境整治和移民搬迁的借贷等。这些资金可以通过以下途径获得。（表11）

表11　荔波小七孔景区管理资金来源

资金来源	内容
政府机构资助	各级政府财政拨款、专项资金等
非政府组织捐助	世界遗产基金会援助、企业无偿捐款等
节事活动	旅游节、会议、摄影展、少数民族节庆活动
旅游产品销售	餐饮服务（景区餐饮服务、酒店餐饮服务、农家乐服务）
	住宿服务（宾馆、招待所、露营等）
	旅游交通服务（电瓶车、小巴、观光车、游船等）
	旅游讲解服务（导游陪同服务、有偿视听设备服务、自助游指南）
	旅游纪念品销售（传统手工艺品、特色食品、微缩复制品、相册、明信片、服装、花卉、光碟、图书等）
	旅游娱乐服务（泛舟、摄影服务等）
商业赞助	节事活动冠名、旅游车辆车身广告等
门票收入	遗产地景区门票收入、遗产展示大厅门票收入等
其他	遗产地景区摊位费、停车管理费等

8.2.3.5 工作人员管理

(1) 普通员工管理

将景区员工聘用程序标准化，使得景区工作人员进一步专业化和知识化。建立完善的员工日常工作行为规范和制度，建立员工奖惩制度。对景区资源监测和保护部门尤为重要，可以减少因员工人为因素而忽视和未发现的景区资源破坏情况，将员工的工资待遇根据工作年限定为不同级别，使得景区在一定程度上克服旅游业人员流动性高的不利影响，减少因失去老员工而重新培训新员工的费用。

(2) 专业人才管理

荔波小七孔旅游的可持续发展涉及当地社会、经济、生态、林业、环保、工程技术、民族艺术等多学科。因此，必须依靠高技术化，研究怎样减少基础设施建设用地、平衡水电能源供应、处理污水垃圾、规划设计尽可能少地影响和破坏景区资源及环境等等，并通过一定的保护技术修复对旅游环境长期透支使用造成的损伤。这就需要改变景区旅游专业人才匮乏的现状，加强人才体系建设，有针对性地加强培训工作，做好人才引进，建立一支具备景区旅游先进理念、善于经营管理的旅游从业人员队伍，不断提高景区旅游的管理水平和服务质量。

(3) 志愿者管理

在国外的一些世界旅游地，志愿者和正式员工一样为旅游地起到了重要的作用。荔波小七孔可以以此为借鉴，建立一支志愿者队伍。志愿者的作用主要是为重大节事活动提供引导、讲解服务，比如旅游发展大会、荔波小七孔旅游节等。为景区环境资源保护作宣传。志愿者来源主要包括大专院校，中小学校。适合志愿者的工作一般包括节事活动的引导、解说、宣传手册的设计等。

9. 探讨

9.1 对景区旅游环境承载力瞬时超载的定量研究

课题虽然分析得出荔波遗产地客流量存在明显的季节性，所以在某些时段可能造成旅游环境承载力的瞬时超载，但仅仅是从狭义的环境承载力概念入手，显然不够准确。十分有必要从旅游环境承载力的各个评价指标入手，对其进行定量研究，从而得出准确的结论。

9.2 对景区生态阈值的研究

荔波小七孔具有多样性的生态系统和功能区域，旅游活动对其造成的影响也是多层次和复杂的。所以，十分有必要界定景区各类功能区域生态系统的生态阈值，将旅游活动和生态阈值紧密结合，提出相应的、量化的、科学利用的技术规程。

9.3 可持续发展管理模式的实践

荔波小七孔旅游可持续发展管理模式的构建，最终要为"小七孔"所有遗产地的可持续发展提供管理依据和标准。因此，有必要就该模式对遗产地可持续发展的效果和作用进行检验，从而可以及时对其模式进行修正和改进。

致　谢

在周光发等老师的悉心指导下完成了本课题的研究。课题从选题、构思、资料收集到撰写、修改直至最后定稿的每一个环节无不凝结着教师的心血。在此谨向导师表示我最诚挚的谢意！在开题过程中，得到了周光发老师的点评和指导；在资料收集和野外调查过程中，得到了荔波小七孔风景名胜区管理处的大力支持和帮助；在此致以诚挚的谢意。值此论文完成之际，谨向在我撰写过程中曾经给予我关心、支持和帮助的老师、同学、亲人和朋友致以最诚挚的谢意。

【教师点评】

作者对荔波小七孔进行了实地考察，对景区总环境容量、客流时间、分布特征进行了统计分析，并对景区的承载能力进行计算分析，得出荔波旅游环境承载能力和接待能力状况，提出了可持续发展的生态旅游模式，分析判断能力可圈可点。

（本文获第 26 届贵州省青少年科技创新大赛二等奖）

第三节　英语学科

都匀市中学生英语口语水平调查

作者：罗端林

指导教师：周光发　贺　琨　杨先彤

摘　要：我们大多数人喜欢英语，渴望学好英语，希望能够出国深造。我发现中学生学习英语普遍存在着这样的问题：笔试分数高，但口语薄弱，与人交流困难。我从小就对英语情有独钟，所以，我想尽我所能来帮助大家。通过我的调查，访问，然后将得到的一些方法告诉大家，衷心希望大家能有所进步。

关键词：都匀市　中学生　英语口语　调查分析

1. 调查目的

目前，在我国的中学英语教学中，"说"仍是一个非常薄弱的环节。不少中学生虽然已经学了多年的英语，见到外国人，就紧张得说不出来了，脑子一片混乱，不知道该说什么，更谈不上自如地交流了。

英语是一门重要的学科，已经成为我们生活中不可缺少的一部分。我们很多人都特别想学好这门科目，还想走捷径，但是欲速则不达。我们都普遍存在这样一个问题：笔试分数很高，口语却不怎么样。我想提高同学们的口语水平。所以我所研究的是中学生英语口语的问题。

2. 调查对象

（1）都匀二中的学生

（2）都匀一中的学生

（3）都匀三中的学生

（4）贵州省罗甸民族中学的学生

3. 研究流程

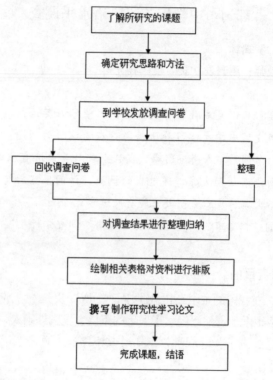

4. 研究时间

（1）2015 年 8 月—9 月，提出课题。

（2）2015 年 9 月，制定调查问题的主要方向和方案。

（3）2015 年 9 月—10 月，进行调查分析，分别对都匀各中学及罗甸中学发放调查问卷并回收，对数据进行统计排版。

（4）2015 年 10 月—11 月，对数据进行综合整理分析。

（5）2015 年 11 月—12 月，撰写论文并进行认真修改。

（6）2015 年 12 月定稿，完成课题及总结。

5. 调查结果分析

（1）发音的生理学原理

声带位于喉头的中间，是两片呈水平状左右并列的、对称的富有弹性的白色韧带，性质非常坚实。声带的中间又称声门，声带是靠喉头内的软骨和肌肉得到调节的。吸气时两声带分离，声门开启，吸入气息；发声时，两声带靠拢闭合发生声音。声带在不发出声音的时候是放松并张开的，以便使气息顺利通过。声带发声，一部分是自身机能，一部分是依靠声带周边的肌肉群协助进行发声运动。说外语，齿，唇运动不灵活。按播音和医学原理，让舌，唇，下颌，吼，胸等整个发音器官的每一块肌肉、关节，从根本上改善其灵活度，协调性。口齿能力提高后，学习任何语言都容易。假如说汉语都咬字不清，不如先改善口齿能力。盲目练习熟练性，没掌握技巧，会影响流利性。听力天赋不好，容易受中高音调干扰，说"中国语言"。

练习英语口语要注意，发元音的时候，气流在声腔不受到阻碍，因而音器

图1 读口语的不同方法

官的各部分保持均衡的紧张。发辅音的时候，气流在声腔受到阻碍，只有形成阻碍的那一部分器官紧张。

发元音的时候呼的气流畅通无阻，因而气流较弱，发辅音的时候，呼出的气流必须克服某种阻碍才能通过口腔或鼻腔，因而气流较强。

（2） 口语不好的原因分析

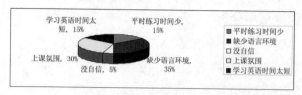

图2　口语不好的原因

我们每个人学习英语时间的长短不一样。有的人从小就开始学习英语，对于英语并不是那么陌生，有的人是从中学才开始学英语，对于英语不敏感。在课堂上，一般是以老师教英语为主，虽然老师鼓励学生课堂互动，但是很

图3　互动课堂

少有学生敢在课上与老师用英语交流。"课堂老师讲，课下学生练"是不少教师特有的法宝。这正是学生课业负担屡减而不见轻的主要

图4　参与调查

原因。因此向45分钟要质量，提高课堂效率，是切实推进素质教育的一项重要措施。以上这些是显性浪费，还有些花在弯路上的隐性浪费更令人痛心。唱唱歌，跳跳舞，做个游戏，也确实能活跃气氛。还有的同学是因为自卑，怕出错，不愿意开口说英语来回答问题，生怕说错了，同学听了会嘲笑他自不量力。以当前课程安排来看，英语课太少了，同学没有投入更多的精力在英语上，得抓紧时间写英语作业，哪里会顾及到英语口语呢？

其次，我们缺少一定的语言环境。现在我

们讲的大多数是普通话，遇到老乡还会说方言，可是，很少听到有人用英语进行交流。说的多的无非是见面时候"Hi""Hello"，抑或是分开时的"Bye"。学好英语，就要开口，口语才会有所进步。但是没人问你去哪儿，来一句"Where are you going"或是问你在干什么，说"What are you doing"。如果你说了，别人会觉得你在炫耀英语学的好，你就自然而然地不想说了。

（3）口语的重要性

社会生活的信息化和经济的全球化，使英语的重要性日益突出。英语作为最重要的信息载体之一，已成为人类生活各个领域中使用最广泛的语言。许多国家在基础教育发展战略中，都把英语教育作为公民素质教育的重要组成

图5 与外国人友人交谈

部分，并将其摆在突出的地位。随着中国逐渐走向国际化，使用英语的范围也越来越广，现在日常生活中许多地方都使用英语。

从全世界来看，说英语的人数已经超过了说其他语言的人数，10多个国家以英语为母语，45个国家的官方语言是英语，世界三分之一的人口（二十几亿）讲英语。全世界75%的电视节目是英语，四分之三的邮件是用英语书写，电脑键盘是英语键盘，任何一个国际会议，其工作语言一定要用英语。英语也是联合国的正式工作语言。我们看到，很多官方的、政府性质的活动、文件、交流方式都使用英语。

英语口语是一种技能，尤其是依照当前经济的发展趋势，我国与国际的交流越来越紧密，学习实用的口语知识，可以应对工作、商务、出国等方面遇到的问题。我们没有理由回避或者拒绝学习英

语口语，反而应该尽早学习，掌握多一门技能，这对于增强自己的竞争力十分有用，口语应该随着时代的发展成为一种学习趋势。

6. 提升口语水平的方法

我们应该积极培养练习口语的兴趣，因为兴趣是最好的老师。当你对它产生兴趣了，再难也不怕。所以，教师要想尽办法，上好每一节课，使单调乏味的反复练习变得活泼生动、妙趣横生。新教材内容贴近学生的生活，在教学的过程中，应充分挖掘其趣味性，唤起情感共鸣，引起学生兴趣，给学生留下难以磨灭的印象。

当然兴趣的培养不是一朝一夕的，而要持续不断。孔子曰："知之者不如好之者，好之者不如乐之者。"激活学生学习动机，增强他们的学习积极性，变被动应付为主动探求知识，使之成为乐之者。我们应该找到适合自己的学习策略，并能根据自己的学习需要不断地调整学习策略。我们可以听英文歌曲，陶冶情操，丰富内心世界；可以和朋友去电影院看英语电影，看与听同时进行；还可以进行相应的听力练习，试着跟说英语；可以利用网络的便捷，交几个外国朋友，与他们进行简单的对话；还可以订阅一张英语报纸，丰富自己的词汇量，就不用愁不会用句子进行交流了。

图6　积极参与课堂口语训练

在课堂上，教师要充分利用现代教育技术，开发英语教学资源，拓宽学生学习渠道，改进学生的学习方法，提高学生的学习效率。在条件许可的情况下，教师应充分利用各种听觉和视觉手段。例如：挂图、音像等，丰富教学内容和形式，促进学生课堂学习；要利用计算机和多媒体教学软件，探索新的教学模式。多媒体的使用使教学更加生动化形象化。可以使难以理解的抽象的东西以生动的图像展现在学生面前。它可以克服文字与口头表达形象性弱的缺点，以丰富的内容，多样的形式，生动的图像，优美的英语原音，多方面、多角度地向学生呈现英语教学素材，从而达到培养学生观察能力、自学思维能力的目的。

练习口语，要提高听力水平，我建议大家去买一本钟道隆编的《逆向法巧学英语》仔细看看，里面很多道理说的很清楚。我这里只想以我的亲身体验告诉大家：开始"真正"练习听力的时候（我这里所提到的"真正"不是指那些考试技巧，而是发自内心的想要掌握、运用、享受英语的源动力），千万不可操之过急，一开始就去听那些原版的标准速度的听力资料。一方面这样的方法极不科学；另一方面也会给自己刚刚培养起来的自信心带来巨大的重创。把英语作为第二语言的学习是不可能不犯错误的，多犯错误是为了少犯错误。每当我缺乏勇气的时候，我就会用"I enjoy losing face！"这句话来激励自己。对于听力，这样一句一句直到把每一句话完全"吃掉"，已经基本上可以保证你已听懂了这段文章。所以，你要从简单的开始听，慢慢来。

一开始你就读不准的话，时间长了你想纠正都很难了。在读准的基础上你慢慢加快速度，同时多听听一些标准的原声磁带对你提高英语读的水平应该是有帮助的，你也可以找外教多锻炼你的口语。朗诵和背诵一些英语课文，调整语音语调，提高口语质量。多开口讲，是一种锻炼的好方法。不要怕出错，说出的错误可以改，不说有错永远也改不了。多与同学用英语交谈，一句、两句慢慢发展。可以站着读，书可以高高举起来读；或是到一个安静的地方，疯狂地大声地读；也可以找个人陪你，读给她听，让她打分数，指出自己的不足，然后改正等等。

针对学生因为词汇量少，想说英语时构不成完整句子的问题，我想给大家讲关于背单词的技巧。从老师教学方面来讲，比如：在学习 eye、nose、mouth、hand、face 等表示身体部位的单词时，和学生一起做 Touch your head 游戏。开始教师先作示范，然后说 touch your nose，学生边听边点自己的鼻子。依次练习 nose、ear、eye、mouth、hand、face，重复几遍之后再进行小组的比赛，并加大难度，只有当学生听到 Polly says "Touch your ears" 时，学生才可用手摸自己的耳朵，否则算违规，要被"罚"下场。游戏结束时，小组违规最少者得胜。整个游戏由学生自愿轮流当发令官，学生参与的积极性很高，游戏使枯燥的单词变生动了，难记的知识变容易了。从学生个人来讲，首先准备一本袖珍笔记本，将要记忆的单词写在笔记本上，只要有时间就拿出来读读。这些单词见多了对你就会产生感情，你一定能记住，因为每读记一遍，就在你的大脑中加深一层印象。这样记忆的单词可长久不忘，并能随时想起，是一种很好的长时记忆法。还有就是，运用和掌握词汇的构词规律、内在结构记忆单词是一种理性地使自己词汇量膨胀起来的方法。英语单词是由词素构成的，词素分为自由词素和粘附词素。记忆单词主要是记自由词素，因为有些自由词素可以充当词根，词根加词缀构成许多派生词。构词法主要有三种：转化、合成和派生。词记忆的方法有很多，各个人的情况不同，对甲适合的方法不一定对乙适合。所以每一个人要选择或总结适合自己的方法，这样才能事半功倍。有一点是必须要记住的，词汇只有在运用中才能真正掌握。

老师要善于发现、及时肯定学生口头语言的优点，如正确的发音、优美的语调及组织较好的语句等，使学生时常体验到成功的喜悦。纠错要有所选择。

在校园里，我们可以搞一个英语广播站，每天听半个小时英语，听它的发音纠正自己的发音，创设一个有利于学生学习口语的环境和氛围。我们读英语，要 loudly，quickly，clearly，这对于英语口语绝对有好处。但是重读，弱读，我们很难掌握，所以为了让大家从根本上摆脱说英语重轻不分现象，我们要掌握让语句柔和、流畅、抑扬顿挫、起伏分明的技巧。校园里，我们要鼓励学生用英语交流，不管说的好不好，都要给予支持，给他们自信心，有勇气说出来。我们还可以进行一些英语口语的比赛，或是举行一些英语口语的座谈会等等。

7. 结语

痴迷于英语的我，只要关于英语方面的问题，我都会全身心投入。这次口语调查，我花了好长时间和精力。关于以上的方法，我自己也在用。刚开始，没有多大效果，可是时间久了，效果就慢慢显现出来了。同

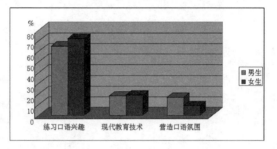

图7 提升口语的方法

学经常问我学好英语的方法，这些就是给你们的答案。这些就是我的调查情况，还有我的一些方法，希望能够对大家有所帮助，英语口语有所进步。以后遇到外国友人要主动与他们交流哦，不要害怕自己英语口语不行，坚持不懈地练习，相信你自己。Nothing is impossible. I believe that you can learn English well if you try your best.

致　谢

此篇文章的成功完成来之不易，十分感谢各界人士与各个单位的鼎力相助。在此由衷感谢对文章有过帮助的人们：

1. 感谢都匀一中、都匀二中、都匀三中、学校同学及老师对文章给予的帮助与支持。

2. 感谢参与问卷调查和接受采访的老师和同学。

3. 感谢周光发等老师对文章给予的帮助与支持。

【教师点评】

作者分析了中学生学习英语过程中普遍存在的问题：笔试分数高，但口语薄弱，与人交流困难。通过调查、访问，得到一些值得大家借鉴的方法，这些方法值得推广。

（本文获第 31 届贵州省青少年科技创新大赛二等奖）

第四节 物理学科

"折磨人"基于单片机的震动闹钟设计

作者：万　茂

指导老师：周光发　苏但忠　骆用刚

摘　要：随着社会生活水平的提高，人们的时间观念越来越重要，更凸显了闹钟的重要性。紧张的学习与工作，不断缩减的睡眠时间，两者产生了巨大矛盾。亟须有一款闹钟能够及时、有效地"通知"准时起床。基于 51 单片机和时间芯片设计，通过显示模块显示电子时钟，并通过震动和声音进行闹钟提醒的懒人闹钟，具有编程灵活、准确性高、作用性强等特征。

关键词：单片机　显示模块　时间芯片　闹钟

1. 研究背景

在学习繁重的今天，我发现随着天气的越发寒冷和晚睡，我们早上能够按时起床的越来越少，甚至经常出现听不见闹钟的声响，或听见后起来关掉闹钟再睡觉的迹象，这也就使得我们早上变得时间不够用，手忙脚乱，有时还会迟到。有多少人和我一样被这种烦恼缠着呢？他们是怎么解决的？我何不发明一个懒人闹钟叫我起床呢？想到这里，我就提起了兴趣，我决定设计一个懒人闹钟来解决上述问题。

2. 研究目的

运用单片机 STC89C52 和时间芯片 DS1302 作为程序运作，并且通过显示模块 1602 进行时间信息显示，以及使用蜂鸣器和振子作为闹钟提醒的方式，用按键调整时间、闹钟定时。

3. 设计要求与方法论证

3.1 设计要求

（1）具备时、分、秒的显示功能

（2）具备时、分、秒以及闹钟的设置功能

（3）具备闹钟的按时震动和鸣叫功能

3.2 设计的新元素

3.2.1 在于它加入了震动的叫醒方式。

本设计将会加入数个震动马达，它们在闹钟时间将会跟着蜂鸣器的鸣叫而一起震动，强烈的震动会让人觉得像有人在晃动他一样，促进了闹钟叫醒人的作用。

3.2.2 蜂鸣器单纯的一个音。

本设计抛弃了以往闹钟播放音乐的设计，改为单纯的一个音，这样可以起到对人睡眠的骚扰作用，提高闹钟的叫醒能力。

3.2.3 设计为腰带携带的方式。

本设计将采用腰带的携带方式，这样可以增加震动的给人的感觉；设计中的开关位于闹钟的内侧面，这样想要关闭闹钟就必须将闹钟取下来。如此设计可以有效防止使用者轻易关闭闹钟，进而使得使用者清醒过来。

3.3 基本方案的设计论证

3.3.1 单片机的选择

方案一：

采用 STC89C52 作为核心硬件。STC89C52 是 STC 公司生产的一种低功耗、高性能 CMOS8 位微控制器，具有 8K 在系统可编程 Flash 存储器和 512RAM。STC89C52 使用经典的 MCS－51 内核，但做了很多的改进使得芯片具有传统 51 单片机不具备的功能。在单芯片上，拥有灵巧的 8 位 CPU 和在系统可编程 Flash，使得 STC89C52 为众多嵌入式控制应用系统提供高灵活、超有效的解决方案。

方案二：

采用 AT89C51 作为核心硬件。AT89C51 是一种带 4K 字节 FLASH 存储器和 128RAM 的低电压、高性能 CMOS 8 位微处理器，俗称单片机。它具有与 MCS－51 兼容，4K 字节可编程 FLASH 存储器，寿命：1000 写/擦循环，数据保留时间：10 年，全静态工作：0Hz－24MHz，三级程序存储器锁定，128×8 位内部 RAM，32 可编程 I/O 线，两个 16 位定时器/计数器，5 个中断源，可编程串行通道，低功耗的闲置和掉电模式，片内振荡器和时钟电路。

以上两种单片机都能满足设计的需要，但是由于 STC89C52 相对 AT89C51 的功能更加完善与强大，以及在价格方面 STC89C52 相对较低，所以我选择 STC89C52 作为我的核心硬件。

3.3.2 时间芯片的选择

方案一：

使用单片机内部的 3 个 16 位定时器/计数器来实现时间的运作。这样可以减少时间芯片的使用，降低成本，但是单片机的本身并不适合长久的时间计数，所以会造成很大的误差。

方案二：

使用时间芯片 DS1302。DS1302 是美国 DALLAS 公司推出的一种高性能、低功耗、带 RAM 的实时时钟电路，它可以对年、月、日、周日、时、分、秒进行计时，具有闰年补偿功能，工作电压为 2.5V～5.5V。使用它能增加时间的准确性。

因为 DS1302 的价格并不是很高，并且它的功耗小，使用的电压在本设计的工作电压之内，所以我选择使用 DS1302 时间芯片。

3.3.3 LCD1602 显示模块的选择理由

LCD1602 液晶显示模块。它是一种专门用来显示字母、数字、符号等的点阵型液晶模块。是目前市面上容易买到的液晶，它具有微功耗、体积小、显示内容丰富、超薄轻巧等特点，常用在袖珍式仪表和低功耗应用系统中，所以我选择它作为闹钟显示模块。

3.3.4 蜂鸣器的选择

方案一：

压电式蜂鸣器，又称为无源蜂鸣器。主要由多谐振荡器、压电蜂鸣片、阻抗匹配器及共鸣箱、外壳等组成。当接通电源后（1.5～15V 直流工作电压），多谐振荡器起振，输出 1.5～2.5kHZ 的音频信号，阻抗匹配器推动压电蜂鸣片发声（可以播放出音乐）。

方案二：

电磁式蜂鸣器，又称有源蜂鸣器，由振荡器、电磁线圈、磁铁、振动膜片及外壳等组成。接通电源后，振荡器产生的音频信号电流通过电磁线圈，使电磁线圈产生磁场。振动膜片在电磁线圈和磁铁的相互作用下，周期性地振动发声（单纯的声音）。

以上两个方案我选择电磁式蜂鸣器，因为它的操作简单，并且单纯的声音更能打断人的睡眠，从而起到叫醒的作用。

3.3.5 外观条件的选择

方案一：

普通的闹钟设计。这样的外形容易塑造，电子器件的排列要求小。

方案二：

腕表设计。这样的外形小巧玲珑，美观，但是电子元件的限制大。

方案三：

腰带设计。这样可以满足本设计的要求，提高该闹钟叫醒人的效率并使人清醒过来，满足叫醒懒人的工作要求。同时这样还可以起到类似于震动腰带的作用。

选择总结：综合以上所述，我决定采用单片机 STC89C52 作为控制系统，DS1302 作为时间芯片，电磁式蜂鸣器作为声音源，"空心杯"震动电机作为震动源，和 LCD1602 作为显示模块。

4. 设计的元器件

4.1 单片机 STC89C52 介绍

STC89C52 是由深圳宏晶科技公司生产的与工业标准 MCS – 51 指令集和输出管脚相兼容的单片机。STC89C52 主要功能如表一所示，其 PDIP 封装如图二所示。

表 1　STC89C52 功能特性

主要功能特性	
8K 字节程序存储空间	512 字节数据存储空间
内带 2K 字节 EEPROM 存储空间	可直接使用串口下载
32 位 I/O 口线	MAX810 复位电路
3 个 16 位定时器/计数器	4 个外部中断，一个 7 向量 4 级中断结构（兼容传统 51 的 5 向量 2 级中断结构）
全双工串行口	可编程 UART 串行通道

STC89C52 管脚介绍

①主电源引脚（2 根）

VCC（Pin40）：电源输入，接 + 5V
电源 GND（Pin20）：接地线

②外接晶振引脚（2 根）

XTAL1（Pin19）：片内振荡电路的
输入端

图 1　单片机 STC89C52

XTAL2（Pin20）：片内振荡电路的输出端

③控制引脚（4 根）

RST/VPP（Pin9）：复位引脚，引脚上出现 2 个机器周期的高电平将使单片机复位。ALE/PROG（Pin30）：地址锁存允许信号 PSEN

（Pin29）：外部存储器读选通信号

EA/VPP（Pin31）：程序存储器的内外部选通，接低电平从外部程序存储器读指令，如果接高电平则从内部程序存储器读指令。

④可编程输入/输出引脚（32根）

STC89C52单片机有4组8位的可编程I/O口，分别位P0、P1、P2、P3口，每个口有8位（8根引脚），共32根。

P0口（Pin39～Pin32）：8位双向I/O口线，名称为P0.0～P0.7

P1口（Pin1～Pin8）：8位准双向I/O口线，名称为P1.0～P1.7

P2口（Pin21～Pin28）：8位准双向I/O口线，名称为P2.0～P2.7

P3口（Pin10～Pin17）：8位准双向I/口线，名称为P3.0～P3.7

图2　STC89C52
PDID封装

4.2 DS1302时间芯片介绍

4.2.1 DS1302是美国DALLAS公司推出的一种高性能、低功耗、带RAM的实时时钟电路，它可以对年、月、日、周日、时、分、秒进行计时，具有闰年补偿功能，工作电压为2.5V～5.5V。采用三线接口与CPU进行同步通信，并可采用突发方式一次传送多个字节的时钟信号或RAM数据。DS1302内部有一个31×8的用于临时性存放数据的RAM寄存器。DS1302是DS1202的升级产品，与DS1202兼容，但增加了主电源/后备电源双电源引脚，同时提供了对后备电源进行涓细电流充电的能力。

4.2.2 使用方法

连接线：DS1302与CPU的连接需要三条线，即SCLK（7）、I/O（6）、RST（5）。

4.2.3 DS1302 管脚图如图 3 – 2 所示

图 3 – 1　DS1302

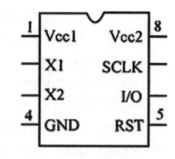

图 3 – 2　DS1302 时间芯片管脚

4.3 电磁式蜂鸣器介绍

　　蜂鸣器是一种一体化结构的电子讯响器，采用直流电压供电，广泛应用于计算机、打印机、复印机、报警器、电子玩具、汽车电子设备、电话机、定时器等电子产品中作发声器件。电磁式蜂鸣器由振荡器、电磁线圈、磁铁、振动膜片及外壳等组成。接通电源后，振荡器产生的音频信号电流通过电磁线圈，使电磁线圈产生磁场。振动膜片在电磁线圈和磁铁的相互缠绕。

图4　电磁式蜂鸣器

4.4 "空心杯" 震动电机介绍

　　马达外部为工程塑料制成的外壳，内部除了外盒外，还有一个微小的直流电动机，驱动偏心轮转动。此外还有一块很简单的集成电路，用以控制启动和停止电动机的运转。当手机设为 "振动" 状态时，控制电路接通。马达轴上面有一个偏心轮，当马达转动的时候，偏心轮的圆心质点不在电机的转心上，使得马达处于不断的失去平衡状态，由于惯性作用引起震动。

图5　小型震动电机

4.5 显示模块介绍

4.5.1 1602 液晶也叫 1602 字符型液晶，它是一种专门用来显示字母、数字、符号等的点阵型液晶模块。

4.5.2 管脚介绍

第 1 脚：VSS 为电源地

第 2 脚：VCC 接 5V 电源正极

第 3 脚：V0 为液晶显示器对比度调整端，接正电源时对比度最弱，接地电源时对比度最高（对比度过高时会 产生"鬼影"，使用时可以通过一个 10K 的电位器调整对比度）。

第 4 脚：RS 为寄存器选择，高电平（1）时选择数据寄存器、低电平（0）时选择指令寄存器。

第 5 脚：RW 为读写信号线，高电平（1）时进行读操作，低电平（0）时进行写操作。

第 6 脚：E（或 EN）端为使能（enable）端。

第 7 ~ 14 脚：D0 ~ D7 为 8 位双向数据端。

第 15 ~ 16 脚：空脚或背灯电源。15 脚背光正极，16 脚背光负极。

图 6 - 1　LCD1602

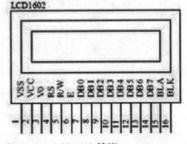

图 6 - 2　LCD1602 管脚

4.6 携带方式介绍

（1）本设计选择的是腰带携带的方式。一是可以给人增加震动的感觉；二是设计中的开关位于闹钟的内侧面，这样想要关闭闹钟就必须将闹钟取下来，如此设计可以有效防止使用者轻易关闭闹钟，进而使得使用者清醒过来；三是它有类似于震动腰带的功能。

（2）本闹钟将会被装在一条布制的腰带中，使其悬挂在腰上。

5. 系统硬件设计

5.1 电路设计构想

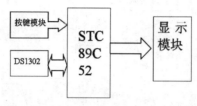

图7 硬件概念

5.2 系统硬件叙述

电路以 STC89C52 单片机最小系统为控制核心，时钟电路由高精度低功耗的 DS1302 提供，采用三线接口与 CPU 进行同步通信，输入部分采用四个独立式按键 S1、S2、S3、S4。1602 液晶显示部分，D0 – D7 口与单片机 P0 口相连，蜂鸣器与电机与 P2 口相接。具体电路见附录1。

6. 系统软件设计

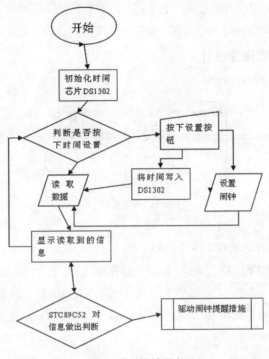

图 8　软件设计程序

7. 设计实物制作

为了购买到我所需要的材料，我去了贵阳采购。

图 9　购入的 LCD1302

图 10　购入的 STC89C52

图 11　购入的电磁式蜂鸣器

以上是几个主要的元器件

图 12　焊接好的电路

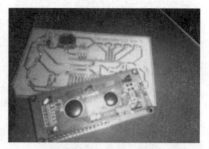

图 13　我在网上学习焊接

图 14　初步的实物图

图 15　我在组装

图16 我在调试设备

图17 组装好的初步设计

图18 时间正常显示

图19 闹钟设置模式下

8. 总结

在这次设计研究的过程之中，我遇到过很多的问题，但是在老师的协助和网上老师的指导下，我慢慢的解决了这些存在的问题。在焊接电路时，我曾因为操作失误被烫伤手，还烫坏了电路板，致使我必须换新的电路板。最后在修理部中与师傅交流，并且在他的指导下完成了电路板上的元器件的焊接，得出实物图。在制作程序的过程中，我积极的向老师请教，并且最终在老师的指导之下完成了编程。

附录1

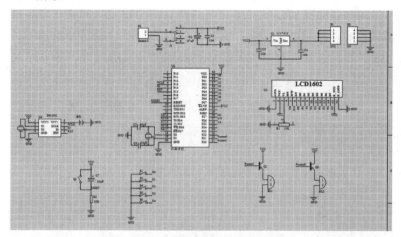

图20　电路图

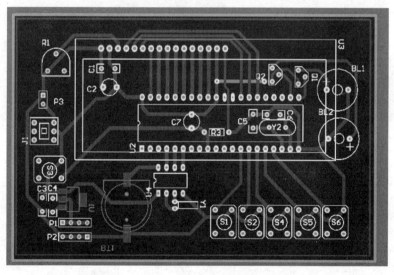

图21　PCB 图

【教师点评】

利用单片机 STC89C52 和时间芯片 DS1302 进行时间的读写和程序的运作，通过显示模块进行时间信息的显示，最后再按照设定的时间，通过蜂鸣器和振子提醒睡眠中的人，这就构成一个单片机电子时钟。基于 51 单片机和时间芯片设计，通过显示模块显示电子时钟，并通过震动和声音进行闹钟提醒的"懒人闹钟"，具有编程灵活，准确性高，作用性强等特征。

（本文获第 30 届贵州省青少年科技创新大赛二等奖）

第五节　化学学科

煤矿山地区河流铁污染研究及除铁模式构建
——以都匀市剑江河上游杨柳街河为研究对象

作者：徐　晶　王侁轲　李婉蓉

指导老师：周光发　骆用刚　苏但忠

摘　要： 本课题在对都匀市剑江河上游的杨柳街河水体污染进行了实地调查，并对采取的水样进行了实验分析后，确定杨柳街河水体中的主要污染物是以 Fe_2O_3 形式存在的固体悬移质和重金属 Fe_e^{2+}。结合杨柳街片区的自然地理环境，提出了"缓流沉降＋微生物修复＋人工湿地"的污水综合治理模式。并进行了综合治理模式运行的模拟实验，其效果良好。缓流沉降可使水体中悬浮物去除率达 87.68％，微生物除铁模型实验，其平均除铁率达 78.76％，人工湿地模型实验平均除铁率达 83.06％，两相结合除铁率可以达到 95％，最后的出水中铁的含量均小于 0.3mg/L，达到国家Ⅰ类水质标准。

关键词： 煤矿山废水　杨柳街河　铁污染　除铁模式构建

1. 研究背景

流经贵州省都匀市的剑江，是都匀市人民的母亲河。发源于黔南第一高峰斗篷山南麓，进入都匀市境后由北向南贯穿全城，向东流入清水江，再流入湖南境内的沅江汇入洞庭湖，最后流入长江。

剑江河上游杨柳街河片区蕴藏着丰富的煤矿资源，煤窑分布在河流的中上游地区。杨柳街河全长 21km，多年平均径流量大，为

$1.7 m^3/s$。20 世纪 50 年代后，杨柳街河片区经历过多次开采浪潮，历史的进程为杨柳街片区留下了大大小小几百个废弃矿井，众多正在开采和已废弃煤矿的矿井积压流出的污水流入杨柳街河，将杨柳街河水体"染"成黄色。水体的污染严重影响了当地的生态平衡，河流两岸的农作物深受其害，当地人民的饮水健康受到严重威胁。为剑江河上游杨柳街河建立一种有效的污水治理模式具有重要的现实意义。

2. 研究时间

2.1 2008 年 11 月，提出课题，分析课题可行性。实地考察，进行第一次样品采集。

2.2 2008 年 12 月—2009 年 2 月，实地考察，收集杨柳街河背景资料，进行第二次样品采集，实验分析。

2.3 2009 年 3 月—7 月，通过上网和书籍等方式查阅与本课题相关的研究资料，实地考察，进行第三次样品采集，实验分析。

2.4 2009 年 8 月—10 月，实地考察，对污染危害进行调查分析，进行第四次样品采集，实验分析。

2.5 2009 年 11 月—12 月，对四次实验数据综合整理分析，提出治理模式。

2.6 2010 年 1 月—4 月，综合治理模式构建及模拟运行实验，完善课题内容。

3. 研究内容

3.1 河流水体取样及实验分析

3.2 水体污染的危害调查分析

3.3 杨柳街河污染水体净化的模型构建

3.4 污水治理模型的运行实验

4. 研究过程

4.1 研究路线与实地考察

4.1.1 研究方法

查阅资料，水体抽样调查，实验分析，综合对比分析。

4.1.2 研究思路与样品采集

在污染源片区沿河岸从上到下进行分段考察。对选取的水样进行检测和对比研究，然后分析杨柳街河水体污染的现状，进一步建立杨柳街河的污染物治理模式。

图1　样品采集

4.1.2.1 考察内容

河水色泽，河面漂浮物，河水浑浊程度等外观性质并对河水进行取样，考察河边污染源的分布。

4.1.2.2 样品采集

4.1.2.2.1 样品确定

水样，悬浮颗粒物，河床沉积物。

4.1.2.2.2 采集地点

在杨柳街河流上游污染区前的高架桥、污染源的菠萝冲、中游的杨柳街桥、下游杨柳街下坝四个点依次进行样本采集。

4.1.2.2.3 采集时间

表1　四次样品采集时间

第一次	2008 年 12 月	
第二次	2009 年 2 月	枯水期
第三次	2009 年 7 月	丰水期
第四次	2009 年 10 月	

注：水样采集时间为当天的 8 时、12 时、16 时 3 个时间段，取每天的平均值，然后再求取 3 天的平均值作为每个季节的样本数据。

4.1.2.2.4 采集方法

4.1.2.2.4.1 水样：在离水面 20—30cm 深处采集水样。

4.1.2.2.4.2 悬浮颗粒物：先采集大量水样，然后让悬浮颗粒物自然沉淀并获取。

4.1.2.2.4.3 河床沉积物：在河床露出水面处，用木铲刮取河床表层沉积物。

4.1.2.3 采集断面位置

图 2　各河段及取样断面

4.2 课题研究流程

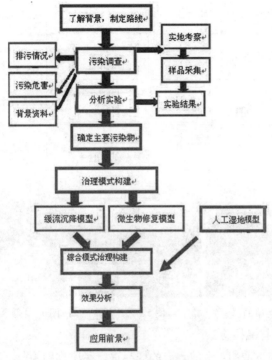

图3　本课题研究流程

4.3 排污情况

表2　杨柳街河各矿坑排污情况

污染源		排污类型	污水流量	
			丰水期	枯水期
菠萝冲废弃煤矿群	小高山片区	常流水	5000t/天 ~ 8000t/天	1500t/天 ~ 2000t/天
	老屋基片区	常流水	4500t/天 ~ 8000t/天	1500t/天 ~ 2000t/天

污染源	排污类型	污水流量	
		丰水期	枯水期
张家山煤矿群	常流水	6000t/天 ~ 8000t/天	1500t/天 ~ 2500t/天
老虎冲煤矿群	季节性排放	5000t/天 ~ 8000t/天	基本无水
杨梅山废弃矿井	季节性排放	3000t/天 ~ 8000t/天	基本无水

图4 污染的"源头"　　图5 河床泛黄　　图6 上下游浊清分明

4.3.1 样品检验

首先对选取的4个取水点的样品进行污染物的检验。考虑到河水主要受矿山废水污染,根据河流外观性质,检验样品所含物质。

4.3.1.1 实验用品

试纸、试管、玻棒、样品、KSCN 溶液、稀 HCl、BaCl$_2$溶液。

4.3.1.2 具体操作与检验现象

表3 水样检验过程与结果

实验号 \ 操作步骤 \ 取水断面 实验现象	高架桥水样	菠萝冲水样	杨柳街桥水样	杨柳街下坝淤泥
① 加入 KSCN 溶液,充分振荡	无现象	无现象	无现象	————
② 加入稀 HCl,再加入 $BaCl_2$ 溶液,充分振荡	无现象	白色浑浊	白色浑浊	————
③ 加入稀 HCl,充分振荡	————	黄色溶液	黄色澄清	————
④ 在③中溶于稀 HCl 的溶液中加入 KSCN 溶液,充分振荡	————	变微红	变微红	————
⑤ 加足量稀 HCl,充分振荡,把溶解后的溶液分为两份,向其中一份溶液中加入 KSCN 溶液,充分振荡	————	————	————	变血红色
⑥ 在⑤中溶于稀 HCl 的另一份溶液中加入 KSCN 溶液,充分振荡后加入氯水	无现象	变为血红色	变为血红色	无现象
⑦ 取上层清液加入 KSCN 溶液,充分振荡后加入氯水	无现象	变为血红色	变为血红色	————

注:"————"代表未对其断面水样检验。

以上实验结果显示:被污染河水水样中含 SO_4^{2-}、固体污染物样被污染河水水体含 Fe^{2+}。据此推断杨柳街河水体的主要污染物是 Fe^{2+}、SO_4^{2-}、铁化物和硫化物。由此可以大致确定污染物的类型分为两种,一种为以离子形式存在于水体中,另一种则以固体杂质的形式存在于水体中。接下来的水体污染物研究分别针对水体中的离子污染物和固体杂质污染物两个方面展开。

4.3.2 pH 和离子污染物检测

对所选取的 4 个点的水样监测其样品的污染物含量，根据 1.2 中的实验选取监测指标，包括 pH 值，总铁，SO_4^{2+}，硫化物。分别用玻璃电极法测定 pH 值，邻菲罗啉分光光度法测定总铁，火焰原子吸收分光光度法测定 SO_4^{2+}，碘量法测定硫化物。

4.3.2.1 pH 的测定

4.3.2.1.1 测定方法：玻璃电极法

以玻璃复合电极作测量电极，先以 pH6.88 和 9.23 标准缓冲液定位后，再测定水样的 pH 值。

4.3.2.1.2 仪器

酸度计：测量范围 0—14pH；读数精度小于等于 0.02pH，塑料杯：50ml。

4.3.2.1.3 测量方法

将塑料杯及定位后的电极用试剂水洗泡后，再用被测水样冲洗两次以上，倒入被测水样，然后浸入电极并进行 pH 值测定，记下读数。

运用上述 pH 检测的实验方法，对杨柳街河流域所取水样进行检测，得到下表所示杨柳街河 pH 数据。

表4　杨柳街流域 pH 检测值及超标值（%）

检测情况\标准\断面	高架桥	菠萝冲	杨柳街桥	杨柳街下坝
标准值	7.5	7.5	7.5	7.5
年平均值	7.237	5.232	6.075	6.635
年超过值	0.263	2.268	1.425	0.865
年超标值（%）	3.507	30.240	19.000	11.533

4.3.2.2 总铁测定

4.3.2.2.1 测定方法：邻菲罗啉分光光度法

4.3.2.2.2 原理：亚铁在 pH3~9 之间的溶液中与邻菲罗啉生成稳定的橙红色络合物（$C_{12}H_8N_2$）$_3Fe^{3+}$。

4.3.2.2.3 仪器

50mL 容量瓶、分光光度计、10mm 比色皿。

4.3.2.2.4 试剂

4.3.2.2.4.1 铁标准贮备液：称取 0.7022g 硫酸亚铁铵，溶于 70mL20＋50 硫酸溶液中，滴加 0.02mol/L 的高锰酸钾溶液至出现微红色不变，用纯水定容至 1000mL。

4.3.2.2.4.2 铁标准溶液：吸取 10.00mL 铁标准贮备液，移入容量瓶中，用纯水定容至 100mL。

4.3.2.2.4.3 0.1% 邻菲罗啉溶液：称取 0.1g 邻菲罗啉溶解于加有两滴浓盐酸的纯水中，并稀释至 100mL。

4.3.2.2.4.4 10% 盐酸羟胺溶液：称取 10g 盐酸羟胺，溶于纯水中，并稀释至 100mL。

4.3.2.2.4.5 乙酸铵缓冲溶液（pH4.2）：称取 250g 乙酸铵，溶于 150 mL 纯水中，并稀释至 100mL。

4.3.2.2.5 样品预处理

处理时先将水样摇匀，分别将适量水样置于烧杯中。每 100 ml 水样加 5 ml 硝酸，置于电热板上在近沸状态下将样品蒸至近干。冷却后，重复上述操作一次。以盐酸 3 ml 溶解残渣，用 1% 盐酸淋洗杯壁，用快速定量滤纸滤入 50 ml 容量瓶中。

4.3.2.2.6 绘制标准曲线

依次移取铁标准使用液 0、2.00、4.00、6.00、8.00、10.0 ml 置 150 ml 锥形瓶中，加入蒸馏水至 50.0 ml，再加入 1＋1 盐酸 1 ml，10% 盐酸羟胺 1 ml。加热煮沸至溶液剩 15 ml 左右，冷却至室温，定量转移至 50 ml 刻度管中。加一小片刚果红试纸，滴加饱和乙酸钠溶液至刚刚变红，加入 5 ml 缓冲溶液、0.1% 邻菲罗啉溶液 2 ml，加水至标线，摇匀。显色 15 分钟后，用 10 mm 比色皿，以水为参比，在 510nm 处测量吸光度，经空白校正后绘制浓度—吸光度校准曲线。

4.3.2.2.7 表达式

$$Fe（mg/L）= \frac{m}{V}$$

式中，m—由校准曲线查得铁量（μg）；

V—水样体积（ml）。

表 5　杨柳街流域总铁检测值（mg/L）及超标值（%）

检测情况　断面　标准	高架桥	菠萝冲	杨柳街桥	杨柳街下坝
标准值	0.5	0.5	0.5	0.5
年平均值	0.023	2.147	2.079	1.785
年超过值	−4.77	1.647	1.579	1.285
年超标值	−95.4%	329.400%	315.800%	257.000%

4.3.2.3 SO_4^{2-} 的测定

4.3.2.3.1 测定方法：火焰原子吸收分光光度法

4.3.2.3.2 原理：在水－乙醇的氨性介质中，硫酸盐可以与铬酸钡悬浊液反应。反应式如下：

$$SO_4^{2-} + BaCrO_4 \rightarrow BaSO_4 \downarrow + CrO_4^{2-}$$

4.3.2.3.3 试剂

4.3.2.3.3.1 盐酸（HCl）：$\rho = 1.19g/mL$。

4.3.2.3.3.2 冰乙酸（CH_3COOH）：$\rho = 1.05g/mL$。

4.3.2.3.3.3 氢氧化铵（NH_4OH）：$\rho = 0.880g/mL$。

4.3.2.3.3.4 无水乙醇（CH_3CH_2OH）。

4.3.2.3.3.5 氢氧化铵溶液：1+1。用氢氧化铵配制。

4.3.2.3.3.6 混合酸溶液：盐酸0.42mL，冰乙酸14.7mL混合，用水稀释至200mL。

4.3.2.3.3.7 钙溶液：1mg/mL。称0.28g氯化钙（$CaCl_2$）溶于100mL水中，摇匀。

4.3.2.3.3.8 铬酸钡悬浊液：称0.5g铬酸钡（$BaCrO_4$）溶于200mL混合酸溶液中，贮于聚乙烯瓶中。用前振摇。

4.3.2.3.3.9 硫酸盐标准溶液，SO_4^{2-}：100mg/L。准确称取无水硫酸钠（Na_2SO_4，在105℃烘2h）0.0740g，用水溶解，转入500mL容量瓶中，用水稀释至标线，摇匀。

4.3.2.3.4 仪器

4.3.2.3.4.1 原子吸收分光光度计。

4.3.2.3.4.2 铬空心阴极灯。

4.3.2.3.4.3 乙炔的供气装置。

4.3.2.3.4.4 空气压缩机，加除油、水及杂质装置。

4.3.2.3.4.5 过滤器。

4.3.2.3.5 样品预处理

用0.45μm滤膜抽滤除去悬浮物，贮存于聚乙烯瓶中。取10mL水样置于25mL比色管中（试料）。在试料中，依次加入铬酸钡悬浊液2mL，氢氧化铵溶液1mL，钙溶液1mL，无水乙醇8mL，加水至标线，摇匀。放置30min后，用0.45μm滤膜抽滤于10mL干燥比色管中。

4.3.2.3.6 校准曲线的绘制

在25mL比色管中，加入硫酸盐标准溶液0、0.50、1.00、1.50、2.00、2.50、3.00mL，然后按步骤进行前处理，并测定其吸光度。用减去空白的吸光度与相对应的硫酸盐浓度（mg/L）绘制校准曲线。

4.3.2.3.7 计算式

$$C = 25C´/V$$

式中：c——试样中硫酸盐的浓度，mg/L；

　　　 c´——由校准曲线上查得的浓度，mg/L；

　　　 V——所取试样的体积，mL；

　　　 25——比色管的体积，mL。

表6　杨柳街流域 SO_4^{2-} 检测值（mg/L）及超标值（%）

标准　检测情况　断面	高架桥	菠萝冲	杨柳街桥	杨柳街下坝
标准值	250	250	250	250
年平均值	53.23	985.36	763.29	587.56
年超过值	-196.77	735.36	513.29	337.56
年超标值	-78.708%	294.144%	205.316%	135.024%

4.3.2.4 硫化物的测定

4.3.2.4.1 测定方法：碘量法

4.3.2.4.2 原理：在酸性条件下，硫化物与过量的碘作用，剩余的碘用硫代硫酸钠滴定。由硫代硫酸钠溶液所消耗的量，间接求出硫化物的含量。

4.3.2.4.3 试剂

4.3.2.4.3.1 盐酸（HCl）：p = 1.19g/ml。

4.3.2.4.3.2 磷酸（H_3PO_4）：p = 1.69g/ml。

4.3.2.4.3.3 乙酸（CH_3COOH）：p = 1.05g/ml。

4.3.2.4.3.4 载气：高纯氮。

4.3.2.4.3.5 1 + 1 盐酸溶液，用盐酸配制。

4.3.2.4.3.6 1 + 1 磷酸溶液，用磷酸配制。

4.3.2.4.3.7 1+1 乙酸溶液，用乙酸配制。

4.3.2.4.3.8 氢氧化钠溶液：c（NaOH）=1mol/L。将40g氢氧化钠（NaOH）溶于500ml水中，冷至室温，稀释至1000ml。

4.3.2.4.3.9 乙酸锌溶液：c［Zn（CH₃COO）₂］=1mol/L。称取220g乙酸锌［Zn（CH₃COO）₂］，溶于水并稀释至1000ml。

4.3.2.4.3.10 重铬酸钾标准溶液：$c（1/6K_2Cr_2O_7）$ = 0.1000mol/L。称取105℃烘干2h的基准或优级纯重铬酸钾4.9030g溶于水中，稀释至1000ml。

4.3.2.4.3.11 淀粉指示液：1%。称取1g可溶性淀粉用少量水调成糊状，再用刚煮沸水冲稀至100ml。

4.3.2.4.3.12 碘化钾

4.3.2.4.3.13 硫代硫酸钠标准溶液：$c（Na_2S_2O_3）$ = 0.1mol/L。称取24.5g五水合硫代硫酸钠（$Na_2S_2O_3 \cdot 5H_2O$）和0.2g无水碳酸钠（Na_2CO_3）溶于水中，转移到1000ml棕色容量瓶中，稀释至标线，摇匀。于250ml碘量瓶内，加入1g碘化钾及50ml水，加入重铬酸钾标准溶液15.00ml，加入盐酸溶液5ml，密塞混匀，置暗处静置5min，用待标定的硫代硫酸钠溶液滴定至溶液呈淡黄色时，加入1ml淀粉指示液，继续滴定至蓝色刚好消失，记录标准溶液用量，同时作空白滴定。

硫代硫酸钠浓度c（mol/L）由下式求出：

$$C = \backslash [15.00 / (V_1 - V_2) \backslash] * 0.1000$$

式中：V_1——滴定重铬酸钾标准溶液时硫代硫酸钠标准溶液用量，ml；

V_2——滴定空白溶液时硫代硫酸钠标准溶液用量，ml；

0.1000——重铬酸钾标准溶液的浓度，mol/L。

4.3.2.4.3.14 硫代硫酸钠标准滴定液：$c（Na_2S_2O_3）$ = 0.01mol/L。移取1000ml刚标定过的硫代硫酸钠标准溶液于100ml棕色容量瓶中，用水稀释至标线，摇匀。

4.3.2.4.3.15 碘标准溶液：$c(1/2\ I_2) = 0.1mol/L$。移取 12.70g 碘于 500ml 烧杯中，加入 40g 碘化钾，加适量水溶解后，转移至 1000ml 棕色容量瓶中，稀释至标线，摇匀。

4.3.2.4.3.16 碘标准溶液：$c(1/2\ I_2) = 0.01mol/L$。移取 10.00ml 碘标准溶液于 100ml 棕色容量瓶中，用水稀释至标线，摇匀。

4.3.2.4.4 测定

将所制备的两试样各加入 10.00ml0.01mol/L 碘标准溶液，再加 5ml 盐酸溶液，密塞混匀。在暗处放置 10min，用 0.01mol/L 硫代硫酸钠标准溶液滴定至溶液呈淡黄色时，加入 1ml 淀粉指示液，继续滴定至蓝色刚好消失为止。

4.3.2.4.5 空白试验：以水代替试样，加入与测定时相同体积的试剂，按步骤进行空白试验。

4.3.2.4.6 计算式

$$C = C_1 + C_2$$

式中：c_1 —— 一级吸收硫化物含量，mg/L；

c_2 —— 二级吸收硫化物含量，mg/L。

$$C_i = [(V_0 - V_i) c \times 16.03 \times 1000]/V$$

$i = 1, 2$

式中：V_0——空白试验中，硫代硫酸钠标准溶液用量，ml；

V_i——滴定二级吸收硫化物含量时，硫代硫酸钠标准溶液用量，ml；

V——试样体积，ml；

16.03——硫离子（$1/2S^{2-}$）摩尔质量（g/mol）

c——硫代硫酸钠标准溶液浓度（mol/L）。

表7　杨柳街流域硫化物检测值（mg/L）及超标值（%）

断面 检测情况 标准	高架桥	菠萝冲	杨柳街桥	杨柳街下坝
标准值	0.5	0.5	0.5	0.5
年平均值	0.043	0.632	0.554	0.546
年超过值	-0.457	0.132	0.054	0.046
年超标值（%）	-91.4%	26.4%	10.8%	9.2%

4.3.3 pH 和离子污染物情况

经过对杨柳街河各断面污染物的监测，了解到了杨柳街河流的污染情况，如下表所示。

表8　杨柳街流域主要污染物总体情况

指标 检测情况 标准	pH	总铁	SO_4^{2-}	硫化物
标准值	7.5	0.5	250	0.5
年平均值	5.981	2.004	778.737	0.577
年超过值	1.519	1.504	528.737	0.077
年超标值	20.258%	300.733%	211.495%	15.467%

注：上表数据取于对污染源菠萝冲及其下游的杨柳街桥、杨柳街下坝的监测（上游的高架桥河水未受污染，不被列入受污染范围）。

4.4 固体杂质污染物情况

众多的煤矿污水并入杨柳街河，这些污水多是一些来源于高硫煤层、硫铁矿等富含金属硫化矿物的矿层或矿体，含有较浓的硫酸亚铁和硫酸。杨柳街河水体泛黄正是因硫酸亚铁易被氧化而形成。水体中的固体杂质污染物实际上是黄铁矿化学风化的产物。黄铁矿在水和氧的作用下发生化学风化，通过一系列的化学反应被氧化为硫酸亚铁、硫酸。硫酸亚铁和硫酸极易溶解于水，并继续与水和氧反应，生成硫酸铁，硫酸铁水解生成褐铁矿。

由以下方程式说明：

$$2FeS + 7O_2 + 2H_2O \longrightarrow 2FeSO_4 + 2H_2SO_4 \quad (1)$$

$$12FeSO_4 + 3O_2 + 6H_2O \longrightarrow 4Fe_2(SO_4)_3 + 4Fe(OH)_3 \quad (2)$$

$$2Fe_2(SO_4)_3 + 9H_2O \longrightarrow 2Fe_2O_3 \cdot 3H_2O + 6H_2SO_4 \quad (3)$$

从以上（1）—（3）的化学反应可以看出，河水中的固体污染物是 $Fe_2O_3 \cdot nH_2O$，这些杂质因极难溶解于水而沉淀于河床上或呈微粒状悬浮于水体中，使河道染上黄色。

5. 实验结果分析

5.1 污染物的时空分布规律

杨柳街河各取水点主要污染物时空变化如下图所示：

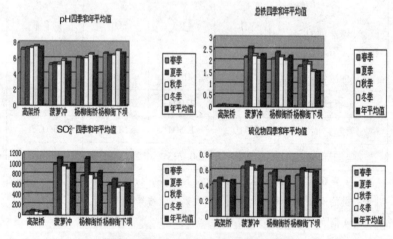

图7　杨柳街河各取水点 pH 和各种污染物时空变化

5.1.1 污染物含量在杨柳街河中的时间变化规律

上述4个污染物的柱状图可以看出：我们所检测的4个取水点：高架桥、菠萝冲、杨柳街桥、杨柳街下坝。各种污染物在杨柳街水体中含量都是冬季偏高，夏季偏低。这充分的说明，各矿坑在一年中的每个季节排放的污染物是不同的，在夏季时由于杨柳街地区降雨多，河流流量加大，起稀释作用，所以各污染物在杨柳街河水体中浓度相应降低。冬季的时候降雨偏少，各污染物在水体中浓度相应上升。在春季和秋季比较稳定。

5.1.2 污染物含量在杨柳街河水体中的空间变化规律

从上述 pH 和 3 个污染物的柱状图可以看出，所检测的 4 个取水点：高架桥、菠萝冲、杨柳街桥、杨柳街下坝。pH 在杨柳街河水体中含量从污染源到下游先逐渐下降然后又逐渐上升。这是因为杨柳街河流域未被污染的河水多呈弱碱性，被煤矿坑水污染后的河水因生成 H_2SO_4 而使 pH 下降。当地为典型的喀斯特地貌，水流河床属石灰岩，河水流经石灰岩地区，$CaCO_3$ 可消耗酸，河水在没有继续汇入更多的矿坑水后，pH 又有所回升。其他 3 个污染物总铁、SO_4^{2+}、硫化物，从污染源菠萝冲到下游均呈下降的趋势。究其原因：河水流经石灰岩地区，河水中的离子污染物便会以铁和硫为主化合物悬浮或沉淀下来，而且在杨柳街下游的杨柳街桥和杨柳街下坝地区，又有几条未被污染的小河流汇入其中。所以在整个河流流域中，从污染源到下游的离子污染程度逐渐下降，但是河流中的固体杂质污染物却在不断增加。

5.2 各污染物的超标情况

表9　地表水环境质量标准基本项目标准限值　单位：(mg/L)

序　号	项目		I 类	II 类	III 类	IV 类	V 类
1	pH			6.5 ~ 8.5			6 ~ 9
2	SO_4^{2-}	≤	250 以下	250	250	250	250
3	铁	≤	0.3 以下	0.3	0.5	0.5	1.0
4	硫化物	≤	0.05	0.5	0.5	0.1	1.0

我们所检测的 4 个取水点，除高架桥水体未超标外（高架桥位于污染区的上游，没有受到矿坑废水的污染），其余 3 个取水点各污染物均超标。各污染物的超标情况见下表所示。

表 10　杨柳街河及其断面 pH 和主要污染物超标情况

指标 检测情况 标准	pH	总铁	SO_4^{2-}	硫化物
菠萝冲	30.24%	329.40%	294.15%	26.40%
杨柳街桥	19.00%	315.80%	205.32%	10.80%
杨柳街下坝	115.33%	257.00%	135.02	9.20%
杨柳街河（总）	54.86%	300.73%	211.50%	15.47%

从上表可以看出在杨柳街河中，总铁的超标情况最为严重，超标 300.73%，其次是 SO_4^{2-}、pH 和硫化物，分别超标 211.50%、54.86% 和 15.47%。

表 11　杨柳街河水质与国家标准对比

	pH	总铁	SO_4^{2-}	硫化物
国家标准 V 类	6~9	1.0	250	1.0
杨柳街河	5.981	2.004	778.737	0.577

把监测结果与地表水环境质量标准基本项目标准限值（表　）比较，可以看出，杨柳街河所监测的 4 个指标，其中除硫化物达到 V 类水质外，其他三项即 pH、总铁、SO_4^{2-} 全部都达不到国家标准 V 类水环境质量。

5.3 污染程度分析

杨柳街河主要污染物所占比重如下各图所示：

高架桥河流各污染物的比重

- 总铁35.93%
- SO_4^{2-} 29.64%
- 硫化物34.42%

菠萝冲河流各污染物比重

- 总铁50.68%
- SO_4^{2-} 45.26%
- 硫化物4.19%

杨柳街桥河流各污染物比重

- 总铁59.37%
- SO_4^{2-} 38.60%
- 硫化物2.03%

杨柳街下坝河流各污染物比重

- 总铁64.05%
- SO_4^{2-} 33.65%
- 硫化物2.30%

图 8　杨柳街河主要污染物污染程度

注：由于各个污染物的标准限值不同，所以取其超标值计算其污染程度在水体中的比重。

从上述对高架桥、菠萝冲、杨柳街桥、杨柳街下坝各污染物所占比重的分析，可以看出，在杨柳街流域中，从污染源到下游，总铁的污染程度是最大的，将其在各个污染断面中的比重综合来看，其在杨柳街河中的比重平均达到了 58.03% 。

综上所述，得出实验结论，杨柳街河中，总铁污染最为严重，其中主要是以 Fe^{2+} 存在于水体中，大量黄色固体污染物是以 Fe_2O_3 形式存在的杂质，这些杂质或沉淀，或悬浮。

6. 水体污染的危害

6.1 对农作物的危害

我们走访了污染区周边的农户。据当地农民所述，杨柳街河的污染已经持续了 30 多年，自从大型化工企业建立以来，这条河便没有再清澈过。为了生存，被污染的杨柳街河水不得不被当地农民用做灌溉水源灌溉农田，每年的水稻产量不仅低，而且品质差，打出来的大米与一般大米颜色和味道有很大的差别，生产的粮食很难卖出去。危害表现在：

表12　对3个河段的灌溉农田进行调查结果

灌溉用水田项目	高架桥	菠萝冲	杨柳街桥
pH	6.8	3.7	4.3
田间颜色	正常	泛红	泛黄
水稻状况	表现正常	稻叶枯黄，稻株矮小，有死亡稻苗	稻叶枯黄，生长缓慢，有死亡稻苗

注：以上调查结果部分来自检测，部分来自当地农户叙述。

农作物受污染原因分析

6.1.1 矿毒化

用被污染的水灌溉农田，水中的硫酸根离子 SO_4^{2-}、亚铁离子 Fe^{2+} 会在土壤中不断积累而使土壤毒化。当水田淹水时，硫酸根离子会被还原成毒性更强的氢硫酸根离子 HS^- 毒害水稻，而亚铁离子则通过反应生成黄铁矿、菱铁矿等难溶矿物沉淀在水稻根系外表面，使其功能下降甚至死亡。

图9　用菠萝冲污水灌溉的水稻

6.1.2 缺素化

用被污染的水灌溉农田，使土壤酸度和亚铁离子含量增加，既加快了磷、钾元素的流失速度，又妨碍农作物对它们的吸收，抑制土壤微生物对有机质的分解，降低土壤氮的含量。

6.2 对水生动物的危害

当地农民述说，杨柳街河中已经几十年没有看见过鱼了，偶尔会看见一些奇怪的生物潜游在河里。在严重受重金属 Fe^{3+} 污染的杨柳街河这些奇怪的现象不难解释。井矿积压水中存在的硫酸亚铁具有很强的还原性，将大量消耗水中的氧。水体达到缺氧状态时，便使水体中的水生动物因缺氧而窒息死亡。废水中所含的硫酸和硫酸亚铁对动物机体具有腐蚀性，破坏水生动物的器官。水中悬浮的 Fe_2O_3 微粒在呼吸器官上的沉积也可以破坏其呼吸功能。废水中所含的有害的金属硫酸盐对水生动物也有毒害作用，容易使其中毒死亡，有的水生物的生殖细胞因为环境的影响便会发生变异。多年来被污染的杨柳街河，没有见过鱼儿栖息其中，人们在下游的剑江河中也曾钓起过变异的金鱼。

6.3 对人体的危害

亚铁离子对于人体的造血功能是必不可少的，但是杨柳街河受污染的水体中溶有很多亚铁金属硫酸盐，对人体危害极大。当人们饮用杨柳街河被污染水源水时，这些物质便直接进入人体产生危害，会降低人的体质。许多重金属元素还能在植物体内积累，人们食用用污水源水灌溉的粮食、蔬菜以后，这些食物中的重金属元素进入人体，同样会对人体造成危害。污染的河水作为农作物灌溉用水，通过食物链等途径进入人体。重金属可作用于肾脏等器官，引起肾脏功能的下降。在我

图10 与村民交谈污染水体对人体的危害

们对当地 20 户居民的调查走访中，发现其中 12 户的 21 人患有不同程度的肾脏病和呼吸系统疾病。同一地区患相同种类疾病的患病人数如此之多，很大程度上是由于该地区河流受到重金属污染所致。

可见，矿山废水对生态圈的破坏是巨大的。如此大的污染程度已经严重地影响到了杨柳街河片区的生态链和当地百姓的生活，对河流污染的治理显得刻不容缓。

7. 治理模式构建

7.1 缓流沉降模式

7.1.1 缓流沉降模式的提出

"缓流沉降"模式的提出,是针对河水中的固体污染物而言的。通过对杨柳街河水样的检验,水体的固体杂质污染物是 Fe_2O_3,杨柳街河流经片区的地势与其他河流污染区的地势不一样。相邻的高基河、甲宋河河床比降小,河水流速慢,固体污染物沉积快,一些河段中可见明显黄褐色颗粒堆积在河床底。杨柳街河河床比降大,河水流速快,固体污染物沉积慢,河水色度变化不大,所以整个流域均呈黄色。

Fe_2O_3悬移质颗粒较大,容易沉积。但是 Fe_2O_3悬移质的沉降速度跟河水的流速成反比,在比降较大的杨柳街河不易沉淀。为此我们提出了"缓流沉降"治理模式。"缓流沉降"是采用迂回反复的方式增大矿坑水入口的流程,使其流速大大减小,从而 Fe_2O_3悬移质充分沉降,以达到消除污染的方法。

7.1.2 缓流沉降模式运行

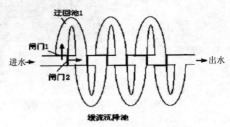

图 11　缓流沉降模式运行图

注:流层由高处流向低处,有利于水流的前进,避免流水被阻塞。关闭闸门 2 打开闸门 1,矿坑水流经迂回池 1 并在其中沉降,当沉降的 Fe_2O_3 达一定厚度后,关闭闸门 1 打开闸门 2,矿坑水直接流入下一个迂回池,待迂回池 1 水流尽蒸发干后,可回收利用池底 Fe_2O_3 固体。同理,每个迂回池都配有两道闸门,通过开启和关闭,可回收利用每个迂回池底的 Fe_2O_3 固体。

7.1.3 缓流沉降模型的模拟运行试验

为了探究"缓流沉降"模式的运行效果，用所采集的水样进行4个月为周期的模拟运行实验。实验结果如下表所示。

表13 缓流沉降模式的模型实验结果

取水断面 \ 指标 去除情况		悬浮物 g/L	去除率	色度	总去除率
菠萝冲污染水	进水	154.5	84.27%	黄褐色	
	出水	24.3		淡黄	
杨柳街桥污水	进水	96.7	86.25%	黄	87.68%
	出水	13.3		微黄	
杨柳街下坝污水	进水	324.4	92.51%	黄褐色	
	出水	24.3		浅绿	

上表反映出，污染源菠萝冲污水的悬浮物去除率达84.27%，杨柳街河中游杨柳街桥污水悬浮物去除率达86.25%，下游杨柳街下坝污水悬浮物去除率达92.51%。理论分析，应用此模式，杨柳街河受污染流域的悬浮物去除率可以达到87.68%。

7.2 微生物修复模式治理重金属 Fe^{2+}

7.2.1 微生物修复模式的提出

通过对杨柳街河污染现状的分析调查，以及实地考察，我们发现杨柳街水体中铁的超标率相比其他污染物质是最高的。根据杨柳街河流的实际情况，我们提出用微生物修复方法治理重金属 Fe^{3+} 污染。微生物修复法成本低，适用性强，无二次污染，能吸收或吸附重金属。对铁离子污染采用氧铁菌，可将污水中的 Fe^{2+} 氧化成 Fe^{3+}，加入中和剂生成 $Fe(OH)_3$ 沉淀，最终实现除铁的目的。

7.2.2 微生物修复模式治理重金属 Fe^{3+} 机理

氧铁菌理论上可以用于矿山含铁污水的治理，它是一种自养细菌，在低 pH 的条件下，便可利用亚铁氧化成三价铁时产生的能，固定空气中的 CO_2，从空气中摄取 O_2，与水中其他微量元素（如 N、P）合成细胞物质。其过程可由下式的反应体现：

$$4Fe^{2+} + O_2 + 10H_2O \longrightarrow Fe(OH)_3 + 8H^+ + QCal$$

7.2.3 微生物修复模式治理重金属 Fe^{3+} 实验

7.2.3.1 菌液选择与培养基的制备

在菠萝冲河流深 25cm 处采集呈浓缩污泥状的液体作菌种进行培养。采用 9K 培养基（不含 Fe^{3+}）将原菌液纯化分离，在 121℃下高压灭菌 15min，趁热分装于已灭菌的平皿中，冷却待用。

无铁 9K 培养基成分：$(NH_4)_2SO_4$ 3.0g，$MgSO_4 \cdot 7H_2O$ 0.5g，K_2HPO_4 0.5g，KCl 0.1g，$Ca(NO_3)_2$ 0.01g，蒸馏水 1000ml。用 1：1 H_2SO_4 调整 pH 值。

7.2.3.2 目标菌的分离纯化

向 5ml 菌液中加入 5ml 无菌水，在无菌烧杯中用无菌玻璃棒搅拌，用灭菌接种环蘸取少许菌液，接种于上述 9K 无铁培养基平皿中，加入适量葡萄糖溶液，在 28℃—32℃下培养 3d。待培养基表面长出黏糊状物的菌落，采用在 9K 培养基中反复接种培养的方式进行分离纯化。在反复六次以上的接种培养过程中，选取颜色变得最快、最深以及沉淀最少的菌种作为优势菌增殖。

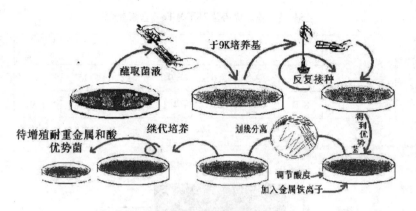

图12　目标菌分离纯化及驯化过程

注：实验中采用斜面接种方法接种。

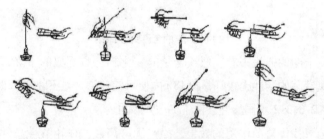

图13　斜面接种操作

7.2.3.3 优势菌耐重金属 Fe^{2+} 和耐酸性试验

以 $FeSO_4$ 溶液为实验材料，用蒸馏水配制出 Fe^{3+} 1000mg/L 的原始溶液，配制培养基 500ml，配置时每一组都在上述无铁培养基的基础上，加重金属离子母液，120℃ 高压灭菌 20min，趁热分装于灭菌的六个平皿中，做重复试验，培养基厚度为 0.5cm，冷却待用。

7.2.3.3.1 施入优势菌 Fe^{3+} 的含量变化

在无其他初始条件下向平皿中施入优势菌探究其氧化二价铁的能力，在施入优势菌 18h 内分期检测 Fe^{2+} 含量，实验数据记录如下表所示。

表 14　施入优势菌 18h 内 Fe^{2+} 含量变化

	时间/h						
	0	3	6	9	12	15	18
$Fe^{2+}/g \cdot L^{-1}$	8.0	6.4	5.3	4.1	3.5	2.7	1.9

Fe^{2+} 的含量变化可由下面曲线图体现:

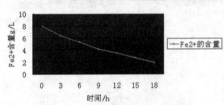

图 14　Fe^{2+} 的含量变化曲线

从上图的曲线来看,亚铁含量的变化趋势有明显的下降,可见这种氧铁菌的活性比较好,在 18h 内便可使亚铁含量下降约 75%。

7.2.3.3.2 不同酸性条件下 Fe^{2+} 的氧化率。

为寻找优势菌作用的效果,探究优势菌最佳作用酸性条件,在不同 pH 值下,施入优势菌,计算 Fe^{2+} 的氧化率。以 Fe^{2+} 10g/L 为初始浓度,在不同 pH 值检测实验后 Fe^{2+} 浓度,实验数据记录如下表。

表 15　不同酸性条件实验后 Fe^{2+} 浓度 (g/L)

pH 值 \ 时间/h	3	6	9	12	15	18
2	4.23	2.54	3.89	5.65	6.74	8.31
3	3.42	0.53	0.59	2.81	3.53	4.96
4	5.24	2.34	2.57	3.14	5.20	6.19

时间/h Fe²⁺ pH 值	3	6	9	12	15	18
5	5.52	3.21	3.33	5.52	7.47	7.54
6	5.30	5.95	6.82	7.00	8.23	8.29

Fe^{2+} 的氧化率计算：

氧化率 = \ [（C_1—C_2）/C_1 \ ] ×100%

式中 C_1 为 Fe^{2+} 的初始浓度（g/L），C_2 为 T 时 Fe^{2+} 的浓度（g/L）。

从右图可以看出，在试验进行到 6—9h 的时候，此氧铁菌的活性最好，且在 pH 为 3 时，亚铁的氧化率达到了 94.1%—94.7%。

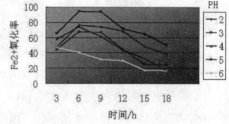

图15 不同酸性条件下 Fe^{2+} 氧化率

7.2.3.4 目标菌耐 Fe^{2+} 及耐酸环境的筛选驯化

从上述目标菌受铁重金属污染后的生长状况观察中，选择生长状况良好的试验时间，作为重金属复合污染试验时间。然后把重金属铁离子加入到无铁培养基中。同时为使目标菌更适合于酸性环境，减小重金属离子的沉淀，无铁培养基的 pH 值调整为 3，将灭菌后的培养基移到平皿，冷却待用。菌种驯化筛选方法为：取已纯化的目标菌种，按无菌操作要求，在培养皿中划线，在 28℃–32℃下培养 3d，然后选择生长良好的圆形菌落作 5 次继代培养筛选，最后选择生长旺盛的圆形菌落，确定为所应用目标菌，并转接到斜面无铁培养基中，培养备用。

7.2.3.5 优势菌增值

本课题下文中污水治理模型实验要求大量的实验用菌，采用如

图 16 所示的液体培养增殖简易装置增值细菌。

连续培养装置如图 16 所示。置于恒温水浴锅内的培养瓶上连有一进料管和压缩空气进管，在装液量为 300 ml 的位置有一溢流口，以保证培养瓶内的培养物体积恒定。储备瓶上设有一培养基入口（没有培养基流过时关闭），其内的新鲜培养基通过一带空气过滤器的空气管和外界相通（底端浸入培养基液面以下，使蠕动泵进口压力保持稳定）。

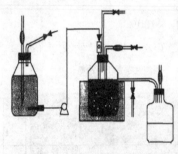

图 16　连续培养装置

实验时，培养瓶内先装入适量 pH = 3.5 的 9K 培养基，接入经定向培育获得的菌种后作批式培养。一段时间后，将盛在储备瓶内 9K 培养基通过蠕动泵以一定速度输送到培养瓶内，进行连续培养，同时，以浓硫酸调节培养瓶内 pH 值。向瓶内接种耐重金属铁污染的优势菌种，分别培养 36h、48h、60h。

7.2.3.6 优势菌应用于污染水的模型实验

7.2.3.6.1 模型实验流程

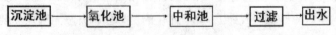

图 17　模型实验流程

7.2.3.6.2 实验装置

反应池中间用两个塑料盒（长 30cm，宽 24 cm，高 15 cm）分别代表氧化池、中和池，一个塑料盒代表过滤池。其中由冲氧气代替曝气装置。必要的水质分析仪器和玻璃仪器。

7.2.3.6.3 施入优势菌及管理

在实验装置中施入目标菌，将所选取杨柳街河污水倒入实验装置的沉淀池中，使废水沉淀半小时，然后让沉淀过的废水进入曝气池中，停留 12 小时。由于细菌氧化作用，Fe^{2+} 变为 Fe^{3+}，然后再把废水排入中和池停留 6 小时，其中每隔 1 小时加入 0.1kg 碳酸钙，再将中和后的污水排入过滤池中停留 1.5 小时，最后出水。

7.2.3.6.4 结果与分析

该模型实验共进行了 20 次，选取了其中待测水样总铁值差距较大的 5 次实验，其结果如下表所示。

表 16 微生物修复实验除铁率

实验号	待测水样	曝气池出水（mg/L）	出水（mg/L）	去除率（%）	平均去除率（%）
1	2.173	0.575	0.396	81.8%	
2	2.275	0.552	0.462	79.7%	
3	2.035	0.503	0.413	79.7%	78.76%
4	1.983	0.497	0.397	74.9%	
5	2.027	0.513	0.453	77.7%	

由上表可以看出，进入微生物修复模型前的废水 5 个实验总铁浓度平均值为 2.0986 mg/L，经过氧化、中和反应后出水时总铁浓度为 0.4242 mg/L，总铁去除率可达 78.76%。

可以从对微生物除铁的模型实验中看出，这种氧铁菌的除铁效果良好，使出水达到了国家Ⅲ类水质标准。

7.2.3.7 净化效果与应用

鉴于利用氧铁菌除铁的模型实验效果和微生物除铁的特性，我们设计了一套应用于污水处理厂微生物修复的净水流程，其具体流程可由下图体现。

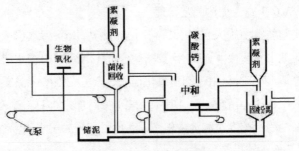

图 18　微生物净化流程

　　微生物治理污水的优点在于利用自然界的一种生物资源，又不会产生二次污染，减轻了传统处理方式中需要多次添加中和剂所带来的经济负担，在固定二氧化碳的过程中，减轻了空气的污染。其一举多得的污水处理模式，实践应用中将会发挥巨大的作用。

7.3 人工湿地模式治理污水

7.3.1 人工湿地净化原理

　　人工湿地是一种物理净化的模式，其中主要是过滤、阻隔和沉积作用。土壤和植物相当于一个活的过滤器，污水进入湿地，经过下层的基质及密集植物的茎叶和根系，可以过滤并截留污水中的悬浮物，并沉积在上述基质中。由于土壤和植物还有一些无机胶体复合体、土壤微生物区系又具有多

图 19　人工湿地效果图

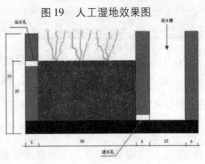

图 20　人工湿地模型剖面

样性，所以在人工湿地中可以发生各种反应过程如化学沉淀、吸附、离子交换、氧化还原反应等一系列反应。通过对人工湿地系统中基

质填料定期更换以及对水生植物的收割，便能彻底的将污染物从系统中排出。

7.3.2 模型构建

根据黔南地区的自然环境，构建潜流水平人工湿地。

人工湿地的剖面如图所示，长度为 66cm，宽 45cm，高 25cm，由一个塑料盒代替。湿地内填充粒径 5cm 的碎石 10cm 厚作为处理床，处理床上种植苔草属植物，实验在室外进行。苔草属植株根系发达，高度 150cm。湿地进水通过位于湿地前部的进水槽从处理床前端底部分多孔均匀进水，从另一端上部多孔均匀出水。

7.3.3 实验过程

第一年的 11 月份建成试验系统，培植苔草属植物，间歇投配污水培育系统。第二年 2 月份植物开始生长，连续进水至 4 月份，开始进行试验。采用连续流的进水方式，杨柳街菠萝冲污水在经过沉降缓流和微生物除铁模式的模型实验后，分别在一定的程度上有效地去除了水体中的固体悬浮污染物和总铁。将经过以上两种模式净化后的水注入湿地进水区。分别考察不同运行工况下，潜流水平人工湿地对污水中总铁的去除情况，试验周期为一年。试验用水取自杨柳街菠萝冲污水。实验结果如下表所示。

表 17　人工湿地除铁率

实验号	进水（mg/L）	出水（mg/L）	去除率（%）	平均去除率（%）
1	0.396	0.073	81.6%	
2	0.462	0.107	76.8%	
3	0.413	0.033	92.0%	83.06%
4	0.397	0.098	75.3%	
5	0.453	0.047	89.6%	

7.3.4 实验结果分析

由上表可以看出，进入实验装置前的废水 5 个实验总铁浓度平均值为 0.4242 mg/L，经过潜流水平人工湿地后出水时总铁浓度为 0.0716mg/L。总铁去除率达到了 83.06%。出水达到国家 I 类水质标准，可以看出运用人工湿地处理污水的效果极佳。

7.4 沉降缓流 + 微生物修复 + 人工湿地组合综合模型的构建及运行分析

7.4.1 沉降缓流 + 微生物修复 + 人工湿地模型构建

将三种治理污染物的模式有机地结合运行，提高水体的受净化程度，构建三种处理污水的综合模型。

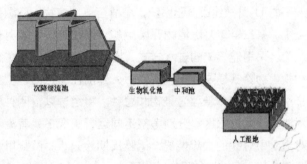

图 21 沉降缓流 + 微生物修复 + 人工湿地模式

7.4.2 沉降缓流 + 微生物修复 + 人工湿地综合模型的实验运行

微生物除铁模型实验，其平均除铁率达 78.76%，人工湿地模型实验平均除铁率达 83.06%，两相结合除铁率可以达到 95%，最后的出水中铁的含量均小于 0.3mg/L，达到国家标准 I 类水质。

图 22 沉降缓流 + 微生物修复 + 人工湿地实验装置

实验运行的铁浓度变化如下图所示。

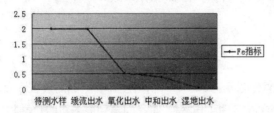

图23 沉降缓流＋微生物修复＋人工湿地模型实验效果

7.4.3 沉降缓流＋微生物修复＋人工湿地综合模型的运行分析

从上图可以看出，沉降缓流＋微生物修复＋人工湿地模型运行除铁效果的变化趋势中，在微生物作用过后的水体中含铁量大幅下降，再经人工湿地作用后，出水水质达到国家Ⅰ类。可见这种治理模式的运行，有效地净化了水质。

沉降缓流＋微生物修复＋人工湿地的组合模式，是根据杨柳街河水体主要受 Fe_2O_3 固体物质和重金属 Fe^{2+} 污染而提出的，随着对其净水效果的模型实验探究，这种模式运行的效果明显。这种模式的运行，也真正达到了低成本、高效、节能环保可持续发展的要求。

7.5 应用前景

根据我们的试验，证实我们提出的沉降缓流＋微生物修复＋人工湿地综合模型的除铁率高达95%。由都匀市环保局提供的数据，受污染的剑江河上游杨柳街河年径流量达146万吨，其中重金属 Fe^{2+} 占2.14%即31244吨。按照本模式95%的除磷率计算，把沉降缓流＋微生物修复＋人工湿地综合模型运用到剑江河上游杨柳街河的污水治理中去，一年中可去含除铁污染物高达29681吨。

我们的实验过程科学严谨，数据较为接近客观实际，对煤矿山废水的治理模式新颖、独特，实用性强，完全可以运用到这条河流的污染治理中去。该模式具有广阔的应用前景。我们坚信，在运行沉降缓流＋微生物修复＋人工湿地综合模型后剑江河上游杨柳街河定会重现往日的风采。我们的母亲河剑江河将变得清澈，甚至可以让剑江河重新成为都匀市民的饮用水源。

结　语

通过这次实践活动，使我们领会到了研究的过程就是实践调查和实验研究综合分析的过程，使我们学到很多新的化学和生物知识。开展此次课题研究让我们明白了生态环保的重要性。在全球环境形势日益恶化的今天，希望每一个人都能为环境保护做出一点贡献，与大自然和谐相处，共同珍爱我们赖以生存的家园。

在开展课题的调查研究与实验过程当中，得到了黔南州环保局的技术员们的倾力帮助，才使我们的课题实验能够得以顺利的进行。在都匀二中领导和辅导老师的帮助下，我们顺利完成了课题。在这里对他们表示衷心的感谢。

【教师点评】

该课题对剑江河上游杨柳街河水体污染进行了实地调查，并对采取的水样进行了实验分析后，确定了杨柳街河水体中的主要污染物严重破坏了当地的生态平衡。结合杨柳街片区的自然地理环境，提出了"缓流沉降＋微生物修复＋人工湿地"的污水综合治理模式，并进行了"缓流沉降＋微生物修复＋人工湿地"综合治理模式运行的模拟实验，其效果良好。该模式可为环保部门治理类似的河流污染提供参考。

（本文获第八届"ITT 杯"全国水科技发明比赛二等奖）

第六节 生物学科

贵州省三都水族野生药用植物资源的调查研究

作者：姚俊妃

指导教师：周光发 申 浪 罗邦彪

摘 要： 中医学信奉"调理生息，兼治标本"的指导思想。三都县"水族医药技艺"是贵州省级非物质文化遗产。本文通过回顾水族药物的起源及发展历程，对水族聚居区内的地理、气候特点进行调查的基础上运用民族植物学调查方法，对三都水族的中草药资源进行了药用民族植物的调查研究。并提出开发及利用构想，以期为水族中草药资源的进一步合理开发、利用提供理论依据。

关键词： 药用民族植物学 三都县 调查 功效分类 利用

一、研究区概况

1. 三都水族概况

三都水族自治县是全国唯一的水族自治县，位于贵州省黔南布依族苗族自治州的东南部。水族在全县各乡镇均有，连片聚居。2011 年 11 月第 6 次人口普查，三都水族自治县总人口 360378 人，水族人口 237558 人，约占总人口的 65.92%。

水族是由我国古代南方"百越"族群中"骆越"的一支发展而来的单一民族。水族自称"Sui"，汉族因其音译称为"水"，"虽"在水语中有"篦子"和"疏通顺理"的含义。其历史可追溯到秦汉以前。由于受战乱的影响，水族先民离开邕江流域一带，经现在的河池、南丹向黔桂迁徙，沿龙江溯流而上，来到三都县及其附近。它在中国历史上曾被称为"百越""僚""苗""蛮"等，直到清代中叶之后才有所区别，改称为"水家苗""水家"。解放后，国务院经过征求有关水族人士的意见，于1956年确定称为"水族"。所以至今三都水族还保留了许多古代"骆越"文化的成分。水族有自己的语言，称"沥虽"，共有四百多个单字，有自己的文字，其造字主要用象形、会意、指事和假借的手法，在其遗留的水书文字中，有大量的花、草、鱼、虫、鸟和兽，说明与当地生物之间有联切的联系。

2. 三都水族聚居区的地理气候特点

三都水族自治县处于云贵高原东半部东南斜坡，黔中山地向广西丘陵过渡的地带上，地势由北向南倾斜，地跨东经107°40′—108°14′，北纬25°30′—26°10′，全县东西宽56 km，南北长78 km，总面积达2380 km²。属中、低山地貌类型，境内山岭连绵，其间夹着若干起伏的丘陵和平坝，有瑶（尧）人山、月亮山、更顶山、老王山和同马山等，高差在600—900 m，都柳江和龙江盘旋于境内，春夏季潮湿，秋冬季温和干燥。由于山峰沟谷纵横，小气候十分丰富。属于中亚热带温润季风气候类型，春秋分明，冬短夏长，冬无严寒，夏无酷暑，年平均温度为18℃，无霜期328天，年平均降雨量为1349.5 mm。境内山多林密，植被类型丰富，有常绿阔叶林、常绿阔叶落叶混交林、竹林、针叶林、人工林（杉木或马尾松人工林）和山草甸等。三都各乡镇分布有奇峰异石、瀑布和溶洞、珍树和奇草，孕育着十分丰富的植物资源，中草药植物资源相当丰富。

3. 水族聚居区的中草药资源概况

三都县属北亚热带大陆季风气候，具有雾多湿重、雨量充沛等气候特点，为众多的药用动植物生长提供了得天独厚的自然条件，真可谓"天然民族中草药王国"，如有被称为"生物基因库"的摇人山、产蛋崖森林公园等。特有的地理和气候特点为动植物的生存、繁衍提供了得天独厚的自然生态环境，形成了具有水族地域特征的中草药资源品种多、质量优、产量大，经济价值高等优势和特点。

水族人民历年来采用渔猎、农耕和林业的生产劳动方式，在长期与疾病作斗争的实践中逐渐积累了较为丰富的防病治病经验，尤其以植物药最多。现正式出版的水族医药相关专著有《三合县志略》四十三卷（动植矿部：水族）、《三都水族自治县志》、《三都水族自治县中草药验方选编》、王厚安的《水族医药》、司有徒和王有辉的《水族医药宝典》及水族民间口述相传的故事《鱼包韭菜》、《阿妙送医到人间》和《神医阿杠》等，使三都县"水族医药技艺"成为贵州省非物质文化遗产。

随着时间的推移，人们对中草药资源的运用也越来越深入。利用野生植物治疗疾病，是三都人民在长期生产和生活中与疾病作斗争积累起来的宝贵经验，这些经验的历史积累，形成的文字记载并不多。虽然对水族传统药物的研究和开发有了一些进展，但在对分散于民间真正的水族传统医药知识的整理研究方面还很薄弱，有些用法还带有巫医的色彩。

本课题运用民族植物学方法对三都县水族药用植物进行较为全面地调查研究，为进一步整理三都水族民族药用植物资源，及其以后的开发利用等积累基础资料。

二、研究时间与研究流程

1. 研究时间

2011 年 1 月—2012 年 12 月

2. 研究流程

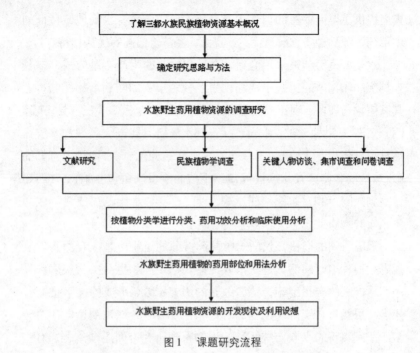

图 1　课题研究流程

三、调查地点及方法

1. 三都县水族野生药用植物资源的调查地点

调查地点见图2，主要为水族人口众多的中和镇、大河镇、丰乐乡、水龙乡、三洞乡、九阡镇、廷牌乡、恒丰乡、拉缆乡、打鱼乡、巫不乡、都江镇和普安镇等。

2. 研究方法

（1）文献研究

查阅、收集和整理三都水族文化、历史和地理等背景资料，包括地方志、植物志、药物志、生物类期刊文献等，对收集的资料进行分析、研究，充分了解三都水族发展历史、语言文化特征、分布以及分布地区自然地理特征等。

（2）民族植物学调查

采用民族植物学快速评估方法，利用民族植物学调查的"提问法"，即什么人、利用什么、什么地方、什么时间、为什么、利用多少的"5W＋1H"法，在赶集时到当地集市调查，采用关键人物访谈方式，采集凭证标本、拍照。调查和统计药材市场地理位置、市场大小、摊位数量等，记录摊主姓名、性别、民族、大致年龄、

图2　三都县水族野生药用植物资源的主要分布点

家庭地址、联系方式等，以及记录每一种药材当地名、数量、用途、采集地点、使用部位、制备方法、使用方法、配方、销售情况、生长年限、资源情况和购买者情况等。

（3）植物学调查及室内分析

植物采集是民族植物学研究的基本技术，主要包括在调查地区采集民间利用药用植物的证据标本、样方及生境调查等。室内证据标本整理、鉴定、分析和编目。

四、水族野生药用植物资源调查过程与结果分析

调查分为水族野生药用植物资源的野外调查、水族野生药用植物临床使用调查和水族群众对野生药用植物的使用情况调查三个方面。

1. 三都水族野生药用植物资源调查

1.1 调查方法

文献整理和实地调查（关键人物访谈法、市场调查法和野外采集法）

1.2 调查结果

我经过一年多的野外实地调查，通过植物分类法，整理出水族药用植物名录证据标本经整理、鉴定和编目后存放贵州省黔南民族师范学院民族生物资源研究所植物标本室。

1.3 结果分析

1.3.1 种类分析

通过药用植物名录的分析，三都水族野生药用植物共有155科607属984种。从类群分布来说，最多的为被子植物，其次是蕨类植物，对裸子植物、菌类、苔藓类和地衣类用得较少，见图3。种数最多前10个科为：

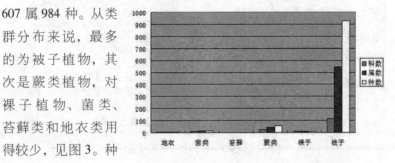

图3　三都水族野生药用植物类群分布

菊科（77种）、豆科（61种）、百合科（46种）、蔷薇科（35种）、木犀科（31种）、唇形科（27种）、蓼科（24种）、荨麻科（20种）、茄科（18种）、大戟科和伞形科（均为17种）。

1.3.2 水族野生药用植物资源功效分析

把所调查的水族野生药用植物资源按功效类别进行分析，其分析结果如下：

1.3.2.1 解表药类

解表药类按功效共有以下几种：

1.3.2.1.1 发散风寒药

表1　　　发热风寒药类

当地名	学名	中文名	科名	性味	功效	临床应用
骂展改	Perila frutescens	鸡冠紫苏	Lamiaceae	辛，温，肺脾	发汗解表，行气宽中，解鱼蟹毒	1. 用于外感风寒证 2. 用于脾胃气滞证 3. 用于食鱼蟹中毒
杏歹	Zingiber officinale	生姜	Zingiberaceae	辛，微温，肺脾	发汗解表，温中止呕、温肺止咳	1. 用于外感风寒表证 2. 用于多种呕吐证 3. 用于风寒咳嗽
骂梗动	Angelica dahurcu	白芷	Umbelliferae	辛，温，肺胃	祛风散寒，通窍止痛，消肿排脓，燥湿止带	1. 用于风寒感冒、头痛、牙痛 2. 用于鼻塞、鼻渊 3. 用于疮疡肿毒 4. 用于寒湿带下
骂补荟	Asarum sieboldii	华细辛	Aristolohiaceae	辛温，有小毒，肺肾心	祛风解表，散寒止痛，温肺化饮，通窍	1. 用于外感风寒及阳虚外感证 2. 用于头痛、痹痛、牙痛等痛证 3. 用于寒饮咳喘
梅隔德	Magnolia liliflora	辛夷	Magnoliaceae	辛温，肺胃	发散风寒，宣通鼻窍	1. 用于风寒头痛鼻塞 2. 用于鼻渊头痛
骂解谷	Epaltes australis Less	鹅不食草	Compositae	辛，温，肺肝	祛风散寒，宣通鼻窍，化痰止咳	1. 用于风寒头痛及鼻渊鼻塞 2. 用于湿疮肿毒 3. 用于寒痰咳喘证

　　三都的发热风寒药共有 6 种，现已完全用于临床应用。外形特征如下图 4～9。

图4 鸡冠紫苏　　　　　图5 生姜　　　　　　图6 白芷
产地：丰乐乡高庄　　产地：大河镇农家院地　产地：丰乐镇老王山大峡谷

图7 华细辛　　　　　图8 辛 夷　　　　　图9 鹅不食草
产地：丰乐镇老王山　　产地：丰乐镇高庄　　产地：丰乐镇高庄

1.3.2.1.2 发散风热药

表2 发散风热药

当地名	学名	中文名	科名	性味	功效	临床应用
骂卡苗	Men-tha haplo-calyx	薄荷	Lamiaceae	辛，凉；肺肝	发散风热，清利咽喉，透疹解毒，疏肝解郁	1. 用于外感风热及温病初起的发热、微恶风寒、头痛者。2. 用于风热上攻所致头痛目赤，咽喉肿痛。3. 用于麻疹初起透发不畅，或风疹搔痒。4. 用于肝气郁滞，证见胸闷、痛等。

当地名	学名	中文名	科名	性味	功效	临床应用
骂紧嘎	Ci-macif-ugafoe-tida	升麻	Ranunculaceae	辛，微甘，微寒，肺脾胃大肠	发表透疹，清热解毒，升举阳气	1. 用于发热头痛，麻疹透发不畅。2. 用于热毒所致多种病证。3. 用于中气下陷所致脱肛，子宫脱垂，崩漏不止。
要海	Pueraria lobata	葛根	Leguminosae	甘辛凉，脾胃	解肌退热，透发麻疹，生津止渴，升阳举陷	1. 用于外感发热，头痛项强。2. 用于麻疹透发不畅。3. 用于热病烦渴，内热消渴。4. 用于热泄热痢，脾虚久泻。
假抹满	Arctium lappa	牛蒡子	Compositae	辛苦寒；肺胃	发散风热，宣肺透疹，利咽散结，解毒消肿	1. 用于外感风热，证见咳嗽、吐痰不利等。2. 用于麻疹初起，透发不畅及风热发疹等证。3. 用于风热或热毒上攻的咽喉肿痛。4. 用于热毒疮疡。
所骂	Equise-tumhiemale	木贼	Equisetaceae	甘苦平，肺肝	疏散风热，明目退翳	1. 风热目赤，翳障多泪。2. 便血，痔血。

三都的发散风热药共有 5 种，现已完全用于临床应用。外形特征如下图 10—14。

图 10　薄荷　　　　　图 11　升麻　　　　　图 12　葛根

产地：大河镇野外　　产地：丰乐镇老王山山顶　　产地：大河镇河岸边

图 13　牛蒡子　　　　　图 14　木贼

产地：丰乐镇高庄　　　产地：三合镇打梦沟

1.3.2.2 清热药类

1.3.2.2.1 清热泻火药

表 3　清热泻火药

当地名	学名	中文名	科名	性味	功效	临床应用
图洼奋	Lo-phathe–rum gracile	淡竹叶	Gramine-ae	甘淡寒，心胃小肠	清热除烦，利尿	1. 用于热病烦渴 2. 用于口舌生疮，尿赤淋浊
梅乐	Carde-nia jasmi-noises	栀子	Rubiace-ae	苦寒，心肝肺胃三焦	泻火除烦，清热利湿，凉血解毒	1. 用于热病烦闷 2. 用于湿热黄疸 3. 用于血热出血 4. 用于热毒疮疡

当地名	学名	中文名	科名	性味	功效	临床应用
骂定麻	Prunella vulgaris	夏枯草	Lamiaceae	辛苦寒，肝胆	清肝明目，消肿散结	1. 用于目赤肿痛、头痛眩晕、目珠疼痛 2. 用于瘰疬瘿瘤
朵很段	Cassia tora	决明子	Legminosae	甘苦咸，微寒，肝肾大肠	清肝明目，润肠通便	1. 用于目赤肿痛、目暗不明 2. 用于头痛眩晕 3. 用于肠燥便秘

　　三都的发散风热药共有 4 种，现已完全用于临床应用。外形特征如下图 15—18。

图15　淡竹叶
产地：丰乐镇老王山

图16　栀子
产地：拉揽乡山脚荒地边

图17　夏枯草
产地：三合镇打梦沟

图18　决明子
产地：合江镇农家庭院

1.3.2.2.2 清热燥湿药

表4　清热燥湿药

当地名	学名	中文名	科名	性味	功效	临床应用
榜角告	Coptis chinensis	黄连	Ranunculaceae	苦寒，心肝胃大肠	清热燥湿，泻火解毒	1. 用于湿热中阻、脘痞呕恶，泻痢腹痛 2. 用于热病高热 3. 用于心烦失眠，胃热呕吐 4. 用于痈肿疮毒 5. 用于血热出血证
给梅响	Phellodendron	黄柏	Rutaceae	苦寒，肾膀胱大肠	清热燥湿，泻火解毒	1. 用于湿热带下，热淋，足膝肿痛，泻痢，黄疸 2. 用于疮疡肿毒，湿疹湿疮 3. 用于阴虚发热，遗精盗汗
杠躲嘎	Gentiann scabra	龙胆	Gentianaceae	苦寒，肝胆膀胱	清热燥湿，泻肝火	1. 用于阴肿阴痒，带下，湿疹，黄疸 2. 用于肝火头痛，肝热目赤，高热抽搐
梅躲哄	Sophora flavesens	苦参	Leguminosae	苦寒，心肝胃大肠膀胱	清热燥湿，杀虫，利尿	1. 用于湿热之泻痢、黄疸、带下 2. 用于皮肤瘙痒，疥癣，麻风 3. 用于小便涩痛
梅寒嘎	Toona sinensis	香椿	Meliaceae	苦涩寒，大肠肝	清热燥湿，涩肠止泻，止血止带	1. 用于湿热泻痢，久泻久痢 2. 赤白带下 3. 崩漏，便血，痔血 4. 杀虫

三都的清热燥湿药共有 5 种，现已完全用于临床应用。外形特征如下图 19—23。

图 19　黄连　　　　　　图 20　黄柏　　　　　　图 21　龙胆
产地：丰乐镇老王山　　产地：打鱼乡野外农家园圃　产地：丰乐镇老王山

图 22　苦参　　　　　　　图 23　香椿
产地：丰乐镇老王山　　　产地：丰乐镇高庄农家庭院

1. 3. 2. 2. 3 清热解毒药

表 5　清热解毒药

当地名	学名	中文名	科名	性味	功效	临床应用
要花年	Loni-cera japoni-ca	金银花	Caprifoli-aceae	甘寒，肺心胃	清热解毒，疏散风热	1. 疮痈疔肿 2. 外感风热，温病初起 3. 热毒血痢
巴嗨	Tayax-acum mon-goli-cum	蒲公英	Composi-tae	苦甘寒，肝胃	清热解毒，利湿	1. 疮痈，乳痈，内痈 2. 热淋，黄疸

当地名	学名	中文名	科名	性味	功效	临床应用
蒂会童	Paris polyphyl	蚤休	Liliaceae	苦微寒有小毒，肝	清热解毒，消肿止痛，息风定惊	1. 痈肿疮毒，毒蛇咬伤 2. 跌打损伤 3. 小儿惊风
骂挂	Viola yedoensis	紫花地丁	Violaceae	苦寒，心肝	清热解毒，消痈散结	1. 用于疮痈疔肿，乳痈肠痈 2. 用于毒蛇咬伤
骂所黎	Senecio scandens	千里光	Compositae	苦寒，肝	清热解毒，清肝明目	1. 用于疮痈疖肿，水火烫伤 2. 用于目赤肿痛。
骂番	Houttuynia cordata	鱼腥草	Saururaceae	辛，微寒，肺	清热解毒，消痈排脓，利尿通淋	1. 肺痈，肺热咳嗽 2. 热毒疮痈 3. 热淋
骂熬放	Lobelia chinenes	半边莲	Campanulaceae	甘淡寒，心小肠肺	清热解毒，利水消肿	1. 用于疮痈肿毒，毒蛇咬伤 2. 大腹水肿。
仰拢	Scutellaria barbata	半枝莲	Lamiaceae	辛苦寒，肺肝肾	清热解毒，散瘀止血，利水消肿	1. 用于疮痈肿毒，毒蛇咬伤 2. 用于跌打损伤，吐衄，血淋 3. 用于大腹水肿。
杠抹灰	Oldenlandia diffusa	白花蛇舌草	Rubiaceae	苦甘寒，胃大肠小肠	清热解毒消痈，利湿通淋	1. 用于疮疡肿毒，咽喉肿痛，毒蛇咬伤 2. 用于肠痈腹痛 3. 用于热淋

当地名	学名	中文名	科名	性味	功效	临床应用
骂赣嘎	Patrinia villosa	败酱	Valerianaceae	辛苦,微寒,肝胃大肠	清热解毒,消痈排脓,祛瘀止痛	1. 用于肠痈,肺痈,疮痈 2. 用于产后瘀阻腹痛
骂	Portulaca oleraca	马齿苋	Portulacace	酸寒,肝大肠	清热解毒,凉血止痢,通淋	1. 热毒血痢 2. 疮痈肿毒 3. 崩漏便血 4. 热淋,血淋
骂共干	Euphorbia humifusa	地锦草	Euphorbiaceae	苦辛平,肝胃大肠	清热解毒,活血止血,利湿退黄	1. 用于热毒泻痢 2. 用于热毒疮痈,毒蛇咬伤 3. 用于多种出血证 4. 用于湿热黄疸。
骂右	Belamcanda chinenes	射干	Iridaceae	苦寒,肺	清热解毒,利咽祛痰	1. 用于咽喉肿痛 2. 用于痰痈咳喘
嘎给	Lasiosphaera fenzlii	马勃	Lycoperdaceae	辛平,肺	清热解毒,利咽,止血	1. 咽喉肿痛,咳嗽失音 2. 吐血衄血,外伤出血
要岁低	Tinospora capillipes	金果榄	Menispermaceae	苦寒,肺大肠	清热解毒,利咽,止痛	1. 咽喉肿痛 2. 疮痈肿痛,泻痢腹痛,脘腹疼痛。
骂堵略汗	Achyranthes bidentata	土牛膝	Amaranthaceae	苦酸平,肺肝	清热解毒,活血散瘀,利水通淋	1. 用于痛经、经闭,风湿痹痛 2. 用于热淋

三都的清热解毒药共有 16 种,现已完全用于临床应用。外形特征如下图 24—39。

图 24　金银花
产地：丰乐镇
老王山

图 25　蒲公英
产地：普安乡
荒地

图 26　蚤休
产地：三合镇
打梦沟

图 27　紫花地丁
产地：三合镇
交向野外

图 28　千里光
产地：三合镇
野外

图 29　鱼腥草
产地：拉揽乡
尧人山

图 30　半边莲
产地：丰乐镇
高庄

图 31　半枝莲
产地：三合镇
姑挂咕噜

图 32　白花蛇舌草
产地：打鱼乡野外
山坡溪畔

图 33　败　酱
产地：普安镇
野外山坡

图 34　马齿苋
产地：大河镇
猴场

图 35　地锦草
产地：打鱼乡
野外河滩

图 36　射干
产地：三都民族
村院内

图 37　马勃
产地：拉揽乡
野外山坡

图 38　金果榄
产地：拉揽乡
尧人山

图 39　土牛膝
产地：普安镇农
家园圃旁

1.3.2.2.4 清热凉血药

表6　清热凉血药

当地名	学名	中文名	科名	性味	功效	临床应用
梅要你	Paeonia suffruticosa	牡丹	Ranunculaceae	苦辛，微寒，心肝肾	清热凉血，活血散瘀	1. 用于血热斑疹吐衄 2. 用于虚热证 3. 用于经闭痛经，癥瘕积聚，跌打损伤 4. 用于疮痛，肠痈
骂吼	Lithospermum erythrohizon	紫草	Boraginaceae	甘咸寒，心肝	凉血活血，解表透疹	1. 斑疹紫黑。麻疹不透 2. 痈疽疮疡，湿疹瘙痒，水火烫伤

　　三都的清热凉血药共有两种，现已完全用于临床应用。外形特征如下图40—41。

图40　牡丹　　　　　　　　　　图41　紫草
产地：丰乐镇高庄药农药园　　　产地：交梨乡山野

1.3.2.3 祛风湿药类

表7 祛风湿药

当地名	学名	中文名	科名	性味	功效	临床应用
要级阻	Clematis chinensis	威灵仙	Ranunculaceae	辛咸，温，膀胱	祛风湿，通经络，消痰水，治骨鲠	1.用于风湿痹痛，拘挛麻木，瘫痪 2.用于痰饮积聚 3.用于诸骨鲠喉
要满阶	Lycopodium clavatum	伸筋草	Lycopodiaceae	苦辛温，肝	祛风除湿，舒筋活血	1.风湿痹痛，筋脉拘挛，皮肤不仁 2.用于跌打损伤
梅富	Liquidambar formosana	路路通	Hamamelidaceae	辛苦平，肝胃膀胱	祛风活络，利水，通经下乳	1.风湿痹痛，肢麻拘挛，跌打损伤 2.水肿，小便不利 3.经闭，乳房胀痛，乳汁不下 4.祛风止痒

三都的祛风湿药共有 3 种，现已完全用于临床应用。外形特征如下图 42—44。

图42 威灵仙　　　　图43 伸筋草　　　　图44 路路通
产地：普安镇野外　　产地：丰乐镇老王山　产地：三合镇猴场

1.3.2.4 化湿药类

表8　化湿药

当地名	学名	中文名	科名	性味	功效	临床应用
骂嘎电	Eupatorium fortunei	佩兰	Compositae	辛平，脾胃肺	化湿，解暑	1. 用于湿滞中焦证 2. 用于外感暑湿或湿温初起

三都的化湿药共有 1 种，现已用于临床应用。外形特征如下图45。

图45　佩兰
产地：三合镇农家庭院

1.3.2.5 利水渗湿药

1.3.2.5.1 利水消肿药

表9　利水消肿药

当地名	学名	中文名	科名	性味	功效	临床应用
你嘎	Poria cocos	茯苓	Polyporaceae	甘淡平，心脾胃	利水渗湿，健脾安神	1. 水肿、小便不利 2. 脾虚诸证 3. 心悸，失眠
熬杯	Coix lachryma	薏苡仁	Gramineae	甘淡微寒，脾胃肺	利水渗湿，健脾止泻，清热排脓，除痹	1. 水肿、小便不利 2. 脾虚泄泻 3. 肺痈，肠痈 4. 湿痹筋脉拘挛

当地名	学名	中文名	科名	性味	功效	临床应用
饭熬灭	Zea-mays	玉米须	Gramine-ae	甘平,膀胱肝胆	利水消肿,利湿退黄	1. 水肿,小便不利,淋证。2. 黄疸

三都的利水消肿药共有 3 种,现已完全用于临床应用。外形特征如下图46—48。

图46 玉米须　　　　　图47 薏苡仁　　　　　图48 茯苓
产地:拉揽乡尧人　　　产地:三合镇都　　　产地:合江镇
山王庙松林　　　　　　柳江边　　　　　　　农家庭园

1.3.2.5.2 利尿通淋药

表10　利尿通淋药

当地名	学名	中文名	科名	性味	功效	临床应用
梅补峰	Tet-rapanax papy-riferus	通草	Araliace-ae	甘淡,微寒,肺胃膀胱	利尿通淋,下乳	1. 用于湿热淋证 2. 用于产后乳汁不通或乳少
摆拟饭	Kochia scop-aria	地肤子	Chenopo-diaceae	苦寒,膀胱	清热利湿,止痒	1. 用于热淋 2. 用于湿疹,风疹,皮肤瘙痒,阴痒
骂抹辉	Pyrro-sia lin-gua	石韦	Polypodi-aceae	苦甘,微寒,肺膀胱	利尿通淋,清肺止咳,凉血止血	1. 热淋,石淋,血淋 2. 肺热咳喘 3. 血热出血证

　　三都的利尿通淋药共有 3 种，现已完全用于临床应用。外形特征如下图 49—51。

图 49　通草　　　　　图 50　地肤子　　　　图 51　石　韦
产地：打鱼乡野外山坡　产地：三合镇野外　　　产地：拉揽乡尧人山

1.3.2.5.3 利湿退黄药

表 11　利湿退黄药

当地名	学名	中文名	科名	性味	功效	临床应用
机哄劳	Gle-choma longi-tuba	金钱草	Lamiace-ae	甘淡，微寒，肝胆肾膀胱	除湿退黄，利尿通淋，解毒消肿	1. 用于湿热黄疸 2. 用于石淋、热淋 3. 用于痈、恶疮肿毒、毒蛇咬伤 4. 用治烧伤，烫伤
项过	Polyg-onum cuspi-datum	虎杖	Polygo-naceae	苦微寒，肝胆肺	利胆退黄，清热解毒，活血祛瘀，祛痰止咳	1. 湿热黄疸淋浊，带下 2. 痈疮肿毒、烧烫伤、毒蛇咬伤 3. 血瘀经闭、痛经、跌打损伤、癥瘕 4. 肺热咳嗽
骂卡底	Hype-ricum japoni-cum	地耳草	Guttiferae	苦平，肝胆	利湿退黄，清热解毒，活血消肿	1. 湿热黄疸 2. 肺痈，肠痈，痈疮肿毒 3. 跌打损伤

当地名	学名	中文名	科名	性味	功效	临床应用
骂女不	Sedum sarmentosum	垂盆草	Crassulaceae	甘淡微酸凉，肝胆小肠	利湿退黄，清热解毒	1. 湿热黄疸 2. 痈疮肿毒，毒蛇咬伤
骂槐蛙劳	Centella aoiatica	积雪草	Umbelliferae	苦辛寒，肝脾肾	清热利湿，解毒消肿	湿热黄疸；痈疮肿毒，中暑腹泻。利水通淋，活血疗伤

三都的利湿退黄药共有 5 种，现已完全用于临床应用。外形特征如下图 52—56。

图 52　金钱草
产地：三合镇打梦沟

图 53　虎杖
产地：三合镇野外

图 54　地耳草
产地：打鱼乡野外

图 55　垂盆草
产地：合江镇茂新野外山坡

图 56　积雪草
产地：三合镇石龙过江

图 57　山胡椒
产地：三合镇打梦沟

1.3.2.6 温里药类

表12　温里药

当地名	学名	中文名	科名	性味	功效	临床应用
梅见憨	Lindera glouca	山胡椒	Lauraceae	辛热，胃大肠	温中止痛，下气消痰	1. 脾胃寒证 2. 癫痫

三都的温里药共有 1 种，现已用于临床应用。外形特征如上图57。

1.3.2.7 理气药

表13　理气药

当地名	学名	中文名	科名	性味	功效	临床应用
杠玉拢	Cyperus rotundus	香附	Cyperaceae	辛微苦微甘平，肝三焦	疏肝理气，调经止痛	1. 肝郁气滞诸痛证 2. 月经不调诸证
糯叶娃劳	Lindera strychnifolia	乌药	Lauraceae	辛温，肺脾肾膀胱	行气止痛，温肾散寒	1. 寒凝气滞所致胸腹诸痛证 2. 下元虚冷之尿频、遗尿证

三都的理气药共有两种，现已完全用于临床应用。外形特征如下图58—59。

图58　香附
产地：三合镇野外荒地

图59　乌药
产地：丰乐镇高庄农家庭园

1.3.2.8 止血药

1.3.2.8.1 凉血止血药

表14 凉血止血药

当地名	学名	中文名	科名	性味	功效	临床应用
骂害	Cirsium japonicum	大蓟	Compositae	苦甘，凉，心肝	凉血止血，散瘀解毒消痈	1. 用于血热出血证 2. 用于热毒疮痈 3. 降血压，利胆退黄
骂在敌	Cirsium segetum	小蓟	Compositae	苦甘凉，心肝	凉血止血，散瘀解毒消肿	1. 用于血热妄行出血证 2. 用于热毒疮痈
梅都温	Sedum aizoon	景天三七	Crassulaceae	甘微酸平，肝心	化瘀止血，消肿止痛，宁心安神	1. 用于各种出血证 2. 用于跌打损伤 3. 用于惊悸，失眠

三都的凉血止血药共有 3 种，现已完全用于临床应用。外形特征如下图 60—62。

图60 大 蓟   图61 小 蓟   图62 景天三七
产地：三合镇野外   产地：丰乐镇老王山   产地：大河镇农家庭院

1.3.2.8.2 收敛止血药

表15 收敛止血药

当地名	学名	中文名	科名	性味	功效	临床应用
梅义	Trachy–carpus wagnerianus	棕榈皮	Palmae	苦涩平，肺肝大肠	收敛止血	用于各种出血证
骂务嘎汗	Celosia cristata	鸡冠花	Amaranthaceae	甘涩凉，肝大肠	收敛止血，清热凉血，止泻止带	1. 各种出血证 2. 泻痢，带下 3. 敛疮消肿

三都的收敛止血药共有两种，现已完全用于临床应用。外形特征如下图63—64。

图63 棕榈皮
产地：三合镇姑挂村

图64 鸡冠花
产地：三合镇猴场农家庭院

1.3.2.9 活血化瘀药

表16 活血化瘀药

当地名	学名	中文名	科名	性味	功效	临床应用
骂轰低	Ligus-ticum chua-nxiong	川芎	Umbelliferae	辛温，肝胆心包	活血行气，祛风止痛	1. 用于血瘀气滞证 2. 用于头痛 3. 用于风湿痹痛、肢体麻木

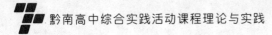

当地名	学名	中文名	科名	性味	功效	临床应用
杏妈	Carcuma longa	姜黄	Zingiberaceae	辛苦温，肝脾	破血行气，通络止痛	1. 用于血瘀气滞诸证 2. 用于风寒湿痹
项旱酣	Salvi-amilti-orrhiza	丹参	Lamiace-ae	苦微寒，心肝	活血调经，凉血消痈，清心安神	1. 用于血瘀经闭、通经、月经不调，产后瘀滞腹痛等证 2. 用于血瘀之心腹疼痛，癥瘕积聚等证 3. 用于疮疡痈肿 4. 用于温热病热入营血、烦躁不安
女放	Prunus davidi-ana	桃仁	Rosaceae	苦甘平有小毒，心肝大肠	活血祛瘀，润肠通便，止咳平喘	1. 用于多种血瘀证 2. 用于肺痈，肠痈 3. 用于肠燥便秘 4. 止咳平喘
骂卡波骂喊歹	Le-onuyus hetero-phyllus	益母草	Lamiace-ae	苦辛微寒，肝心膀胱	活血祛瘀，利水消肿，清热解毒	1. 用于妇人经产诸证 2. 用于水肿，小便不利 3. 用于疮痈肿毒，皮肤搔痒
骂堵雷务	Achy-ran-thesbi-dentata	牛膝	Amaranthaceae	苦酸甘平，肝脾	活血通经，补肝肾，强筋骨，引火（血）下行，利尿通淋	1. 用于血瘀之痛经、经闭、产后腹痛、胞衣不下及等证 2. 用于肝肾不足，腰膝酸软无力 3. 用于上部火热证 4. 用于淋证，水肿，小便不利

当地名	学名	中文名	科名	性味	功效	临床应用
骂摘	Rosa chinensis	月季花	Rosaceae	甘温，肝	活血调经，解郁消肿	1. 肝郁血滞之月经不调，痛经，闭经，及胸腹胀痛。2. 疮痈肿痛，瘰疬，跌打损伤（可开水泡服）
豆堵滚	Campsis grandiflora	凌霄花	Bignoniaceae	辛微寒，肝	破血通经，凉血祛风	1. 血瘀经闭，月经不调，癥瘕积聚 2. 风热痒疹

　　三都的活血化瘀药共有 8 种，现已完全用于临床应用。外形特征如下图 65—72。

图 65　川　芎　　　图 66　姜　黄　　　图 67　丹　参　　　图 68　桃　仁
产地：丰乐镇高庄　产地：打鱼乡　　　产地：丰乐镇苗寨　产地：三合镇石
药农药园　　　　　农家园圃　　　　　沟农家庭院　　　　龙过江

图 69　益母草　　　图 70　牛　膝　　　图 71　月季花　　　图 72　凌霄花
产地：三合镇都　　产地：丰乐镇　　　产地：合江镇　　　产地：合江镇
柳江边　　　　　　高庄　　　　　　　茂新　　　　　　　农家庭院

1.3.2.10 化痰止咳平喘药

1.3.2.10.1 温化寒痰药

表17　温化寒痰药

当地名	学名	中文名	科名	性味	功效	临床应用
蒂荟西	Pinellia terata	半夏	Araceae	辛温有毒，脾胃肺	燥湿化痰，降逆止呕，消痞散结，消肿止痛	1. 用于湿痰、寒痰证 2. 用于胃气上逆呕吐 3. 用于胸痹，结胸，心下痞，梅核气 4. 用于瘰疬瘿瘤，痈疽肿毒及毒蛇咬伤等
骂大万	Arisaema consanguineum	天南星	Araceae	苦辛温有毒，肺肝脾	燥湿化痰，祛风解痉	1. 用于湿痰、寒痰证 2. 用于风痰所致的眩晕，中风，癫痫及破伤风 3. 用于痈疽肿痛，瘰疬痰核
梅皂角	Gledisia sinensis	皂荚	Leguminosae	辛咸温有小毒，肺大肠	祛顽痰，开窍通闭	1. 用于顽痰阻肺之咳喘痰多证 2. 用于痰涎壅盛，关窍闭阻之证

　　三都的温化寒痰药共有3种，现已完全用于临床应用。外形特征如下图73—75。

图73　半夏
产地：大河镇野外荒地

图74　天南星
产地：丰乐镇老王山

图75　皂荚
产地：大河镇农家庭院

1.3.2.10.2 清化热痰药

表18　清化热痰药

当地名	学名	中文名	科名	性味	功效	临床应用
项点	Platycodon grandrflorum	桔梗	Campanulaceae	苦辛平，肺	开宣肺气，祛痰排脓，利咽	1. 用于肺气不宣的咳嗽痰多，胸闷不畅 2. 用于热毒壅肺之肺痈 3. 用于咽喉肿痛，失音

三都的清化热痰药共有 1 种，现已用于临床应用。外形特征如下图 76。

1.3.2.10.3 止咳平喘药

表19　止咳平喘药

当地名	学名	中文名	科名	性味	功效	临床应用
女梅凤	Prunus armeniaca	杏仁	Rosaceae	苦微温有小毒，肺大肠	止咳平喘润肠通便	1. 用于咳喘诸证 2. 用于肠燥便秘
嬉梅吓	Eriobotrya japonica	枇杷叶	Rosaceae	苦微寒，肺胃	清肺化痰止咳降逆止呕	1. 用于肺热咳嗽 2. 用于胃热呕逆
骂项懒	Lepidium apetalum	葶苈子	Brassicaceae	苦辛大寒，肺膀胱	泻肺平喘利水消肿	1. 用于痰涎壅盛咳喘 2. 用于胸腹积水实证

三都的止咳平喘药共有 3 种，现已完全用于临床应用。外形特征如下图 77—79。

图76 桔梗
产地：普安乡野
外山坡

图77 杏仁
产地：三合镇交向
农家庭院

图78 枇杷叶
产地：三合镇交向下
杠农家庭院

图79 葶苈子
产地：大河镇
荒野

1.3.2.11 养心安神药

表20 养心安神药

当地名	学名	中文名	科名	性味	功效	临床应用
嘎狼	Ganoderma japonicum	灵芝	Polyporaceae	甘平，心肾肺	安神补虚，祛痰止咳	1. 用于心悸失眠，健忘多梦 2. 用于痰多咳嗽、喘促 3. 用于虚劳证
女梅偶	Biota orientalis	柏子仁	Cupressaceae	甘平，心肾大肠	养心安神，润肠通便	1. 用于心悸失眠 2. 用于肠燥便秘
梅卡	Albizzia julibrissin	合欢	Leguminosae	甘平，心肝	安神解郁，活血消肿	1. 忿怒忧郁，烦躁不眠 2. 跌打骨折，血瘀肿痛及痈肿疮毒

　　三都的养心安神药共有3种，现已完全用于临床应用。外形特征如下图80—82。

图80 灵芝
产地：三合镇
打梦沟

图81 柏子仁
产地：三合镇
石龙过江

82 合欢
产地：丰乐镇
老王山

图83 天麻
产地：丰乐镇
老王山

1.3.2.12 息风止痉药

表 21　息风止痉药

当地名	学名	中文名	科名	性味	功效	临床应用
雅娜	Gastrodia elata	天麻	Orchidaceae	甘平，肝	息风止痉，平抑肝阳，祛风通络	1.用于肝风内动，惊痫抽搐 2.用于肝阳上亢，头痛眩晕 3.用于肢麻痉挛抽搐，风湿顽痹

三都的息风止痉药共有 1 种，现已用于临床应用。外形特征如上图 83。

1.3.2.13 开窍药

表 22　开窍药

当地名	学名	中文名	科名	性味	功效	临床应用
杏福嘎	Coiocasia antiquorum	石菖蒲	Araceae	辛苦温，心胃	开窍宁神，化湿和胃	1.用于痰湿蒙蔽清窍之神昏、癫痫、头晕、耳鸣 2.用于湿阻中焦，脘腹胀闷，痞塞疼痛

三都的开窍药共有 1 种，现已用于临床应用。外形特征如下图 84。

1.3.2.14 补虚药

1.3.2.14.1 补气药

表23　补气药

当地名	学名	中文名	科名	性味	功效	临床应用
曼怒	Di-oscorea opposita	山药	Dioscoreaceae	甘平，脾肺肾	益气养阴，补脾肺肾，固精止遗	1. 用于脾胃虚弱证 2. 用于肺肾虚弱证 3. 用于阴虚内热，口渴多饮，小便频数的消渴证
菊晒	Zizi-iphus jujuba	大枣	Rhamnaceae	甘温，脾胃	补中益气，养血安神，缓和药性	1. 用于脾虚食少便溏，倦怠乏力等证 2. 用于血虚萎黄及妇女脏燥，神志不安等证 3. 用于药性较峻烈的方剂中，可以减少烈性药的副作用，并保护正气

三都的补气药共有两种，现已完全用于临床应用。外形特征如下图85—86。

图84　石菖蒲　产地：三合镇湾滩农家院塘

图85　山药　产地：打鱼乡野外山坡

图86　大枣　产地：大河镇农家庭院

图87　白　芍　产地：三合镇农户庭院

1.3.2.14.2 补血药

表24 补血药

当地名	学名	中文名	科名	性味	功效	临床应用
骂仰	Paconia lactiflora	白芍	Ranunculaceae	苦酸甘微寒，肝脾	养血调经，平肝止痛，敛阴止汗	1. 用于血虚或阴虚有热的月经不调，崩漏等证 2. 用于肝阴不足，肝气不舒或肝阳偏亢的头痛、眩晕、胁肋疼痛、脘腹四肢拘挛作痛等证 3. 用于阴虚盗汗，及营卫不和的表虚自汗证

三都的补血药共有 1 种，现已用于临床应用。外形特征如上图 87。

1.3.2.14.3 补阳药

表25 补阳药

当地名	学名	中文名	科名	性味	功效	临床应用
要还赌	Morinda officinalis	巴戟天	Rubiaceae	甘辛微温，肾肝	壮肾阳，益精血，强筋骨，祛风湿	1. 用于肾阳虚弱的阳痿，不孕，月经不调，少腹冷痛等证 2. 用于肝肾不足的筋骨痿软，腰膝疼痛，或风湿久痹，步履艰难
杠玉	Curculigo orchioides	仙茅	Amaryllidaceae	辛热有毒，肾肝脾	温肾壮阳，强筋骨，祛风湿，温脾止泻	1. 用于肾阳不足，命门火衰的阳痿精冷、遗尿尿频 2. 用于肾虚腰膝痿软、筋骨冷痛，或寒湿久痹 3. 用于脾肾阳虚的脘腹冷痛，泄泻等

当地名	学名	中文名	科名	性味	功效	临床应用
要假	Cuscuta japonica	菟丝子	Convolvulaceae	甘温，肝肾脾	补肾固精，养肝明目，止泻，安胎	1. 用于肾虚腰痛，阳痿遗精，尿频，带下等证 2. 用于肝肾不足，目失所养而致目昏目暗，视力减退之证 3. 用于脾肾虚泄 4. 用于肝肾不足的胎动不安
梅必都	Eucommia ulmoides	杜仲	Eucommiaceae	甘温，肝肾	补肝肾，强筋骨，安胎	1. 用于肝肾不足的腰膝酸痛，下肢痿软及阳痿，尿频等证 2. 用于肝肾亏虚，下元虚冷的妊娠下血，胎动不安，或习惯性流产等

三都的补阳药共有 4 种，现已完全用于临床应用。外形特征如下图 88—91。

图 88 巴戟天　　　图 89 仙茅　　　图 90 菟丝子　　　图 91 杜仲
产地：丰乐镇　　　产地：三合镇　　　产地：普安乡　　　产地：丰乐镇
老王山　　　　　　打梦沟　　　　　　野外山坡　　　　　老王山

1.3.2.14.4 补阴药

表 26　补阴药

当地名	学名	中文名	科名	性味	功效	临床应用
项点海	Adenphora axilliflora	南沙参	Campanulaceae	甘微寒，肺胃	养阴清肺，祛痰，益气	1. 用于肺阴虚的燥热咳嗽，见干咳少痰，或痰粘不易咯出者 2. 用于热病后气津不足或脾胃虚弱，而见咽干口燥，舌红少津，食少不饥者
项余	Ophiopogon jopoinica	麦冬	Liliaceae	甘微苦微寒，心肺胃	养阴润肺，益胃生津，清心除烦	1. 用于肺阴不足，而有燥热的干咳痰粘、劳嗽咳血等 2. 用于胃阴虚或热伤胃阴，口渴咽干，大便燥结等 3. 用于心阴虚及温病热邪扰及心营，心烦不眠，舌绛而干等
丘八	Liliuu mbrownii	百合	Liliaceae	甘微寒，肺心	养阴润肺止咳，清心安神	1. 用于肺阴虚的燥热咳嗽及劳嗽久咳，痰中带血等 2. 用于热病余热未清之虚烦惊悸，失眠多梦等
骂定漫	Polygonatum odoratum	玉竹	Liliaceae	甘微寒，肺胃	养阴润燥，生津止渴	1. 用于阴虚肺燥的干咳少痰 2. 用于热病烦渴及消渴等

当地名	学名	中文名	科名	性味	功效	临床应用
骂信蒙	Polygonatum cirrhifolium	黄精	Liliaceae	甘平，脾肺肾	滋肾润肺，补脾益气	1. 用于肺燥干咳少痰、阴虚劳嗽久咳等 2. 用于脾胃虚弱证 3. 用于肾虚精亏的头晕，腰膝酸软，须发早白及消渴等
嘎苗	Tremella fuciformis	银耳	Tremellaceae	甘平，肺胃	滋阴润肺，养胃生津	1. 用于阴虚肺燥或虚劳久咳，干咳痰少，痰中带血等 2. 用于热病伤津或素体虚弱，胃阴不足，口渴咽干等
骂旱夏	Eclipta prostrata	墨旱莲	Compositae	甘酸寒，肝肾	补肝肾阴，凉血止血	1. 肝肾阴虚的头晕目眩，须发早白，腰膝酸软，遗精耳鸣 2. 阴虚血热的咯血，衄血，便血，尿血，崩漏
梅嘎	Ligustrum lucidum	女贞	Oleaceae	甘苦凉，肝肾	补肝肾阴，乌须明目	肝肾阴虚的目暗不明，视力减退，须发早白，腰酸耳鸣及阴虚发热

　　三都的补阴药共有 8 种，现已完全用于临床应用。外形特征如下图 92—99。

图 92　南沙参　　图 93　麦冬　　　图 94　百合　　　图 95　玉竹
产地：大河镇野　产地：三合镇　　产地：丰乐镇　　产地：丰乐镇
外荒坡　　　　　猴场　　　　　　高庄　　　　　　老王山

图96　黄精　　　图97　银耳　　　图98　墨旱莲　　　图99　女贞
产地：丰乐镇　　产地：拉揽乡尧　产地：三合镇民族　产地：打鱼乡
老王山　　　　　人山巫锥沟　　　中学后山　　　　路旁

1.3.2.15 收涩药

1.3.2.15.1 敛肺涩肠药

表27　敛肺涩肠药

当地名	学名	中文名	科名	性味	功效	临床应用
要嫩	Schisandra sphenanthera	南五味子	Magnoliaceae	酸甘温，肺肾心	敛肺滋肾，生津敛汗，涩精止泻	1. 用于久咳虚喘 2. 用于津伤口渴，消渴 3. 用于自汗，盗汗

三都的敛肺涩肠药共有1种，现已用于临床应用。外形特征如图100。

1.3.2.15.2 固精缩尿止带药

表28　固精缩尿止带药

当地名	学名	中文名	科名	性味	功效	临床应用
豆氏丫	Rosa laevigata	金樱子	Rosaceae	酸涩平，肾膀胱大肠	固精缩尿，涩肠止泻	遗精滑精，遗尿尿频，白带过多

三都的固精缩尿止带药共有1种，现已用于临床应用。外形特征如图101。

1.3.2.16 涌吐药

表29　涌吐药

当地名	学名	中文名	科名	性味	功效	临床应用
骂义	Puberulum	黎芦	Liliaceae	辛苦寒有毒，肺胃肝	涌吐风痰，杀虫疗疮	1. 用于中风，癫痫，喉痹 2. 用于疥癣秃疮

三都的涌吐药共有 1 种，现已用于临床应用。外形特征如图102。

1.3.2.17 杀虫止痒药

表30　杀虫止痒药

当地名	学名	中文名	科名	性味	功效	临床应用
夺	Auium sativum	大蒜	Liliaceae	辛温，脾胃肺	解毒杀虫，消肿，止痢	1. 用于痈肿疮毒，疥癣 2. 用于肺痨，百日咳，泻痢 3. 用于钩虫，蛲虫证

三都的杀虫止痒药共有 1 种，现已用于临床应用。外形特征如下图103。

图100　南五味子产地：丰乐镇老王山大峡谷　　图101　金樱子产地：丰乐镇高庄　　图102　黎芦产地：合江镇山野　　图103　大蒜产地：三合镇交向农家庭院

通过以上的三都水族野生药用植物的功效情况的具体分析，绘出其总的功效情况如下图所示：

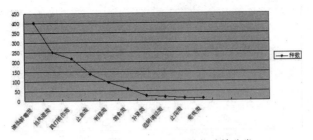

图 104　三都水族野生药用植物功效分类

由图中可以看出：三都水族野生药用植物种类共 984 种。其中，清热解毒类最多，达 403 种，所占比重较大大约占总种数的 49.96%；其次是祛风湿类植物药达 250 种，约占 25.41%。由于水族人民生活的地区夏秋季空气湿度很大，容易导致风湿和类风湿病，在调查中发现此类植物性中药所占比重最大，对预防此类病症十分重视；跌打损伤类药，活血或者通络的功效种类共 217 种，占 22.05%，是与该民族从事的生产劳动密不可分，水族多从事农耕和林业生产，对跌打损伤类活血通络类药的需求比较大；疟疾类中药材 10 种，占 1.02%，水族人民居住的环境常有瘴气，疟疾对人民的危害较大，水族人民会利用当地的少量中药材就能很好的控制此类疾病的发生。

2. 水族野生药用植物临床使用调查

2.1 医院临床使用情况

我对三都三所医院进行访谈，了解医生在治疗患者中使用三都中草药的情况，随机抽取 900 名（每个医院 300 名）患者病例进行分析。

2.1.1 医生在临床中使用三都中草药与西药的对比

表 31　医生在临床中使用中草药与西药的对比　频数、%

	三都县人民医院	三都县中医院	三都县鹏城民族医院	总体
使用三都中草药	212、70.6%	207、69.0%	209、69.7%	628、69.8%

	三都县 人民医院	三都县 中医院	三都县鹏城 民族医院	总体
使用西药	32、10.7%	53、17.7%	32、10.7%	117、13%
都使用	53、17.7%	33、11.0%	57、19.0%	143、15.9%
不一定	3、1.0%	7、2.3%	2、0.60%	12、1.3%
总计	300、100.0%	300、100.0%	300、100.0%	900、100.0%

调查结果显示，医生中药与西药在总体治疗功能上都使用，约占 15.9%；使用中药者占 69.8%，使用西药者占 1.3%，表明在西药与中药的选择上选用三都中草药的居多。

2.1.2 医生用三都中草药治疗疾病的中选率及中药可以有效医治的疾病

表 32　医生使用三都中草药治疗的疾病及中药可以有效医治的疾病

序位	过去 1 年中用 中药治疗的疾病	中选率%	中药可有效 治疗的疾病	中选率%
1	感冒	47.9	慢性病	37.2
2	清热解毒	10.6	感冒	29.4
3	头疼	8.2	清热解毒	9.7
4	风湿痛	8.0	胃病	4.7
5	胃病	6.8	调理功能疾病	4.1
6	慢性病	5.2	风湿痛	4.0
7	哮喘	4.4	哮喘	2.9
8	高血压	3.4	头疼	2.9
9	心脏病	2.8	高血压	2.8
10	疾病调理功能	2.7	不易发作的病	2.3

从上表可以看出除心脏病外，三家医院在过去1年中使用中草药医治的疾病和他们认为中药有效治疗的疾病是基本一致的。不难看出，传统中药所能有效医治的疾病是一些慢性疾病，这和传统中医学崇尚的"调理生息，治病治本"的思想是吻合的。

三都水族植物性中药种类较多，主要为被子植物类群。在功效上以清热解毒、祛风湿和跌打损伤等为主。在使用部位上以全草和根类药材最多，在用材方法上兼有内服和外用。从而看出三都水族药用具有鲜明的民族特色，也形成了一定的医用方法和体系，服务于水族人民，特别是在三都水族自治县鹏城医院（县医院）开设了以水族医药就诊百姓的专门的专科门诊。

2.2 群众使用三都野生中草药治疗疾病的调查

调查采用多段随机抽样方式，主要对拉揽乡、打渔乡、三洞乡三个乡的600户市民进行了入户访问，并对结果进行分析。

2.2.1 在平时生病中使用三都中草药与西药的频数

表33　群众对三都中草药与西药的使用比较　频数、%

	拉揽乡	打渔乡	三洞乡	总体
使用三都中草药	113、56.5%	109、54.5%	111、55.5%	333、55.5%
使用西药	42、21.0%	53、26.5%	41、20.5%	136、22.7%
都使用	43、21.5%	32、16.0%	45、22.5%	120、20.0%
不一定	2、1.0%	6、3.0%	3、1.5%	11、1.8%
总计	200、100%	200、100%	200、100%	600、100%

调查结果显示，在中药与西药的选择上使用中药者占55.5%，使用西药者占22.2%，表明选择中药的人居多。

2.2.2 群众对三都中草药不同独特优点的比较

表34　群众对中药不同独特优点的比较

	第一位	中选率%	第二位	中选率%	第三位	中选率%	第四位	中选率%	总数
拉揽乡	治病治本	87、43.5%	副作用小	61、30.5%	治疗西药不能治的病	32、16.0%	适合中国人体质	20、10.0%	200、100%
打渔乡	副作用小	85、42.5%	治病治本	60、30.0%	治疗西药不能治的病	34、17.0%	适合中国人体质	21、10.5%	200、100%
三洞乡	副作用小	82、41.0%	治病治本	63、31.5%	治疗西药不能治的病	30、15.0%	适合中国人体质	25、12.5%	200、100%

由上表可以看出：中药的优点是相当大的，在西药强大声势面前，传统中药既没有耀眼的广告宣传，也没有强大的营销策略，但依旧对相当大的一部分患者具有强有力的影响，其缘由何在呢？除了悠久的历史文化背景外，中药到底有什么独特的优点吸引着广大的患者呢？调查结果显示，群众认为中药的独特优点是基本一致的，即副作用小、治病治本，而群众更倾向于中药的首要特点是治病治本。

2.2.3 群众选用三都中草药治疗疾病的中选率

表35　群众使用三都中草药治疗的疾病及认为中药可以有效医治的疾病

序位	过去1年中用中药治疗的疾病	中选率%	中药可有效治疗的疾病	中选率%
1	感冒	47.2	慢性病	4.4
2	哮喘	7.6	感冒	46.6
3	胃病	3.3	胃病	5.1
4	清热解毒	12.6	哮喘	8.9

序位	过去1年中用中药治疗的疾病	中选率%	中药可有效治疗的疾病	中选率%
5	慢性病	4.2	调理功能疾病	2.7
6	高血压	4.2	清热解毒	16.5
7	心脏病	4.0	不易发作的病	4.2
8	头疼	6.8	头疼	6.8
9	风湿痛	6.7	高血压	2.5
10	疾病调理功能	3.4	风湿痛	2.3
		100		100

　　传统中药的实用价值在哪里？它能够有效医治哪些疾病呢？本次调查中有85.1%的受访者表示自己或家中的人过去的1年中使用过中药，12.2%的受访者表示在过去的1年中没有使用过中药。从上表可以看出除心脏病外，三地群众在过去1年中使用中药医治的疾病和他们认为中药有效针对的疾病是基本一致的。不难看出，人们普遍认为传统中药所能有效医治的疾病是一些慢性疾病。

　　2.2.4　不同年龄受访者对三都中草药与西药使用情况比较

　　每个年龄段调查200名。

表36　不同年龄受访者对中西药药效使用情况比较　频数、%

	相信中药	相信西药	都相信	总数
18—24岁	72、36%	73、36.5%	55、27.5%	200、100%
25—34岁	75、37.5%	48、24%	77、38.5%	200、100%
35—44岁	81、40.5%	67、33.5%	52、26%	200、100%
45—54岁	80、40%	52、26%	68、34%	200、100%
55岁及以上	82、41%	47、23.5%	71、35.5%	200、100%

通过交叉分析发现，年轻人比年纪大的人会更相信西药疗效，在 18—24 岁受访者中，相信西药药效的占 30.4%，高于使用中药的（28.8%）。在其余的年龄段中，受访者使用中药药效的百分比都高于使用西药的百分比，且随着年龄的增大，其相信中药药效的百分比也相应增高。我认为由于近年来西方文化舶来品对中国市场的冲击，一些年轻人更易相信疗效反应迅速的西洋药，由此在 18—24 岁的年龄段中，相信西药药效的比例高于中药。

2.2.5 不同文化程度受访者对三都中草药与西药使用情况比较

每个文化水平段调查 100 名。

表 37　　不同文化程度受访者对中西药药效信任情况比较　频数、%

	相信中药	相信西药	都相信	总数
低于小学水平	41、41%	27、27%	32、32%	100、100%
小学	44、44%	29、29%	27、27%	100、100%
初中	48、48%	22、22%	30、30%	100、100%
高中（职高、中专、技校）	47、47%	24、24%	29、29%	100、100%
大专	42、24%	24、24%	34、34%	100、100%
大学本科及以上	40、40%	32、32%	28、28%	100、100%

文化程度在小学和低于小学的受访者中，相信中药药效的比例最高，分别占 41% 和 44%。文化程度在初中至大学本科及以上的其余几个层次中，相信中药的比例高，中西药都相信的比例较低。随着文化程度的增高，使相信中药药效的比例逐渐降低，相信西药药效的比例逐渐上升，至大学本科及以上，有 40% 的受访者相信中药。由于本次调查是针对 18 周岁以上的群众进行的，因此文化程度在小学和低于小学的受访者多数是指年龄较大的中老年人，这些中老年

人受中国传统文化的熏陶较深，对中国古老文化中的中医学更为信任。

五、三都野生药用植物资源的使用部位和用法

1. 三都水族野生药用植物药用部位分析

药用部位的分析与药源及分布、贮藏量以及用药的方法密切相关。对水族药用部位的分析情况看，见图105，最多为全草类，有430种，可能与这些中药材

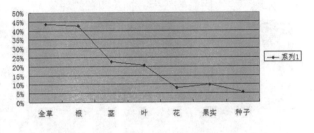

图105　三都水族野生药用植物药用部位

随处可采，药用价值均较高等有关，也与水族植物性中药的使用多采用鲜材有关，水族用药一般不经炮制，采集鲜用。一些受季节影响的药材，会经简单的加工后备用，如根类，有413种；其他依次为茎（或茎皮、枝）类、叶、果实、花和种子。在水族语言中，对药用特征，从水族名中可以去体现。如树称"梅"，叶称"娃"，菌类子实体称"孞"等。水族药物名称上具有一定的科学性和民族特色。

2. 三都水族野生药用植物的中药用法分析

有内服和外用，以内服为主，通常采用泡酒、炖肉、蒸煮和入汤食之。对于毒性较大的采

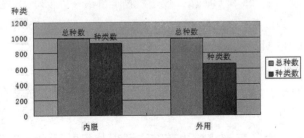

图106　三都水族野生药用植物的中药用法

用外用的方法，如制成膏药状外敷、涂抹，有的采用与拔罐等相结合。用药方法多样，说明水族用药多样，经验较多，具有一定的系统性。

水族用药禁忌较少，仅为服药期内忌食某些食物。水医采药还有神秘色彩，如给病人采药时，通常还占卜后先预测是否进行采集等，体现了受巫医影响较大，神药两解的现象。

图 107　水族医生　　　　　　　图 108　水族火罐

三都水族医药属于中华医药大家庭中的一员，其自身的发展由于受地域、文化和经济等条件影响，存在一些不足。只有从现代中药的角度，根据药用成分，药理分析，制成合适的药物，服务于人民大众，充分发挥民族地域特点，才能把三都水族医药更多地服务于人民大众，也才能更好的挖掘与保护三都水族民族医药。我们任重而道远。

结果表明：（1）三都水族民族植物药用类群共整理出 984 种，隶属于 155 科 607 属，被子植物类群最多。（2）从三都水族药用功效分析看，清热解毒类（403 种）、祛风湿类（250 种）、跌打损伤类（217 种）和止血类（138 种）药材种类最多，达上百种。（3）从药用部位用药分析，全草入药最多，依次是根、茎、叶、果实、花和种子。（4）从水医用药方法看，多用为内服，外用的也不少。这些情况分析对水族民族中药的整理与挖掘具有十分重要的作用。

六、三都水族中草药资源现状问题及综合开发

1. 三都水族中草药资源的利用现状及问题

（1）野生中草药为主，人工种植品种单一

水族聚居区独特的地理气候特点和丰富的中草药资源为水族的种族繁衍和经济发展作出了巨大的贡献。但在相当一段时间内，聚居区野生中草药资源保护并没有得到应有的重视，加上人工种植技术

图109　水族野生药材市场

没有及时跟上，尤其是20世纪末至2010年前后，由于对野生中草药资源的掠夺性开发和利用，使得聚居区内许多野生中草药资源遭到了严重破坏。近年来，尽管有一定的改善，但是野生中草药为主，人工种植品种单一的现状仍然没有得到根本性的转变。

（2）中草药种植技术落后，产业化水平较低

水族聚居区的广大山区农村，有种植中草药的传统习惯。水族聚居摇人山区早在20世纪90年代就被列为中药材基地。近几年来，聚居区各地对发展中药农业给予了高度重视，但总体而言聚居区的中药农业还较落后，主要表现在种植品种定位盲目、种植分散、规模较小、规范性较差、产业化整体水平较低、市场占有率低，导致中草药种植整体效益和规模效益不高。尽管聚居区拥有丰富的野生药材资源，但是这种资源优势并没有转化为产业优势，这与聚居区中草药资源地位很不相称。

（3）资源开发力度不够，综合利用率极低

由于受自然封闭经济等诸多因素的限制，聚居区有的中草药至今尚未被人们认识，有的药材虽已成为特产品但无批量生产，长期处于提篮小卖状态。绝大部分因信息不灵、交通不便、流通不活而由"宝"变"草"。

（4）偏离市场导向，中草药产业链脱节

聚居区现行的中草药行业，从种植生产到加工销售各个环节基本独立，管生产的不考虑市场需求，管收购的不与中草药种植户沟通，管科研的不深入田间地头指导农户种植生产，结果造成产、供、销、研严重脱节和中草药产品结构不合理。目前整个水族聚居区内尚无一家国家级中药材专业市场，导致药材购销非常被动，使得药农收获的药材难以及时带来经济效益，久而久之，极大地挫伤了聚居区中草药种植农户的积极性。

2. 三都水族中草药资源综合开发与利用构想

（1）发掘民族医药文化资源，推进水族医药文化旅游快速发展

水族医药是水族文化发展史中的一支奇葩，它的发展不仅丰富了民族文化内涵，更是水族人民生存繁衍、文明富强的健康保证。水族医药由于深受民族文化的影响，具有鲜明的文化特征，虽以口耳

图110　水族野生药材

相传、世代相承和口碑文献的形式流传，鲜有文字记载，但已彰显出其强大的生命力，成为祖国传统医学的一个重要组成部分。水族医药的研究应抓住当前机遇，借发展之势，求弘扬之实，将医药的研究融入到水族家族文化旅游中，积极推进水族医药文化旅游产业。通过建立民族民间医药展览馆，扩增文化旅游内容，开辟水族地道药材基地旅游线路，引入生态旅游机制，扩大对外宣传，弘扬民族医药文化。

（2）建立中草药资源保护区，加速野生变家种步伐

研究建立水族聚居区内中草药资源综合研究及珍稀濒危物种保护区。在野生资源利用上，采取有效的生产性保护手段，处理好开发利用和保护的关系。在药材产地不断恢复和发展中草药资源，注

重保护中草药的再生能力和资源的良性循环。加强聚居区内野生中草药特别是珍稀濒危药用物种的野生变家种、家养研究。根据市场导向原则，大力发展中草药种植业。建立中草药资源种质基因库，保持优良药用物种性能和培育适合各种条件的优良品种，提供丰富的遗传资源和研究材料，开展细胞培养、组织培养和人工栽培研究，加快种群繁殖速度。

（3）推进民族特色地道药材种植基地产业化建设

为了把发展药材与推动当地经济相结合，把建设社会主义新农村与促进药材可持续发展相结合，走富民兴药之路，我们可以根据水族聚居区地理气候特点和民族特色的地道药材品种，通过专项资金大力发展当地地道药材产业化工程，实施 GAP 管理，并向产业化、规模化、集约化、规范化、品牌化方向发展，积极推进民族特色中草药种植基地产业化建设，全面打造具有水族民族特色的中草药品牌。

（4）兴建中药材专业市场，搞活药材流通、增加农民收入

为了推动水族中草药产业的发展，地方各级政府应根据聚居区内中草药资源分布和区位优势，加快水族民族中药材专业市场的建设，积极稳妥地引导农民开展中草药种植。建立以市场为导向、聚居区中草药天然资源和种植基地为基础、产业化经营的模式，以推动水族中草药产业发展，实现农民增产增收的目标。此外，我们还可以依托该市场形成相关的产业链，转移农村中富余的劳动力。

（5）立足长远规划，推动中草药加工及中成药生产企业发展

水族特色的中草药资源优势要转化为产业优势，除了借助中药材专业市场的辐射带动作用外，还应着眼于资源综合开发利用和深加工，拓展其市场空间。一方面，加大资源的综合利用和深加工研究，提高中草药资源附加值和综合利用率；另一方面，积极引进中草药现代加工技术，实施科技兴药，全面推动聚居区中草药加工企业和中成药生产企业的发展。加强同高校、医药研究机构的交流与

合作，形成产、学、研一体化，充分利用国家的民族医药政策，利用聚居区内特色的中草药资源，加大民族药物的开发研究力度，以增强企业造血功能，提高企业竞争力。

（6）加强领导和宏观调控，明确中草药开发的地位和作用

多年来，因为中草药在国民经济中的地位和作用不明显，因此，其开发利用也未受到应有的重视。相关部门首先应尽快确立中草药综合利用和开发的地位，给予应有的重视，并出台一系列扶持政策和措施，加快其发展。其次

图111　水族中医诊所

应成立专门机构，制定出台专项规划，指导其发展。

（7）加大财政资金投入力度

在基地建设过程中，对带动性、示范性较强的应采取拨款、资本金注入和贴息等方式给予重点支持，在基础设施建设方面财政资金应给予一定的补助。这样有助于进一步整合各种资金，降低投资风险。

（8）强化服务，完善服务体系建设

政府除建立专门的机构引导、研究、指导中药材种植外，一是下大力气引进具有较强经济实力的龙头企业；二是积极鼓励种植大户或其他个人或者组织成立民间中药材经济合作组织。以便于统一指挥，开拓市场，或直接与市场对接。

（9）应加大宣传力度，聘请高层次产业顾问

在做好资源调查的基础上，应借鉴四川、云南等其他省市的一些做法和经验，聘请知名专家为产业顾问，并组成专家顾问组，对产业发展的技术方向、研究开发等提供咨询指导。同时，借助其影

响，尽快把三都建成贵州省的中草药基地县。

中医学是我们中华民族自己的医学科学，它采用传统中草药为医治工具，它拥有几千年的历史，凭借其"副作用小，治病治本"的独特优点，在不少消费者心目中占有较重的地位。如果中药制造商及中医治疗机构，能学习西药和西方医疗机构的营销与管理经验，加强市场的开发与技术发展能力，适应医药市场的新的发展特点，则中药产品不无可能更显辉煌。

【教师点评】

该课题以贵州省三都县水族野生药用植物为研究对象展开调查研究。在对水族聚居区内的地理、气候特点进行调查的基础上，运用民族植物学调查方法（关键人物访谈法、集市调查法和问卷法），对三都水族的中草药资源分布进行了药用民族植物的调查分类。并提出开发及利用构想，以期为水族中草药资源的进一步合理开发、利用提供理论依据。

（本文获第 28 届贵州省青少年科技创新大赛一等奖）

第七节　历史学科

独山革命遗址深河桥历史沿革调查

作者：韦颖烛　韦怡清

指导老师：周光发　刘廷昌　谢　韵

摘　要：经济发展飞快的今天，越来越多的人会遗忘历史，对于身边的革命遗址一无所知。所以，我们对身边的革命遗址进行调查。深河桥是中国抗战史中一座丰碑，它记载革命烈士为保卫家园而作出牺牲的光辉事迹。深河桥是日本侵略者侵略中国战略进攻态势结束的地方。成为贵州省抗战主题爱国主义教育基地。

1. 背景

据《独山县志》记载：深河桥（多次被毁又重建）最初建于明隆庆五年（1571），桥高 16.35 米，跨度 12 米，桥宽 5.7 米，全长 37 米，桥墩高度 9.5 米。此处山高谷深，河水

图1　深河桥

湍急，地势险要。峡谷要塞，成为黔桂公路的咽喉要地。为阻止日本侵略军北上，1944 年冬，当地军民炸毁了深河桥，使日本侵略军及其辎重无法北上侵犯陪都重庆，日寇铁蹄止于此处，日本侵略军战略进攻态势结束。1944 年 12 月 5 日，自深河桥撤退后，日本侵略

军被迫采取"守"势，而且节节败退，变成强弩之末，直至 1945 年 8 月 15 日，日本裕仁天皇宣布日本无条件投降。紧接着，9 月 2 日，日本政府正式签署投降书，9 月与中国在南京签署投降书，宣告了中国人民抗日战争的胜利结束。

为了纪念深河桥抗日斗争这段光荣的历史，独山县人民政府于 1994 年在深河桥南侧山坡上修筑了"黔南人民抗日纪念碑"，该纪念碑成为了黔南人民纪念抗日战争胜利，缅怀革命英烈的重要场所。2005 年 8 月，独山县在深河抗日遗址建起了"深河桥抗日文化园"，该园占地 500 亩，景区内有烽火台、民族门、卵石墙、石级台阶等建筑。另外还建有"黔南事变"陈列馆，馆内有大量详实的图片、史料和实物，从中可了解世界反法西斯战争、抗日战争历史脉络和"黔南事变"发生始末。今年 8 月该园易名为"深河桥抗战胜利纪念园"，增设英烈坛。该园先后被列为全国青少年教育基地、国防教育基地等。

2. 调查目的

1937 年 7 月 7 日，日本帝国主义在卢沟桥发动了全面侵华战争。1944 年 12 月初，侵华日军在中国大陆本土正面战场的"最后一战"在独山深河桥下被斩断，日本帝国主义企图消灭中国的妄想最终破灭，独山深河桥成为日寇不可逾越的险隘。

但是独山居民对深河桥了解颇少，因此想通过本次调查来提升独山当地居民对其的了解度。

3. 调查方法

实地走访，问卷调查，文献研究。

4. 研究时间

2015 年 5 月—12 月

5. 调查结果分析

本次调查我们采用直接的个案访谈与对长辈的问卷调查相结合，

通过走访麻万镇镇政府、麻万村委会、参观深河桥抗日文化园等方式，得出调查数据。本次调查共走访了 50 位麻万村的老人，针对经历战争的老人、独山及黔南州内的中学生发放了 1000 份调查问卷，收回有效问卷 728 份。对周边百姓也进行调查，经过对数据及个案进行分析，最终形成结论。

5.1 抗日老兵回忆战争场景

在麻万村支书的引领下，我们来到了韦永扬、陈家乾爷爷的家。他们告诉了我们一些关于深河桥战役的事。老人回忆起当年的事，那义愤填膺的眼神让我们印象深刻。两个老人几乎同龄。91 岁的陈家乾参加过衡阳保卫战，是敢死队死里逃生的一员，曾在独山的战壕里，收到过飞机撒下的有关日本投降的传单，受邀将参加 9 月 3 日的抗战胜利 70 周年纪念活动；92 岁的韦永扬是独山黄埔军校分校的教官，他一生的遗憾，就是只能站在独山街头维持秩序，而没能上阵与敌肉搏。

他们都曾亲历了抗日的终点之战独山战役。在他们眼里，那场战争究竟是怎样的？时隔 70 多年，他们现在过得怎样？可曾安好？

5.1.1 91 岁川军抗战老兵陈家乾

逢场赶集的时候，邛崃天台山脚下，时常会出现一位穿着蓝褐色衣服、背着手散步的老人。当地村民几乎都认识他，也知道他当年当兵打鬼子的事情。2015 年 6 月，我们在天台山下，穿过一片竹林，

图 2　陈家乾爷爷

走过一处吊桥，看到一所布满青苔的老房子。房子的主人，是 91 岁的陈家乾爷爷。

坐在院坝里，陈家乾爷爷慢慢回忆着抗战。他手舞足蹈地讲了

起来："鬼子的'燕儿'式飞机，从我们头上飞过，我们就用钢心弹打。中国军人的装备很差，就得想尽一切方法打鬼子。""战场上的规则很简单，'不是你死就是我亡'，一旦害怕，就意味着死亡。"少年立志出乡关，不斩倭寇誓不还。

1937 年 7 月 7 日，卢沟桥事变爆发，战火在中国大地很快蔓延开来。没过多久，四川各界的热血青年、先进人士得知消息后，纷纷走上大街小巷，高喊抗日救国。很快，日军的各种暴行传到邛崃高河镇的小山村里。陈家乾从学校老师和大人的口中，得知了这一消息。

"当时，我就跟母亲说，想要当兵去打鬼子。"陈家乾说，他的想法遭到了母亲的强烈反对。陈家乾的父亲去世较早，他和母亲一直相依为命。在母亲眼中，儿子比自己的生命还重要，况且还这么小，不可能同意他去当兵，"不管我怎么说，她都没答应。"

虽然没有去成，但当兵的想法，却如种子般种进了陈家乾的心里。

1945 年 8 月，驻守贵州独山的陈家乾经历 5 年的生死拼杀后，已成长为一名排长。面对独山日军精良的装备和强大的战斗力，中国军人已经准备好了一场血战，但抗战胜利的喜讯意外地从天而降。

"天上飞机飞过，我们以为是鬼子的飞机又要来轰炸。"当陈家乾等人习惯性地做好了隐蔽，却迟迟未听见炸弹爆开的声音，反而看到天空中飘下红红绿绿的传单。一名士兵捡起一张飘落到身边的传单，一字一句地念道："日本无条件投降。"瞬间，这个消息在阵地上引起不小的响动。一名士兵把传单递给陈家乾说："陈排长，你看，日本人投降了。"

看到传单，陈家乾担心是日军的诡计，立即喊道："日本人昨天还打得那么凶，怎么可能投降嘛！快去守好阵地，要是被日本人趁机打进来了，老子崩了你。"但是，传单飘下来不久，陈家乾等人就接到通知去开会。会上，传达了日军无条件投降的消息。

"当时特别激动，马上就告诉了所有战友。确认了日军投降的消息，部队里一下子就热闹了。"

1949 年，离家 10 年的陈家乾终于有机会回到邛崃老家，见到了母亲。

图 3　陈家乾的抗战官兵证明书

"看到母亲时，她特别激动。她说，这么多年不见我的音讯，还以为我已经不在了。"陈家乾说，他一直觉得对不起母亲，母子一别就是 10 年，直到那时才见到面。

5.1.2 亲历独山战役的 92 岁老兵韦永扬

92 岁的韦永扬爷爷小时候念过私塾，颇有些文化功底。他家的门联是他写的："屋内能观世界景，户外可听世界声"，气势很足。

每天早起，韦永扬爷爷都要哼上两句京剧，或唱些老歌，比如《黄河大合唱》。老人开朗、大方，要他唱两句听听，就干脆用手打着节拍，唱完整整一首。末了，他掏出廉价烟正欲点上，一旁的老太婆大吼一声："不准抽！"老人笑了笑，作罢。然后，指着腰间的一个塑料药液袋解释说："人老呐，去年又得了前列腺炎，老太婆整死不准我抽烟啊！"

他不是川军的一员，甚至，作为独山县黄埔军校第四分校的见习班长，他并没有真正开过枪。在 1944 年的独山县被一把火烧毁前，他的任务只是在街头维持撤退秩序。

2014 年，《贵州都市报》刊登了一张特殊的全家福照片，上有两位抗战老兵，其一是韦永扬，其二是与他同龄的堂侄子韦兴福。当华西都市报特派记者赶到独山县尧梭乡大河村甲堡寨时，见到了韦永扬，但没见到韦兴福，他已经因病于 2014 年底辞世。四川兄弟，当年不少。

92 岁的韦永扬爷爷右眼几近失明，去年还被查出了前列腺炎。不过，他的腿脚还比较灵便，乡间生活闲适。我们在那个阳光明媚的下午找到他时，他正在田间看打水井，那是一个乡间常见的小工程，不过，老人依然那么好奇。

图 4　韦永扬夫妇

念书才是出头之日，对韦永扬爷爷那样从小家境贫寒的农家孩子来说，这是硬道理。1941 年，韦永扬爷爷以优秀的成绩（此前读过 5 年私塾），考入中央陆军军官学校（黄埔军校）第四分校（校址在独山铜鼓井）18 期步兵科。

1943 年春，韦永扬毕业，被分配到军训部入伍生第 5 团第 3 营 10 连 2 排担任排长，主要为中央陆军测量学校培训学生。1944 年 12 月初，日军从广西南丹沿着黔桂公路和铁路犯境独山。他带兵在独山街上执勤。

由于当时军政混乱，抵抗力弱，军校师生撤离独山前往贵阳。当他得知独山县城被烧后，连夜赶回老家营救家人。那时，全寨人都躲到了山洞里。日军撤退后，他进洞把奶奶等老人背回家。

韦永扬爷爷说他有个心愿一直没有实现，那就是上阵和日本人拼刺刀。"我在军校里就教这个。我告诉学生们一个诀窍，那就是拼刺刀时，不要害怕。更重要的是，你想刺对方那里的时候，眼睛不要盯着那个地方，不要让对手有防备。"韦永扬爷爷兴之所至，拿过一根木棍，凌空来了一个刺杀动作。

虽然当年独山战役时，他在非作战部队里服役，没能赶上与日本鬼子交火，但战争的残酷依然深深地刻在他的记忆里。回忆起当初的一次急行军，从独山步行到湖南，"太远了，太累了，一路上都有士兵逃跑，一路上都能看到死人。我当时是排长，我的任务是每天晚上查岗，劝导士兵们不要逃跑。"

末了，他还对我们说，"现在你们很幸福啊！不像我们，想好好读书的机会都没有。现在的人啊，都只记得现在好的生活，很少有人还会记得我们咯！孩子啊，你们要好好学习啊，将来好好为祖国做出贡献。祖国的明天就靠你们啦！"

在农村，韦永扬爷爷老两口分了4亩土地。年龄大了，不能再下地干活，前些年他们把土地租给别的农户，一年有3000块钱收入。

对于金钱的态度，92岁的韦永扬爷爷很豁达："这些年幸好有党的照顾，我发不了财，也不可能饿死。去年得了前列腺炎，手术费要花八九千元，但我有政府补贴，嘿，刚好够医药费。"

韦永扬爷爷家里，光线晦暗，几乎可以说家徒四壁。不过他对目前的生存状态很满意，"我总结了一句话——'会乐贫也乐，不会乐富也忧'。一个人只有心情愉快，才能活得长久哦。"

韦永扬爷爷有本褐色封面的日记，里面有他一生的记载。

第一页这样写着："我九岁开始读古书，16岁时去独山城区姚家学做买卖，数月居人篱下，难受，立

图5　韦永扬爷爷的日记

志。遂投军独山团区，当时，日本早已强战（应为占）我东三省……"扉页上，老人记载了他从军后所有的领导名字，从蒋介石到328师少将师长张涛，记得密密麻麻。

采访要结束时，韦永扬爷爷说："我给你们唱首战斗歌曲！"《黄河大合唱》的歌声，在农家小院里响起。

5.2 中年网友记忆中的深河桥

图6　西南铁路

小时候听大人说，二战期间，日本鬼子打到独山后不久就投降了，当时不清楚这其中的细节，只在记忆中留下一个模糊的"独山情结"……

就在《南京！南京！》上映期间，我问了身边的朋友，大多竟然也不了解这段历史，不知道这场成功阻击日军进犯，更是侵华日军败亡转折点的辉煌战役……为了揭开这个深藏心底的谜团，深入探究曾经在那段历史中发生了怎样的事迹，又有怎样的一群人，他们为了国家与民族的安危都经历了什么？"五一"期间特从北京飞回贵阳，驱车前往独山——深河桥。

日本帝国主义为了占领中国，发动蓄谋已久的全面侵华战争。1937年7月7日驻华日军悍然发动"七七事变"，日本开始全面侵华，抗日战争爆发。然而，现今卢沟桥及"七七事变"家喻户晓，深河

图7　战争中逃难的难民

桥和"黔南事变"却鲜有人知。

独山深河桥阻击战向世人讲述了爱国军人和贵州民众保家卫国的辉煌事迹，展现了独山人民的淳朴智慧、英勇顽强。

图8　独山深河桥

"前事不忘，后事之师。"学习先辈的"深河桥阻击战精神"。面对日军的残暴侵犯，贵州独山人没有软弱的劣根性，有的是奋起抗击，有的是一股撼天动地的中国力量，这股力量如中华民族的精神之树深深扎根每一个炎黄子孙的内心。

1944年冬，日本侵略军第3师团、第13师团主力，集结50万军队发动了豫、湘、桂战役。12月初占领独山、荔波、三都、丹寨等县，一时间黔南大地烽烟四起、日军四出烧杀淫掠、横尸遍野，独山县城被7天7夜大火全部烧毁，黔南人民和逃散到独山的19000多人被日军杀害及冻饿而死，历史上把此次日军的侵略暴行称为"黔南事变"。

日军的残暴罪行激起了贵州各族人民的愤怒，许多仁人志士、爱国青年纷纷组织起来英勇抗敌。当地军队和独山群众奋起反抗，各族民众齐集独山城中心的过街楼，向日寇发起宣战，蒋介石急调29军由川入黔，先头部队第91师在师长王铁麟将军率

为阻止日军在黔境长驱直入，给后方布防阻击赢得时间，独山北部要隘深河桥于日军入城前夕被炸断，29军91师一部搜索连撤至深河桥北岸，与黄桥民众自卫队共同布下防线，严阵以待。

被阻于深河公路上的汽车。

图9　深河桥战争

领下抵独山。之后，29军军长孙元良抵独山，与王铁麟师长协同指挥对日作战，黔南各族人民奋起抵抗。独山城北约10公里处的深河桥成为日军不可逾越的障碍。为阻止日军继续前行而被盟军炸毁的深河桥，一举斩断敌军进犯的步伐，成为日军侵犯中国领土的"最后一桥"。

日军从独山深河桥撤退后，便节节败退。自独山之战后，日军入侵西南腹地的妄想破灭，深河桥成为侵华日军败亡的转折点，日本侵略军深入我国最远最后的地方就是独山深河桥，所以独山是在抗日战争史上有着特殊的和重大意义的地方。

图10　今日深河桥

图11　深河桥抗日文化园纪念碑

横扫了大半中国的日军在名不见经传的独山遭遇了侵华以来的滑铁卢，再一次证明了正义必能战胜邪恶，万众一心，再强大的帝国主义也便如纸老虎。独山战役的胜利，这不仅是普通民众保卫家园的胜利，更是中华民族顽强不屈的民族精神的胜利，必能带给当代人以更多的民族自豪感与民族精神力量。日军折戟独山，是独山人的自豪！更是贵州人精神力量的体现！

5.3 对深河桥历史了解调查分析

表1 人们对深河桥了解状况

十分了解	一般了解	听说过	不了解
50 人	256 人	323 人	99 人

据调查结果显示，现今人们对身边历史并不关注。大多数人都只是听说红色旅游景点，却不了解它背后的丰功伟绩。我们今天所拥有的幸福生活都源于那些抛头颅洒热血的勇士。我们不该将过去遗忘，应该积极了解身边革命旧址，铭记那些革命烈士。我们生活在和平年代是多么的幸福，为了祖国更加强大，作为新世纪的青年，我们应该继承先烈们的遗志，为中华之崛起而读书。希望通过此次调查，让更多的人能加深对革命旧址的了解，以此激发爱家乡爱祖国之情。

图12 问卷调查现场

【教师点评】

经济发展飞快的今天，越来越多的人会遗忘历史，对于身边的革命旧址一无所知。本文对身边的革命旧址进行了调查。经过战火洗礼的深河桥成为目前贵州省抗战主题唯一的爱国主义教育基地，确实值得纪念和保护。

（本文获第31届贵州省青少年科技创新大赛二等奖）

第八节　地理学科

都匀市房屋采光状况的调查研究

作者：邵绘蓉

辅导教师：周光发　骆用刚　李　匀

摘　要： 房屋采光状况的好坏影响因素很多。住宅区作为城市最广泛的土地利用方式，其用地面积占城市空间面积的比值为40%—60%。

本文主要研究都匀市不同建筑朝向的日照间距是否满足采光需求，分析都匀满足大寒日日照时数≥3 h 的标准日照间距系数；计算对都匀市深入调查的124栋房屋的日照间距进行精确计算，不同朝向房屋实际楼间距/标准日照间距的比值折减值；用比值折减值分析某一房屋的楼间距是否达到日照标准这一方法简便易行，能很快得出结果。对都匀市一部分底层住户进行调查采访，进而分析都匀市现状的住宅日照状况，为研究提供理论依据。

关键词： 都匀市　日照标准　日照间距系数　采光状况　建议

1. 问题的提出

随着都匀市城市建设的步伐加快，城市人口的不断增加，必将要求居住空间的扩大。城市住宅区的后备用地是有限的，必将造成房地产商们在建房过程中尽量把房盖高，这样一来一些采光很好的原住宅楼就会被新盖的住宅楼挡住阳光。即使是新建的住宅小区，不但楼盖得很高，而且楼与楼之间的距离也很小，其结果是严重影响了低层房屋住户的采光需求。

我长期居住在都匀大十字匀城巷1栋3单元1楼房屋，从小学到初中，我家房屋的四个窗户在晴天时均能获得太阳光照，采光很好，居住在这样的房屋里感觉是非常的舒适。可是自我进入高中后，在我家这栋楼的前后左右各盖了一栋28层的高楼，把我家居住的这栋楼挡个严严实实，我家的房屋即使在大晴天也整天看不见一点太阳光，在阴天的情况下，屋内要整天开灯才能活动，居住在这样的屋子里感觉是非常的压抑。这种采光很差的住房严重影响了居民的身体健康。我们这栋楼里的居民尤其是老人的生病率明显高于从前，多数居民因承受不了这样的

这就是我家居住的"暗屋"

图1　我家的住宅

"阴暗"房屋压力，纷纷到采光好的地方购房，搬到其他地方居住了。而像我家这样的好几户贫困户由于现在房价太高购不起新房只有长久居住在这种"阴暗"的房屋里。因此让我思索起这样一个问题：都匀市的住宅房屋到底有多少是属于这样的"阴暗"房屋，房屋怎样建筑才能满足低层住户的采光需求。于是我就进行了准备，着手调查都匀市住宅区的房屋采光状况，通过统计分析，得出都匀市现状的住宅日照状况。

2. **设备与器材**

卷尺　量角器　直尺　指南针　竹竿　照相机

3. **实施过程**

3.1 2008年1月—3月，准备阶段，确定课题并对课题进行可行性分析。

3.2 2008年4月—6月，查找资料阶段，查找与本课题有关的资料内容，通过网上查找、书籍查找等方式了解与本课题相关的最新

研究进展。

3.3 2008 年 7 月—9 月，调查阶段，对都匀市的房屋采光状况进行调查。

3.4 2008 年 10 月—11 月，整理分析阶段，对调查结果进行整理分析。

3.5 2008 年 12 月—2009 年 1 月，修改论文，参加比赛。

4. 研究思路

4.1 通过请教地理老师了解到，房屋采光状况的好坏主要有以下几个方面的决定因素：建筑用地的地形，建筑朝向，建筑物的高度及长度，所处的地理纬度等方面。尤其是两栋楼之间的距离与南楼楼高的比值是决定房屋底层采光好坏的关键因素。

4.2 通过走访都匀市的房屋规划部门，了解一些大型住宅区的规划方案，主要了解规划部门对每个即将上马的楼盘的楼高及其楼间距的文件性规定。还了解了一些已建成的房屋的楼高及其楼间距的具体数据。

4.3 通过网上查阅国家对房屋采光要求的强制性规定，了解到为了保证住宅区住户尤其是底层住户获得充足的采光条件，国家对不同的建筑朝向，建筑物的高度及其楼间距都有一套规范性的建筑标准。

4.4 采取了抽样调查法的方式，在课余时间对都匀市的一些大型住宅区的房屋采光状况进行了深入调查。调查对象包括：①测量南北楼（包括各种朝向房屋）之间的实际楼间距、南楼楼高、北楼一楼窗台高，房屋朝向。②居住在底层房屋里的居民对采光状况的意见。

4.5 用楼间距计算公式计算出都匀正南北朝向房屋的标准日照间距系数，用实际楼间距/【标准日照间距系数 ×（南楼高 − 北楼一楼窗台高）】得到一个比值。我把计算出的比值与《中国城市居住区规划设计规范》中不同朝向楼间距折减换算值进行对比，得出都匀不同朝向的房屋实际楼间距达到标准日照间距的比例是多少，从而判断出都匀不同朝向住宅房屋的总体采光状况。之后对居住在底层房屋居民对采光状况和居住环境的影响问卷调查结果进行汇总，统计出不同的结果，从而推断出不同的采光状况对居民居住环境带来的各种影响程度。

5. 调查过程与方法

5.1 日照间距和日照间距系数的计算

5.1.1 日照间距的计算

5.1.1.1 日照间距的定义

日照间距，是指为了保证住宅的居住室能得到充分的阳光而确定的建筑物之间的合理间距或者说是指前后两排房屋之间，为保证后排房屋在规定的时间内获得所需日照量，而要求保持的最小距离。

5.1.1.2 简单朝向（正南北朝向）房屋日照间距的计算方法

以房屋长边向阳，朝向为正南，正午太阳照到后排房屋底层窗台为依据来进行计算。

由图 2 可知：

tanh =（H－H1）/D，由此得日照间距应为：

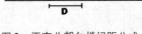

D =（H－H1）/tanh；

图 2　正南北朝向楼间距公式

式中：h—太阳高度角；

H—前幢房屋檐口至地面高度；

H1—后幢房屋窗台至地面高度。

5.1.1.3 不同朝向房屋日照间距的计算方法

不同朝向房屋的标准日照间距计算考虑的方面会很多，计算会更加复杂。针对都匀的地形特点，假定以下条件作为日照分析的基础条件，在平坦的场地上，有前后任意朝向（但为平行布列）的建筑物，可用下列公式计算。

如图 3 所示，图中：计算点 m 设于后栋建筑物的勒脚下，就是使前栋建筑的阴影落在 m 点，ma′ 为墙面法线，ma 为两栋建筑的日照间距 D。bb′ 为前栋建筑物的计算高度 H。∠Smb 为太阳方位角 A，∠Sma 为后栋建筑物朝向的方位角 α。在图中的三角形 mab 中，根据三角函数关系可以得到如下公式：

$D_。= H_。\cdot ctgh. cos\gamma$

式中：$D_。$——日照间距；

$H_。$——前栋建筑物计算高度；

h——太阳高度角；

γ——后栋建筑物墙面法线与太阳方位所夹的角。

此公式为日照间距的基本公式。

当建筑物为正南向时，$\gamma = A$ 上式可简化为：$D_。= H_。\cdot ctgh. cosA$

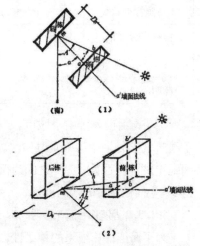

图3　任意朝向楼间距公式

当建筑物为正东西向时，$\gamma = 90° - A$ 上式为：$D_。= H_。\cdot ctgh. sinA$

5.1.2 日照间距系数的计算

所谓日照间距系数是指根据日照标准确定的房屋间距与遮挡房屋檐高的比值。根据以上所叙述的日照间距计算公式计算过程，用 $D_。/H_。$ 的函数关系，可以求出任意朝向房屋的日照间距系数。

5.1.3 都匀市标准日照间距的日照时数和日照间距系数

5.1.3.1 都匀市标准日照间距应达到的日照时数

根据《建筑气候区划标准》（GB50178 - 93）的规定，我国不同地区的气候特征不同，在建筑上对采光的要求作了不同的规定。其具体规定如下：

表1 住宅建筑日照标准

建筑气候区划	Ⅰ、Ⅱ、Ⅲ、Ⅶ气候区		Ⅳ气候区		V、Ⅵ气候区
	大城市	中小城市	大城市	中小城市	
日照标准日	大寒日				冬至日
日照时数（h）	≥2	≥3			≥1
有效日照时间带（h）	8~16				9~15
日照时间计算起点	底层窗台面				

都匀市目前属于中小城市。根据都匀市的气候特征，都匀市属于建筑气候区划中的第Ⅲ气候区。因此都匀市的住宅建筑标准日照间距应该是前后两排房屋之间为保证后排房屋底层窗户在大寒日获得≥3小时的满窗日照时间。

5.1.3.2 都匀市正南北朝向房屋的日照间距系数计算

为了保证计算结果的精确性，本文采用上述任意朝向楼间距计算公式进行计算，并对该公式进行了转换，通过转换公式可算出都匀市正南北朝向房屋的标准日照间距系数。计算如下：

日照间距 $D_0 = H_0 \cdot ctgh \cdot \cos A$

日照间距系数 $D' = D_0 / H_0$

$$= H_0 \cdot ctgh \cdot \cos A / H_0$$

$$= ctgh \cdot \cos A$$

式中：D_0——日照间距；

H_0——前栋建筑物计算高度；

h——太阳高度角；

A——太阳方位角；

D'——都匀正南北朝向房屋标准日照间距系数

根据都匀市日照杆影的实测结果，都匀市太阳最高高度角出现在北京时间 12：52。当满足大寒日日照时间 ≥3 小时，则取 11：22 的太阳高度角 h = 39. 87°，太阳方位角 A = 29. 43°。

日照间距系数计算如下：

D′ = ctgh. cosA

  = ctg39. 87. cos29. 43

  = 1. 06

即为了保证后排房屋底层窗户在大寒日获得 ≥3 小时的满窗日照时间，标准楼间距应为南楼楼高与北楼一楼窗台高之差的 1. 06 倍。

5.2 都匀市不同朝向房屋实际楼间距和实际楼高的调查与标准日照间距的对比分析

5.2.1 都匀市不同朝向房屋实际楼间距和楼高的调查

都匀市现有城市住宅建筑面积约 850 万平方米。在调查中，我采用抽样调查法，对都匀市新老住宅区 19 个小区共计 124 栋楼进行实地测量（测量项目有：南楼楼高，北楼 1 楼窗台高，楼间距，房屋朝向）。

我在调查中主要针对无其他日照遮挡的平行布置条式住宅进行调查，对每个住宅区的两栋楼之间的实际间楼距进行精确测量，对北楼一楼窗台高进行精确测量。南楼楼高主要通过测量一楼楼层的具体高度，然后用一楼层高度乘以楼层总数，从而得出南楼楼高。

5.2.2 都匀市各朝向房屋的实际楼间距与标准日照间距对比分析

5.2.2.1 实际楼间距与标准日照间距对比分析的方法

5.2.2.1.1 实际楼间距与标准日照间距比较分析法

运用实测的楼高和房屋朝向来计算出不同朝向的房屋标准日照间距会非常麻烦，因此通过算出都匀市正南北朝向房屋满足大寒日 ≥3 小时日照时数的标准日照间距系数，再用标准日照间距系数 × 实测的南楼高与北楼一楼窗台高之差，得出房屋的标准日照间距，再用实测的楼间距与标准日照间距进行比较，可得出实际楼间距是否达到了采光标准。在对比分析时，根据《中国城市居住区规划设计规范》中关于不同朝向房屋的日照间距系数控制进行换算。换算表如下：

表2　不同方位间距折减换算表

方位 （°）	0°~15° （含）	15°~30° （含）	30°~45° （含）	45°~60° （含）	>60°
折减值	1.0L	0.9L	0.8L	0.9L	0.95L

注：A、表中方位为正南向（0°）偏东、偏西的方位角。

B、L为当地正南向住宅的标准日照间距（m）。

C、本表指标仅适用于无其他日照遮挡的平行布置条式住宅之间。

根据都匀市的标准日照间距系数和不同方位间距折减值，可以建立都匀市不同朝向房屋的标准日照间距计算公式：

$$D' = L.J$$

$$= D'.(H - H1).J$$

式中：D''——都匀市不同朝向房屋的标准日照间距；

L——都匀市正南向住宅的标准日照间距；

J——不同方位间距折减值；

D'——都匀市正南北朝向房屋标准日照间距系数；

H——前幢房屋檐口至地面高度；

H1——后幢房屋窗台至地面高度。

用实际楼间距与此公式计算出的值进行比较，实际楼间距≥此值的为达到日照标准，实际楼间距＜此值的为达不到日照标准。

例如，都匀庆云宫州委宿舍26栋实测楼高21米，楼间距16米，北楼一楼窗台高1.2米，房屋朝向为南偏东40度。〈在不同方位间距折减换算表中，45°~60°（含）的折减值为0.9L〉

计算过程如下：

$$D'' = L.J$$

$$= D'. (H - H1). J$$
$$= 1.06 \times (21 - 1.2) \times 0.9 = 18.8892$$

实际楼间距有 16 米，16 米 < 18.8892 米，故这一楼间距达不到采光标准。

5.2.2.1.2 实际楼间距/标准日照间距比值分析法

在对都匀市新老住宅区 19 个小区共计 124 栋楼进行实地测量，要对每栋楼的标准日照间距进行计算并对比，其过程仍然会非常麻烦。因此为了便于统计分析，我对《不同方位间距折减换算表》进行了转化，以便进行比较分析。转换如下：

表3　不同方位房屋实际楼间距/标准日照间距的比值折减换算表

房屋朝向	0°~15°（含）	15°~30°（含）	30°~45°（含）	45°~60°（含）	>60°
不同朝向房屋间距折减值	1.0L	0.9L	0.8L	0.9L	0.95L
达到采光标准的比值（D/L）	≥1.0	≥0.9	≥0.8	≥0.9	≥0.95

注：A、表中方位为正南向（0°）偏东、偏西的方位角。

B、D 为实际楼间距。

C、L 为当地正南向住宅的标准日照间距（m）。

D. D/L 的比值只有大于或者等于不同方位所对应的折减值才算达到采光标准。

E. 本表指标仅适用于无其他日照遮挡的平行布置条式住宅之间。

根据都匀市的标准日照间距系数和不同方位间距折减转换值，可以建立都匀市不同朝向房屋的实际楼间距/标准日照间距的比值计算公式：T = D/M

$$= D/L.J$$

$$= D / D'.（H - H1）. J$$

式中：T—实际楼间距/标准日照间距的比值；

　　　D—实际楼距；

　　　M—都匀市不同朝向房屋的标准日照间距；

　　　L—都匀市正南向住宅的标准日照间距；

　　　J—不同方位间距折减值；

　　　D'—都匀市正南北朝向房屋标准日照间距系数；

　　　H—前幢房屋檐口至地面高度；

　　　H1—后幢房屋窗台至地面高度。

用此公式计算出的比值与不同方位间距折减转换值对比，T≥本朝向房屋间距折减转换值的为达到日照标准，T＜本朝向房屋间距折减转换值的为达不到日照标准。

例如，都匀庆云宫州委宿舍 26 栋实测楼高 21 米，楼间距 16 米，北楼一楼窗台高 1.2 米，房屋朝向为南偏东 40 度。

计算过程如下：
$$T = D / M$$
$$= D / L. J$$
$$= D / D'.（H - H1）. J$$
$$= 16 / 1.06 \times（21 - 1.2）\times 0.9。$$
$$= 16 / 18.8892$$
$$= 0.85$$

在不同方位间距折减换算表中，45°～60°（含）的转换折减值应为≥0.9 才能达到日照标准，本公式计算的值为 0.85，小于 0.9，故达不到采光标准。

本文在调查统计中所作的楼间距分析均采用了这一计算方法。

5.2.2.2 都匀市各朝向房屋的实际楼间距是否达到采光标准的统计分析

我运用实际楼间距/标准日照间距的比值公式对都匀市新老住宅区 19 个小区共计 124 栋楼的调查数据进行一一计算。并将计算结果进行统计分析，统计结果如下表所示。

表5 各朝向房屋的实际楼间距/标准日照间距比值对比统计表

		房 屋 朝 向 (°)				
		0 ~ 15 (含)	15 ~ 30 (含)	30 ~ 45 (含)	45 ~ 60 (含)	>60	合计
调查的都匀房屋楼栋数共计124栋	不同朝向房屋间距折减值	1.00L	0.90L	0.80L	0.90L	0.95L	–
	满足采光要求的比值（实际楼间距/ L）	≥1.0	≥0.9	≥0.8	≥0.9	≥0.95	
	不同朝向的房屋总计（栋）	55	22	9	14	24	124
	不同朝向的房屋占房屋总数的比例（%）	44	17.7	7.2	11	19.4	–
	不同朝向房屋实际楼间距达到日照标准的有（栋）	12	8	6	9	4	39
	实际楼间距达到日照标准的房屋占各自朝向房屋的比例（%）	22	36	67	64.3	17	–

由上表的统计分析发现，都匀房屋不管是哪个朝向的，达到日照标准的比例均很低。不同朝向房屋楼间距达到标准日照间距的比例合计只有31.5%，没有达到日照标准的比例为68.5%。这充分说明都匀市房屋实际建筑楼间距过小，房屋采光大为不足。尤其是朝向在南偏东或者南偏西（0°~ 15°）和朝向在南偏东或者南偏西（>60°）的房屋，不但达到采光标准的房屋很少，而且实际楼间距/

— 241 —

标准楼间距的比值很低，说明这两个朝向的房屋采光极为不足。而朝向在（30°～45°）和（45～60°）的房屋达到采光标准的房屋相对较多，说明这两个朝向的房屋在同等条件下所获得的日照会更多一些。

这样的楼间距显然使低楼层住户采光严重不足

图4　楼间距过低住宅

5.3 房屋采光不足对居民居住环境造成的影响调查

为了了解市民对高楼挡住自己居住房屋，造成采光不足后给自己带来的居住不适造成的影响，我制作了问卷调查表。其范围包括两个方面：一是对老城区的一楼房屋住户房屋周围盖新楼前后的采光状况进行调查，得出对比数据。二对新建小区新购一楼住房的住户住进新房后的房屋采光状况进行调查。

5.3.1 老城区一楼住宅住户房屋周围盖新楼前后的采光状况调查

在这一调查中，共发放 400 份问卷。收回 392 份，其中有效 388 份，无效 4 份。统计情况如表6、表7 所示。

表6　住在一楼的住户房屋周围未盖新楼前采光状况问卷调查

项目			总问卷数388 份			比例（%）
采光状况	很差	24 份	占被调查问卷的6.1%	非常乐意留下来居住的	4 人	17
				考虑买新房后搬走的	6	25
				由于经济原因买不起新房无法搬走的	14	58

项目			总问卷数 388 份		比例（%）
采光状况	较差	36 份	占被调查问卷的 9.2%	非常乐意留下来居住的	10	27.8
				考虑买新房后搬走的	8	22.2
				由于经济原因买不起新房无法搬走的	18	50
	一般	180	占被调查问卷的 46.4%	非常乐意留下来居住的	86	47.7
				考虑买新房后搬走的	32	17.7
				由于经济原因买不起新房无法搬走的	62	37.7
	较好	120	占被调查问卷的 30.9%	非常乐意留下来居住的	100	83
				考虑买新房后搬走的	9	7.5
				由于经济原因买不起新房无法搬走的	11	9.5
	很好	28	占被调查问卷的 7.2%	非常乐意留下来居住的	24	86
				考虑买新房后搬走的	3	11
				由于经济原因买不起新房无法搬走的	1	3

表 7　住在一楼的住户房屋周围盖新楼后采光状况问卷调查

项目			总问卷数 388 份		比例（%）
采光状况	很差	186 份	占被调查问卷的 47.9%	非常乐意留下来居住的	12	6.5
				考虑买新房后搬走的	66	35.5
				由于经济原因买不起新房无法搬走的	108	58

项目				总问卷数 388 份		比例（%）
采光状况	较差	120 份	占被调查问卷的 30.9%	非常乐意留下来居住的	20	16.6
				考虑买新房后搬走的	36	30
				由于经济原因买不起新房无法搬走的	64	0.54
	一般	48	占被调查问卷的 12.4%	非常乐意留下来居住的	18	37.5
				考虑买新房后搬走的	10	21
				由于经济原因买不起新房无法搬走的	20	41.5
	较好	20	占被调查问卷的 5.2%	非常乐意留下来居住的	8	40
				考虑买新房后搬走的	6	30
				由于经济原因买不起新房无法搬走的	6	30
	很好	14	占被调查问卷的 3.6%	非常乐意留下来居住的	9	64.3
				考虑买新房后搬走的	2	14.3
				由于经济原因买不起新较好房无法搬走的	3	21.4

通过以上问卷调查表 6，表 7 的对比分析得出：在采光状况很差的住户中，由盖房前的 6.1% 上升到盖房后的 47.9%，带来的影响是：非常乐意留下来居住的住户由盖房前 17% 下降到盖房后的 6.5%，考虑买新房后搬走的住户由盖房前的 25% 上升到盖房后的 35.5%。在采光状况很好的住户中，由盖房前的 7.2% 下降到盖房后的 3.6%，带来的影响是：非常乐意留下来居住的住户由盖房前 86% 下降到盖房后的 64.3%，考虑买新房后搬走的住户由盖房前的 11% 上升到盖房后的 14.3%。

由此发现，房屋采光的好坏与住宅居民的居住意愿成一定的相关性：房屋采光越好，愿意留下来居住的住户就越多，要求搬出的就越少；房屋采光越差愿意留下来居住的住户就越少，要求搬出的住户就越多。

5.3.2 新购一楼住宅并住进该房的住户采光状况调查

对居住进新房屋的住户采光状况进行问卷调查，本调查共发放问卷 400 份。收回 386 份，其中有效 380 份，无效 6 份。统计结果如下表：

表 8　新购一楼房屋居民居住进该房后采光状况问卷调查

项目			总问卷数 388 份		比例（%）
采光状况	很差	126 份	占被调查问卷的33.1%	非常乐意留下来居住的	32	25
				考虑买新房后搬走的	20	15.9
				由于刚购买新房暂不搬走的	74	59.1
	较差	94 份	占被调查问卷的24.7%	非常乐意留下来居住的	24	25.5
				考虑买新房后搬走的	12	12.7
				由于刚购买新房暂不搬走的	58	61.8
	一般	72	占被调查问卷的18.9%	非常乐意留下来居住的	32	44.4
				考虑买新房后搬走的	8	11.1
				由于刚购买新房暂不搬走的	30	41.7
	较好	60	占被调查问卷的15.7%	非常乐意留下来居住的	52	88
				考虑买新房后搬走的	4	6
				由于刚购买新房暂不搬走的	4	6

项目			总问卷数 388 份		比例（%）
采光状况	很好	28	占被调查问卷的 7.3%	非常乐意留下来居住的	28	100
				考虑买新房后搬走的	0	0
				由于刚购买新房暂不搬走的	0	0

通过对上表新购房屋居民住进该房后采光状况的问卷调查，统计发现：住进新房后发现采光很差的住户达 33.1%，带来的影响是：非常乐意留下来居住的有 25%，考虑买新房后搬走的住户有 15.9%。感觉采光很好的住户达 7.3%。带来的影响是：非常乐意留下来居住的有 100%，考虑买新房后搬走的住户有 0%。

图 5　新建住宅楼底层采光不足

由此发现：随着采光状况由差变好，乐意留下来居住的住户会越来越多，而考虑买新房后搬走的住户就会越来越少。这充分说明了房屋采光的好坏深刻的影响着住户的居住环境。

6. 调查结果分析

通过以上两项的调查并进行综合分析得出：都匀市不管是哪个朝向的房屋实际楼间距达到标准日照间距的比例均很低（达标率仅有 31.5%），这是造成房屋采光严重不足的主要原因。而很难达到标准日照间距就造成了住户（尤其是底层住户）的采光要求得不到满足。其原因主要有：

6.1 由于城市地价的上涨，开发商建房的成本上升。

开发商在建房的过程中，为了降低成本，必然把房屋尽量建高，楼间距尽量缩小，这是造成实际楼间距很偏小的主要原因。这在市区的新建房屋中表现的尤为突出，比如大十子的金海岸实际楼间距/标准日照间距的比值只有0.11。（经过对金海岸房屋具体调查，该房屋朝向为南偏西15°，该朝向房屋的折减数应为≥1才能满足采光需求；0.11远远小于1，故该栋楼采光状况严重不足。）

云鼎居房屋实际楼间距/标准日照间距比值只有0.35，采光不足

图6　云鼎居住宅楼采光不足

6.2 新建住宅楼实际楼间距达到标准日照间距的比例很低。

实际楼间距/标准日照间距的比值与各朝向房屋折减值比较其差值也很大，这说明都匀市老城区的新建住宅楼很难满足住户的采光需求。就其原因是老城区的空闲地很少，地价贵。但老城区新建住宅楼各方面条件都较好，能满足大多数城市居民的上班，购物，孩子上学，老人就医等方面的需求，造成老城区的新建住宅楼销量很好。于是开发商为了支付昂贵地价和赚取更多的利润而把住宅楼盖得很高，楼间距缩得很小。

新建的住宅楼实际楼间距达到标准日照间距的比例也比较低，如伯爵国际花园房屋实际楼间距/标准日照间距的平均值只有0.66，仍未达到标准日照间距。这说明新建住宅楼的房屋采光标准仍然不足。就其原因仍然是开发商为了支付地价和赚取更多的利润而把住宅楼尽量盖高，楼间距尽量缩小造成的。

6.3 房屋实际建筑间距过小

我咨询了都匀市的有关房屋规划部门得知，很多开发商在给都匀市有关房屋规划部门上报房屋建设规划时是严格按照国家要求的标准日照间距设计房屋间距的，但是开发商在实际的房屋建设中，为了降低成本，增加建筑面积，擅自修改城市规划部门批准的原先建筑方案。开发商通过两个途径增加房屋建筑面积，一是把原有的楼房层数加高，二是在不改变楼层层数的情况下，缩小楼间距。开发商这样做的结果，无疑是造成低楼层住户的采光要求更加无法满足，进而影响了低楼层住户居民的身体健康。

7. 解决房屋采光不足的建议

7.1 城市规划部门除了严格审查开发商上报的房屋建设规划报告，重要的是要严格监督开发商的房屋修建过程，防止开发商擅自更改修建方案。

我在咨询都匀市的有关房屋规划部门得知，很多开发商在建房过程中擅自增加楼层数和擅自缩小楼间距，城市规划部门在开发商把房屋建好后去验收时才发现这一问题。这时房屋已经建好，销毁房屋重新再建显然是很不现实的，唯一的补救措施是对开发商进行罚款。这个措施显然不能从根本上解决低楼层住户的采光不足问题。

7.2 开发商应该自觉遵守《中国城市居住区规划设计规范》关于房屋采光的规定，严格按照规划部门审批的建筑方案土地开发强度进行房屋的修建。开发商应加强自律，树立诚信意识。

开发商在赚取丰厚的房产利润时，也要考虑老百姓的采光利益，自觉按照有利于住户身体健康，满足住户采光需求的方案建设，不能光为了赚取更多的利润而置老百姓的利益不顾。

7.3 城市规划部门应该对购房者进行楼盘选择的专业指导。

很多老百姓在购房时只考虑住宅小区的绿化环境，交通是否便利，是否利于小孩上学，是否有利于就医等方面。对于房屋采光是否达到标准的问题，只是根据开发商在沙盘上的模型房子来判断，感觉楼间距很宽，就认为采光很好了。实际上，很多开发商在制作沙盘房屋模型时，楼高与楼间距的比例尺并不一致，通常是楼间距的比例尺比楼高的比例尺大得多，这就造成沙盘上看到的楼间距似乎大大满足采光需求，这给购房者造成了错觉。等房屋盖起来后才发现楼间距很小，远远满足不了采光需求，这时老百姓找开发商理论房屋间距为何与沙盘上展示的很不吻合时，开发商会告诉你：楼高与楼间距的比例尺并不一致，楼间距的比例尺比楼高的比例尺大得多。对于"楼高与楼间距的比例尺并不一致，楼间距的比例尺比楼高的比例尺大得多"这样一个很专业的问题，有几个老百姓会注意到呢？甚至有些老百姓还看不懂。

因此老百姓在购房时应该多向城市规划部门咨询一些专业人士，了解即将购买的住宅区的规划方案，重点了解房屋建成后采光需求是否得到保证。

7.4 如果开发商为了节约用地，而又能使低楼层房屋住户的采光需求得到满足的话，应该尽量将房屋朝向建成为南偏东或偏西30°～45°。因为这个朝向的房屋要求的日照间距折减系数最小，为0.8。开发商在建房时应该大力把房屋建成这个朝向，这样既节约了土地，又能满足低楼层房屋住户的采光需求。

7.5 开发商新建住房造成低楼层住户采光不足，开发商应该对住户进行赔偿。

房屋的采光状况是每个业主都十分关心的问题，当有新建的建筑在自己住房周围出现时，大家都会考虑到自己的采光是否受到侵犯。若侵犯开发商必须赔偿。

尚成公馆的房屋采用朝向南偏东30°~45° 大大提高了底层房屋的采光量

7.6 国家应该针对住宅区的房屋采光权制定单项法律法规，保证住户的采

图7　尚成公馆楼间距保证采光需求

光权得以落实。

现在随着人们生活水平的提高和法律意识的增强，人们对居住环境的重视程度日益增加，因而采光权的官司也增多起来。目前，采光权侵权案件的赔偿没有可以直接适用的法律、法规。因此，国家应该制定单项法律法规或出台司法解释保证住户的采光权得以落实。

后 记

通过本文的研究分析得出结论，都匀市区房屋的采光状况有68.5%达不到采光标准，大部分房屋没有得到充足的阳光照射，对居住环境带来一定的影响，广大老百姓也没有享受到他们应得的权利。虽然，由于种种因素的限制，房屋规划不可能达到精确的标准，但为了满足人们对生活质量的要求，政府应采取措施，坚持"以人为本"的科学发展观，对房屋的建设加强监督力度，使每一个房间都能充满阳光，使广大人民都享受到应有的合理采光权益。

【教师点评】

本课题作者在教师的带领下利用业余时间对都匀市住宅房屋的楼间距及其南楼一楼窗台高进行测量。然后利用公式及其实际测量都匀市大寒日的正午太阳高度角，计算出都匀市的日照间距系数，再计算出不同建筑朝向的日照间距。这一方法简便易行，而且可为房屋规划管理部门提供依据以及指导城市的开发与建设；分析都匀市现状的住宅日照状况，为研究提供理论依据，对现状的住宅日照状况提出一些合理化建议，可供有关城市规划部门和购房者参考。

(本文获第24届贵州省青少年科技创新大赛一等奖)

第九节 政治学科

中学生法律意识的现状调查与思考

作者：赵 雪 肖正婷

指导老师：周光发 骆用刚 唐书君

摘 要：法律教育是培育中学生良好的法律品质，提高他们的法律意识，增强法制观念的有效途径，当前学校法律教育现状与建设法治国家基本要求是不相适应的，学校法制，教育现状直接影响了中国法治化进程，学校法制教育存在很多问题，关注中学生的法制教育对依法治国的进程有其重要现实意义。

关键词：中学生 法制意识 存在问题 对策

1. 调查背景

某报讯，贵阳南明公安局向媒体通报，一个由 7 名未成年人及 1 名成年人组成的抢劫团伙，最近在贵阳市东山以及中医学院一带大肆抢劫学生，夜间流动在贵阳市多个地段，对意向女子持刀抢劫，已作案 30 多起，在社会上构成恶劣影响。

这个抢劫团伙共有 8 名成员，分别来自贵阳、凯里、黔西等地，其中年龄最小的 14 岁，最大的 21 岁，多数为 15 岁，团伙头目是家住贵阳市的 14 岁郭某，21 岁男青年是他最近才接纳的成员，该团伙在黄家井小学等学校已实施抢劫 20 多起，晚上抢劫单身女子达 10 多起。

由此看到，我国青少年对法律的认识了解之浅，此团伙的头目竟只是个 14 岁的青少年，且多数犯罪分子的年龄还没有我们大，在我国庞大的人口之中，青少年人口为 289792164 人，占总人口的 22.89%，这么庞大的一个数字，由此可想，还有更多的青少年由于对法律的认识之浅，而走向犯罪的道路。其实在生活中也有这样的许多实例，例如，高年级的同学向低年级的同学收保护费，更有甚者，竟在下晚自习后，对同学进行抢劫。在我校竟有女生依靠社会上的势力指使别的同学去打别人。就在近期已发生了几起打架事件，而只不过就是在踢足球时因为一点小摩擦就大打出手。在街上，随处可见许多中学生抽烟，一些女生也是如此，明知吸烟有害健康却仍然这样去做，所以加强青少年的法律意识教育已是当前的一个严峻问题。

江泽民同志在《关于教育问题的谈话》中指出："教育是一个系统工程，要不断提高教育质量和教育水平，不仅要加强对学生的文化知识教育，而且要切实加强对学生思想政治教育、品德教育、纪律教育、法制教育"，第三次全教会、全国及福建省的基础教育工作会也强调指出，法制教育、纪律教育是素质教育的重要内容，遵纪守法是我国 21 世纪创新型人才必须培养的基本素质，目前在校中学生正是 21 世纪我国社会主义现代化建设的预备队和生力军，切实加强对他们的法律教育，从小培养他们的法律意识，教育他们学法、知法、守法、用法，进而增强他们的法律素养，深化社会主义法治观念，不仅是加强对未成年人的保护，遏制严峻的未成年人犯罪发展态势的现实要求，也是实施科教兴国战略的基础性工程，更是实现依法治国方略、建设社会主义法治国家的百年大计。

对于中学生对法制教育的看法，对法律知识了解，未成年人犯法、违法带来的一系列问题。如何从教育角度入手，加强中学生法律意识，对未成年人违法行为等一系列问题，我们在老师的指导下进行了长达 5 个月的探究调查。

2. 调查方案

2.1 调查对象、途径

2.1.1 对都匀市几所中学学生对法律知识了解程度调查。

2.1.2 对调查结果进行分析论证基础上，寻找进行适合法制教育的良好途径。

2.1.3 建议有关部门采取相应对策。

2.2 调查方法

问卷调查法。

2.3 调查时间

2011 年 7 月~12 月

2.4 对都市中学生进行随机抽样的调查，共发放问卷 300 份，实际收回 295 份，剔除无效问卷 4 份。

3. 调查结果分析

3.1 法律认识与分析

3.1.1 中学生对我国基本法律认识（如宪法、刑法、民法、未成年人保护法）分析如下

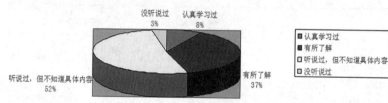

图1　中学生对法律的认识状况

采访中学生，我们应对法律作一个具体学习、认识，让中学生知法、懂法、守法，但从调查情况看，只有 7.9% 的中学生对法律知识认真学习过，然而更多的同学是"只知其形"，只知道其存在，却不知道具体内容，这些同学就已占 51.2%，更引起人重视的是竟还有 3.44% 的同学没有听说过法律。

图2　老师正在对我们进行指导

3.1.2 中学生关注热点法律事件分析

我们对中学生关注热点法律事件进行了调查采访,从而了解当代中学生对热点法律事件的关注情况,做了以下分析:

表1　当代中学生对热点法律事件的关注情况表

选　项	经常关注	想关注,但无时间关注
人　数	99	150
百分比	34.02%	51.55%

从表可以看出,仅有99人会关注法律热点事件,5155%的没有时间关注,更甚者有14.43%从不关注。现代社会,青少年对法律知识认识越来越少,然而,中学生不仅不学习法律知识,更甚至连一些法律事件都不关注。

3.1.3 中学生法律知识主要来源情况分析

为了解中学生法律知识来源情况,我们对中学生进行了采访,采访结果如下:

表2　中学生法律知识来源情况表

选项	学校老师	同学朋友交流	家庭教育	大众传媒电视、网络	自学	其他
人数	125	13	20	115	13	5
百分比	42.9%	4.46%	6.87%	39.5%	1.46%	1.7%

由表可看出，中学生法律知识主要来源，约42.9%的同学法律知识来自于学校，而有大约39.5%的同学法律知识是通过网络、电视等其他而获得，然而，现在由于学业负担加重，学校在法律知识这门课已逐渐减弱，所以，在学校一定要开展好法律知识宣传。

当前未成年人犯罪特征、原因及预防、建议，未成年人是国家的未来，也是社会的弱势群体，预防和减少未成年人犯罪是全社会共同的责任，但当前未成年人犯罪问题突出，犯罪人数是逐年上升趋势，犯罪手段不断向成人化、多样化发展，对家庭和社会稳定都产生了重大影响。

3.2 未成年人犯罪原因

3.2.1 以未成年人年龄阶段来看，未成年人法律意识较差，分辨能力差，易冲动，模仿能力强，是导致未成年人犯罪首要原因，未成年人大多处于学龄阶段，生理、心理发展均不成熟，社会阅历较浅，对是非的辨识能力不强，情绪化影响较大，对法律的严厉程度认识不足，往往在冲动的心态下行为不计后果酿成大错。

图3　我们正在对中学生进行采访

3.2.2 从家庭因素来看，父母对孩子的关怀教育和给予的温暖缺失，导致孩子的抑制作用减弱，使这些未成年人易养成冷漠、压抑、逆反、忧郁和焦燥等品性，在不良诱因下，极易产生偏激的想法，实施偏激行为，幅此误入歧途。还有，未成年人过早走上社会，也是导致其犯罪的重要原因，很多父母对孩子出现的厌学情绪，不是积极引导，而是放任自流，导致孩子年纪轻轻就失去学习提高机会，慢慢走上犯罪道路，这与父母教育管制存在重要关系。

3.2.3 从学校因素来看，学校对学生法律知识教育缺失。

当前虽然素质教育已提上日程，但在升学教育考核体制的影响下，各个学生还是以学业教育为主，导致未成年人没有树立起正确的人生价值观，对法律知识也是只知其形，不知其容，更别提法律意识，这也从某种程度上助长了未成年人犯罪的随意性。因此，学校法制教育的缺失对学生遵纪守法产生着重要影响，加强中学生的法律意识，法制教育不仅能预防中学生走上犯罪道路，同时也懂得运用法律来保护自己。

3.3 目前我国中学法制教育中存在问题

3.3.1 学校法制教育不完善

在现代法治社会中，是否具备法律素质，有无法律意识和法制观念，是徇个体社会化程度的一项基本标准，随着义务教育的全面普及和个体受教育的年限逐渐增长，学校已成为个体社会化必经环节，法制教育应当成为现代学校教育的一个重点，强化现代学校法制教育，提高现代学校法制教育实效，具有重要的现实意义。然而，当前学校法制教育现状与建设法治国家的基本要求是不相适应的，它直接影响了中国法治化进程，这表明学校法制教育还存在很多问题。

教育部门缺乏对学校法制教育重要性的认识。这一点从现行教材的设置便可看出，在现行的教材中，仅有很少的法律基础课。江泽民同志指出："依法治国，是我们党和国家在新历史时期，管理家和社会事务的重要方针。"而未成年人是这未来，承担着建设社会主义法治国家的重任，所以教育主管部门应重视起学校法制教育的重要性，应认识到加强未成年人的法制教育不是可有可无，而是必不可少，且法制教育仅仅课堂和校园之内，由于对法制课的重视程度和接受等原因，现在的法制教育仅仅局限于校园之中和课堂之内，很少有学校能把学生带出去学习，或邀请其他单位参加，采取多种多样的形式对学生进行法制教育，只把教育局限在了 45 分钟课堂内，造成学校教育和家庭教育，社会教育脱节，不利于增强未成年人的法制观念。

3.3.2 家庭因素

由于现在的学生大多是独生子女，无论是生活条件，还是学习条件都比以前有很大的提高，以及家庭过于溺爱等到因素，在这种背景下孩子们很容易产生了蛮不讲理、衣来伸手、饭来张口、过于追求物质享受的心理，而缺乏吃苦精神，经不起一点小挫折，这样往往使孩子在生活中会犯很多的错误，甚至犯罪；另外父母法律意识淡薄、缺乏基本的法律知识，也会对学生产生不良影响

父母是学生的第一任老师，父母的言传身教对孩子的影响很大。但有些家长的身教却不敢苟同。比如：一些家长办事不讲信用、爱占便宜、赌博等等，这些对孩子的幼小心灵会产生严重的不良影响；又有些家长为了望子成龙、望女成凤，对孩子进行强化"智力"投资，孩子考好了怎样都行，考坏了就拳脚相加，这对孩子也会产生一种不良的影响。

一些家庭的不幸、父母的离异，这样的家庭给予孩子关心和爱护是不健全的，使孩子在心灵深处产生很大的缺陷。一些再婚后的父母对不是自己的孩子也不关心，更有甚者动不动就打骂孩子，使原来就不健全的心灵变得更加扭曲，甚至使孩子逐渐走上了犯罪的道路。

3.3.3 社会原因

社会是每个人生活中必不可少的场所，融入社会是每个人必须做到的。社会也会对人产生不同的影响，这里我们主要讲一下社会对中学生法律教育产生的不良影响。

近些年来，随着改革开放一些不良的风气在社会上"疯行"。诸如：赌博、网吧、黄色淫秽暴力书刊音像制品的传播等，都使不少学生的思想受到影响，精神受到污染，导致一些学生过早成熟，甚至犯罪。

社会环境的好坏，关系到社会中每个人的发展。由于社会的高速发展，新鲜事物的层出不穷，而环境复杂难变。一些拜金主义、享乐主义、攀比之风、哥们义气等不良风气充斥着中学生的社会环境，从而使中学生在这种环境中形成一种贪图享乐的思想。

3.3.4 个人原因

我们知道，初中阶段是青少年成长的重要时期。中学生的生理和心理尚不成熟，辨别善恶、美丑、是非的能力差，自我约束力较弱，情绪不稳定，易受到暗示、多盲从，并且具有较强的好奇心、喜欢模仿，很容易受外界影响和刺激。正是由于中学生具有这些特点，使他们易出现人生观、价值观扭曲错位，法律观念淡薄等现象。所以在这个阶段他们很容易冲动，从而导致犯错误，甚至犯罪。

中学生学习法律的途径多种多样，由此我们发放问卷，对问卷结果统计如下：

表3　中学生喜欢哪种形式的法律课程调查分析

选　项	老师按照教材，讲授法律知识	到法庭旁听或举行知识竞赛	请法律专业人士（如法官、律师等）举行报告会	其他
人　数	74	121	74	22
百分比	25.43%	41.58%	25.43%	7.56%

　　由表可看出大多数中学生喜欢到法庭旁听或举行知识竞赛的这种方式来学习法律知识，有一部分则喜欢听专业人士举行的报告会和按照老师教授的知识来学习法律知识，所以，亲身实践更能够提升学生学习法律的积极性。

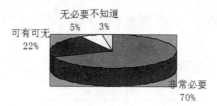

图4　中学生对法律课程态度

　　法律是维护我们自身权益的保障，通过图表可以看出还有22%的同学认为法律课程的开展是可有可无，而竟然有5%的同学认为法律课没有必要开展。

4. 中学法制教育的对策

4.1 要以正面教育为主。

　　在青少年时期，抽象逻辑思维日益占有主导地位，但思维的具体现形象万分仍起着重要作用，所以对抽象的整理概念不能很好的接受和消化。且其对抽象的整理概念推理和判断都有片面性和跳跃性，所以在对其进行法制教育时，应把抽象纯理性概念通俗化。要努力探索适合青少年特点的教育方法，以提高法制教育实效，要教育青少年从最基本的道德规范做起。从爱祖国、爱社会、爱集体、爱他人

图5　老师对我们进行指导

最基本的道德行为做起，做一个学法、知法、守法的好公民。二是注重和行为规范教育相结合，中学生日常行为规范是学生最基本的

首先规范要求，是法律在中学生身上的最基本要求的体现，要教育学生从这些最基本的规范做起，逐步树立法治意识、法制观念，用法约束自己的行为，培养遵纪守法的习惯。三是要注意与课堂教学、教育活动有机结合，课堂教学是向学生进行法制教育的主阵地，各学校要充分利用好这块阵地，同时要充分发挥教育活动这个载体的的作用，采取各种形式寓教于乐，在潜移默化中接受熏陶、受到启迪，使学生在接触社会中能自学遵守社会公德，用社会公德、法律意识约束自己一言一行，体现中学生良好风范。

4.2 把课堂教育与课外活动相结合。

随着道德意识不断加强，道德思想逐步形成，自我意识进一步发展，自我评价逐步学会以别人为榜样、评价自己，青少年正确的道德意识可以成就大事，而错误道德意识可能会萌发犯罪动机，所以对树立正确人生观与处世观，在宣讲法与道德同时，要把那些正确的是非观念和首先观念与错误的是非观念和道德观念作比较，批判错误观念，如有的学生信奉"人生在世，吃喝二字"、"学习无用"这些腐败的是非观，很容易致使他们走上违法犯罪道路。可以开展成立法律学习兴趣小组，搞"模拟法庭"、"当一天校长"、"今天我是警察"、"法官的一天"、"参观劳教所"、"听少年犯现身说法"等课外活动，提高学生学法、用法的兴趣，还可以根据开设专业课的特点，将有关专业法规的学习贯穿于教学过程中，使学生对法律知识的学习与所学专业应具备的法律法律常识较好地结合在一起，不断扩大学生的法律知识面，针对以上种种情况，学校的法制教育不应削弱，而更应该要得到加强。

5. 收获

通过这次研究性学习调查活动，让我们了解到了当代中学生法律意识的情况也使我们更进一步的了解到了法律在当代中学生的掌握和运用上存在的具体问题，通过数据显示，让我们看清中学生法

律意识的现状，通过分析数据、剖析现状、找出原因不足，然后得出提高中学生法律意识的调研，给今后如何提高中学生的法律意识的调研，给今后如何提高中学生的法律意识，提出有针对性的建议。中学生犹如初升的太阳，代表着国家的未来，民族的希望，是社会主义现代化事业的接班人，是 21 世纪振兴中华的主力军，因此加强中学生的法制教育，提高中学生法律意识，促进中学生的健康成长，对国家的存亡，民族的兴衰、社会主义事业的继承至关重要。所以我们必须动员全社会的力量进行综合治理，让广大中学生健康成长，并在美好的蓝天下闪耀出自己的一片光彩！

图6　指导老师和我们正在探讨

【教师点评】

当前学校法律教育现状与建设法治国家基本要求是不相适应的，学校法制教育现状直接影响了中国法治化进程，学校法制教育还存在很多问题，关注中学生的法制教育对依法治国的进程有其重要现实意义。

（本文获第27届贵州省青少年科技创新大赛二等奖）

第十节 美术学科

黔南州蜡染技艺研究

作者：王华奇

辅导教师：周光发　苏但忠　贺　琨

摘　要：黔南州少数民族有着自己丰富多彩的民族文化和民间工艺美术技术，其中的蜡染艺术作品和蜡染旅游工艺品在整个染织美术界久负盛名，独放异彩。蜡染艺术在少数民族地区世代相传，经过悠久的历史发展过程，积累了丰富的创作经验，形成了独特的民族艺术风格，是中国极富特色的民族艺术之花。

黔南蜡染图案丰富，色调素雅，风格独特，用于制作服装服饰和各种生活实用品，显得朴实大方、清新悦目，富有民族特色。

关键词：黔南州　蜡染　研究

1. 问题的提出

蜡染—这是一种别具民俗风情的艺术。我国的染织工艺历史悠久，从两万年前山顶洞人懂得缝制衣服起，先民们就一直在探索着扮靓生活。七千年前的仰韶人已经开始纺织麻布并且懂得染色了，三千多年前的商朝人不但会织会染，还能绘出图案来。两千多年前的西周时期，染织工艺已有了较细的分工，还出现了以染织为生的人群，发展于西晋、兴盛于唐，两千多年来一直与夹缬、绞缬、碱印、拓印等民间印染方式并存着，以其粗犷、自然、古拙、质朴的风格在印染产品中一支独秀，装点着我们的生活。

蜡染在我国分布很广，黔南州属于蜡染工艺比较成熟的地区，对于黔南州的青少年来说，学习蜡染有着得天独厚的条件，因此我提出了黔南州蜡染技术的发展研究的课题。

2. 实施过程

（1）2013年9月—10月，准备阶段，确定课题并对课题进行可行性分析

（2）2013年10月，查找资料阶段，查找与本课题有关的资料内容，通过网上查找，书籍查找等方式了解与本课题相关的最新研究进展。

（3）2013年11月，整理分析阶段，对调查结果进行整理分析。

（4）2013年11月—12月，修改论文，参加比赛。

3. 研究思路

（1）通过请教美术老师了解到，我国是蜡染发源地之一，早在西周时期，我国的蜡染艺术就已得到较大的发展。

（2）通过网上查阅资料详细了解黔南州蜡染艺术。

4. 研究过程

4.1 蜡染的起源研究

（1）历史溯源

中国的染织工艺早在西周时期（公元前ll世纪——公元前771年）已得到较大的发展。根据《礼记》等文献记载，丝、染色当时都设有专官主管，楚国还设有主持生产靛青的"蓝尹"工官。足见当时的丝织、染色工艺已颇具规模。蜡染古时候称为蜡缬，是用蜡把花纹点绘在麻、丝、棉、毛等织物上，然后放入染料缸中浸染，有蜡的地方染不上颜色，除去蜡即现出美丽的花纹。这是我国古老的防染工艺，历史已很悠久。

蜡染是我国苗族古老而独特的手工绘染艺术，起源于秦汉，盛行于隋唐（公元581—907年）。这里有着取之不尽的艺术源泉，一

代传一代，可以说，从我国的染织技术开创时，蜡染就作为最古老的手工艺，称之为中华民族古文明的一部分。

我国古代发现的蜡染文物，有新疆于田屋于来克古城遗址出土的北朝（公元396—581年）蓝色蜡缬毛织物蓝色蜡缬棉织品及新疆吐鲁番阿斯塔那北区墓葬出土的西凉（公元400—421年）蓝色缬绢和唐代（公元618—907年）的几种蜡缬绢、蜡缬纱；还有敦煌莫高窟130窟第一层壁画下发现的唐代废置的大量蜡缬残幡。这批遗存的蜡染实物中，北朝的和西凉的蜡缬织品都是深蓝色地现白花，纹样光洁清晰，古朴典雅；唐代的蜡缬绢和蜡缬纱的地子，有棕、绎、黄、赭等色，大部分是白色花纹。

蜡染工艺在我国西南少数民族地区世代相传，尤其是黔南州少数民族地区，继承和发扬了传统的蜡染工艺，而且广泛流行，已成为少数民族妇女生活中不可缺少的一种艺术。这里的少数民族以蜡染作主要装饰，她们的头巾、围腰、衣服、裙子、绑腿，绑腿，都是蜡染制成，其它如伞套、枕巾，饭篮盖帕、包袱、书包、背带等也都使用蜡染，点染得精巧细致，除蓝白二色外，有的还加染上红、黄、绿等色，成为明快富丽的多色蜡染。

（2）发展变迁

随着苗乡社会、经济、文化教育的发展，尤其是市场经济大潮的影响，使人们对市场的依赖性增强，传统手工产品受到了冲击，因此现代苗族人的价值观念也发生了变化。随着苗族社区的过剩劳动力大批加入全国劳动力迁移大军，在工作的同时，他们也逐渐接受了发达地区的价值观念。另外，随着电影、电视等传媒深入到苗乡，拉近了边远地区与文化中心地区的距离，也加速了苗族传统文化的变迁。

"民族传统文化之所以能世代代流传下来，传统的文化传承机制之所以能有效运转，一个前提条件就是传统文化是在一种相对封闭的环境下世代相传的。"过去由于居住在高山峡谷中的苗族对外面的世界知之甚少，他们的价值判断和价值选择就只能是祖辈所创造的文化。但是当他们有条件了解了外面的世界后，就有了比较和选择，他们的价值观念就会不同程度的发生变化。尤其是年轻人的求富意识和求知意识在外界信息的强烈冲击下表现得分外突出，他们对生存、对美、对快乐都有了与祖辈完全不同的理解。随着外界信息的传入，年轻人价值观的变化和他们对所处的传统文化的重新审视是一种历史的必然。

与几十年前相比，苗族的生活有了很大改变，但改变更大的是他们的心态。以前苗族妇女画蜡染没有功利的目的，艺术劳动和生产劳动完全一致，可以说那时的苗族蜡染是一种地道的生产者为本身需要而创造的生产者的艺术。当我们翻看苗族妇女出售的蜡染时，凭直觉就可明确地判断出这是新的还是老的。

4.2 黔南州蜡染技术研究

（1）概况

黔南州苗族的蜡染的是日常生活中接触的花、鸟、虫、鱼；而布依族则喜用几何图案。每一个几何图案都是有不同的寓意，比如圆圈代表粮仓，小点点代表天上的星星等等。各民族的蜡染都有独特的风格。

苗族传统的蜡染布主要用来缝制妇女们天天穿用的百褶裙，偶尔也有用来做上衣和挎包的。近年来出现的花鸟日月山水人物等写意作品主要作为艺术品赠送亲友或出售，很受人们的欢迎。

（2）蜡染的色彩

黔南州传统蜡染一半都是蓝白色，蓝色是朴素而健康的色彩，蓝色对于黄种人的肤色又极好的衬托作用。

少数民族民间蜡染基本上都是蓝底白花，那红底白花，绿底白花……为什么没有呢？这是天然染料的特性决定的。靛蓝染色可以在冷水中进行，而红花素或栀子黄等植物染料只能在高温热水中进行，否则很容易掉色，而蜂蜡是遇高温融化的。所以，民间很难做出其他颜色的蜡染花布，但现代印染化工的发展，已可以能做出丰富多变的彩色蜡染。

（3）材料与工具

1）材料

①布料

制作蜡染一般以棉布、棉漂白布或棉麻布为宜。

②蜡料

石蜡、蜂蜡、木蜡、白蜡、蜡烛。

③松香

制作蜡染时，加入少量松香可使蜡液凉后松脆。易产生蜡纹（即冰裂纹），但不能过多，否则蜡层易脱落。

④燃料

染料分为天然染料和合成染料（人造染料）

⑤其他

促染剂：如食盐；精练剂：如洗衣粉、肥皂水；固色剂、漂白剂等，根据需要准备。

2）工具

①画蜡用刀或笔可用自制铜斗状蜡刀或笔，用于描绘图案。

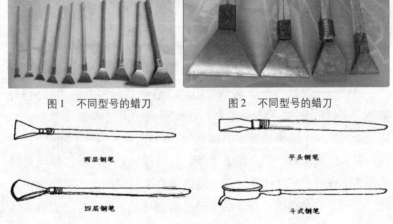

图1　不同型号的蜡刀　　　　　图2　不同型号的蜡刀

图3　各种各样的蜡刀

绘制蜡花的工具不是毛笔，而是一种自制的铜刀。因为用毛笔蘸蜡容易冷却凝固，而铜制的画刀便于保温。这种铜刀是用两片或多片形状相同的薄铜片组成，一端缚在木柄上。刀口微开而中间略空，以易于蘸蓄蜂蜡。根据绘画各种线条的需要，有不同规格的铜刀，一般有半圆形、三角形、斧形等。

②加热器：常用电炉、火炉、酒精灯等来加热熔蜡，可自制三角铁架。

③熔蜡锅：铝锅、铝盆、搪瓷碗、不锈钢盆都可以，不必太大。

④染缸：浸染织物用，可用脸盆、塑料盆、桶代替。

⑤竹棍或木棍：用来翻动染缸内浸染的织物，时其着色均匀。

⑥煮锅：退蜡时煮沸织物用，用旧锅、旧盆即可。

⑦煮锅：退蜡时煮沸织物用，用旧锅、旧盆即可。

（4）制作蜡染的原料——蓝靛

蓝靛是采用纯天然靛棵植物作为原材料，通过传统的制作方式制作而成的印染原料，具有色泽坚固纯正，气味清香宜人，防腐防蛀等特点，是现代生活中普染、扎染及蜡染的首选染料。

图 4　蓝靛制作原料——蓝靛棵　　　　图 5　泡靛窖

苗族蓝靛支系喜着蓝靛染制的服装，是由于长期刀耕火种，木炭灰易污衣物，劳作中，却无意发现被野生靛棵汁碰及衣物所染成蓝斑，且经久不退色，于是苗族人就用这种植物制成染料，染制衣服。久而久之，就形成了完整的苗族蓝靛制作技艺。

传统制靛工具及设施有木钉耙，滤靛萝、搅靛棒、靛缸和靛窖（分为浸靛窖和存靛窖）。

图6　传统制靛工具—蓝靛染缸　　图8　往靛窖投放生石灰

制靛工艺十分讲究，分为：浸泡、滤汁、放入生石灰、搅动、沉汁几个步骤完成。

首先将收割的鲜靛棵投放在浸靛窖中用水浸泡（一般在八、九月份采收靛棵，这时靛棵枝叶茂盛，出汁率高，色泽纯正），待鲜靛棵经过 5 天 5 夜的浸泡，充分发酵至池水呈蓝色，发出靛汁馨香时，即用木耙和滤靛笭将靛棵捞出（称滤汁）。然后，用适量生石灰粉撒进靛窖内（称典汁），用木棒猛力搅动，直至池水浮起大量的绿色泡沫后，将靛窖封盖严实。两天以后，把池内上端的废水往外排，将留在池底呈半固态的靛

图7　过漓靛汁

汁排入下方存靛池晾 3 – 5 天，使水分蒸发后成为膏状，再铲入靛缸中，蓝靛就制作完成。使用时，只需取适量靛膏和水放入染缸中，加入适量食用酒即可。传统印染分冷染和热染两种；颜色一般有黑，深蓝（俗称藏青色）和紫红色（俗称洋青色）。

图9　搅拌靛

图10　蓝靛成品

（5）扎染

1）扎结的技法

①捆扎法：捆扎法是将织物按照预先的设想，或揪起一点，或顺成长条，或做各种折叠处理后，用棉线或麻绳捆扎。

图11　捆扎法

②折叠扎法：是扎染中应用最广泛的技法，对折后的织物捆扎染色后成为对称的单独图案纹样；一反一正多次折叠后可制成二方连续图案纹样。

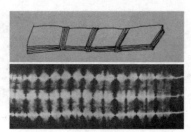
图12　折叠扎法

③平针缝绞法：平针缝绞法可形成线状纹样，可组成条纹，与可制作花形、叶形。用大针穿线，沿设计好的图案在织物上均匀平缝后拉紧。

图13　平针缝绞法

④卷针缝绞法：利用针与布的卷缝可得到斜线的点状纹样。

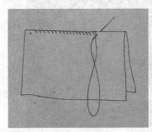

图14　卷针缝绞法

⑤打结扎法：打结扎法是将织物作对角、折叠、不同方式折曲后自身打结抽紧，产生阻断染液渗入的作用。打结的方式有：四角打结，斜打结，任意部位打结等。

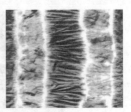

图15　打结扎法

⑥夹扎法：夹扎法是利用圆形、三角形、六边形木板或竹片、

竹夹、竹棍将折叠后的织物夹住，然后用绳捆紧形成防染，夹板之间的织物产生硬直的"冰纹"效果。

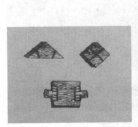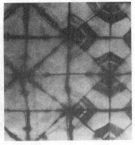

图16　夹扎法

⑦折线夹扎法：用屏风折折叠织物，用条状木板斜夹捆扎木板两头，可做成连续图案。

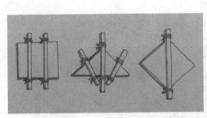

图17　折线夹扎法

⑧包豆子花：将扎染面料中包入豆子、硬币或小石子等不会被染也不会被破坏的小物体，再如同自由塔形一样把其扎紧。

图18　包豆子花

⑨综合扎法：将捆扎，打结扎，缝绞及夹板等多种技巧综合应用，不同的组合可得到丰富多彩的效果。

图19　综合扎法

⑩任意皱折法：任意皱持法又称大理石花纹的制作，是将织物做任意皱折后捆紧，染色；再捆扎一次再染色（或做由浅至深的多次捆扎染色），即可产生似大理石纹理般的效果。

图20　任意皱折法

图21　扎染成品　　　　　图22　扎染成品

（6）蜡染

1）蜡染制作的基本技法

画蜡法：毛笔画蜡、铜刀画蜡、毛刷画蜡、蜡烛滴蜡、刻纸上蜡等。

染色法：单色蜡染染色法：刷染、浸染；多色蜡染染色法：多色刷染法、彩色蜡笔画、多次染色法、喷绘法；简易染色法：丙烯颜料染色法、黑色墨水染色法。

2）冰裂纹

蜡染工艺品的魅力除了图案精美外，还在于蜡冷却后在织物上产生的龟裂，色料渗入裂缝，得到变化的色纹，俗称"冰裂纹"。相同的图案则会产生不同的"冰裂纹"，这是机器印染所替代不了的。

因此，蜡染的灵魂是"冰裂纹"，它是因蜡染块折叠迸裂而导致染料不均匀渗透群造成的蜡自然龟裂染纹，是一种带有抽象色彩的图案纹理。

图 23　蜡染成品 1　　　　　　图 24　蜡染成品 2

3）蜡染的制作过程

①描稿

在织物上用铅笔或画粉轻轻在布面上绘图。应充分考虑到冰裂纹面积的大小。

②画蜡

将石蜡与蜂蜡切成小块放入容器中，用火加热直至蜡液冒白烟，用蜡刀或毛笔蘸蜡液描绘织物上已画好的线稿。描绘的部分应留出空白（制作冰裂纹）的部分。

图 25　画图　　　　　　　　图 26　上蜡

画蜡时一低昂要注意蜡液的温度。温度不能太高，会引起燃烧。温度太低，没有作用，冒白烟即可切断电源。

③制作蜡纹

在染色钱制作冰裂纹，这是体现蜡染效果的特殊方法：随意折叠：用手或工具自由折叠画过蜡的织物，可产生粗犷的纹理；冰冻

图 27　上蜡

龟裂：将织物放入冰箱的冷冻室内约十五分钟后取出，受冷后收缩的画蜡部分，少触即会产生龟裂；强力压刮：在桌边或桌角上用力压扯织物，或用硬物压，都会产生效果不同的蜡纹；湿水发：在画蜡前，将图案的一些局部用水沾湿，湿处与干处画上的蜡液会产生不同的效果。

④浸染：将画好纹样的布放在蓝靛染缸中浸染。

⑤退蜡、煮锅：退蜡时煮沸织物用，用旧锅、旧盆即可；电熨斗：用以退蜡或烫平织物。

（7）蜡染作品的保养

1）由于蜡染的原料是纯棉布，因此在保养方面应注意防潮、防腐蚀，以免发霉长虫。如果买回后用于收藏而非装饰，请定期取出晾晒。

2）蜡染可以随时用水清洗，但在洗的过程中不要使用清洗剂，以免掉色；

图28 染色

也不可用机洗，因为很多染画主要是一须边突出主效果，用机洗会将须边搅坏。洗完后的蜡染制品可以熨烫。

3）蜡染制品自制完成或买回后，可以根据需要进行装裱。同时蜡染由于是用100%纯棉布制成，因此还是服装、被套、床单等等的极佳选择。只要运用得当，一定会让您的居室或者办公室呈现另一番情趣。

5. 收获与体会

通过对黔南州蜡染技术的发展研究和调查，我清楚的认识到了黔南州蜡染技术的状况，对于此问题的各种表现形式与问题的有了清醒的认识，也提出了各种意见或建议，希望对今后蜡染技术的发展起到帮助，也希望这项艺术能一直传承下去，与时俱进，为使今后能有更多的人喜欢上蜡染这项技术。

在做课题的过程中，我遇到不少困难，多亏了老师的耐心指导和鼓励，我才能比较完善的完成这次研究，并使自己的意志得到了磨炼。从来没有想过做一个课题是那么的困难，会遇到如此多的问题，我的论文一次一次的提出，一次一次的修改，到最后定稿时，得到了老师满意的眼光。这篇论文在周光发老师的指导下完成的，老师经常为我写该论文到深夜，他的敬业与对学生负责的精神，深深的影响着我。

附：作品欣赏

附图1　扎染成品1

附图2　扎染成品2

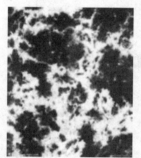
附图3　扎染成品——平针缝绞

附图4　扎染成品——任意皱折法

附图5　蜡染成品1

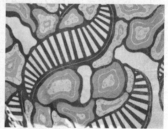
附图6　蜡染成品2

附图7　女服装展演　　　　　　附图8　男服装展演

【教师点评】

黔南州少数民族有着自己丰富多彩的民族文化和民间工艺美术技术，其中的蜡染艺术作品和蜡染旅游工艺品在整个染织美术界久负盛名，独放异彩。蜡染艺术在少数民族地区世代相传，经过悠久的历史发展过程，积累了丰富的创作经验，形成了独特的民族艺术风格，是中国极富特色的民族艺术之花。

（本文获第29届贵州省青少年科技创新大赛二等奖）

第十一节　音乐学科

都匀市苗族民歌文化的调查研究

作者：陈风桥　岑开良　陆　端

指导教师：周光发　杨先彤　罗邦彪

摘　要：苗族是一个历史悠久、独具特色的民族。苗族民歌内容丰富、体质古朴、旋律优美，其演唱艺术也是具有鲜明的少数民族传承艺术特色。本文以研究都匀地区苗族民歌的特征为切入点，多方面对都匀市市民进行采访，进一步对苗族民间文化深入探索，以增强人们保护传统文化的意识，以传承和弘扬苗族民歌文化，促进中国民歌文化的蓬勃发展。

关键词：都匀市　苗族民歌　研究　保护　传承

1. 调查背景

我国光辉灿烂的音乐文化，是各族人民共同创造反映丰富多彩的社会生活，中国的音乐体系纷繁复杂。在"百花齐放""百家争鸣"和"古为今用，洋为中用""推陈出新"的方向鼓舞下，我国传统的音乐和各种新音乐迅速地成长。苗族民歌历史悠久，是苗族文化的精华和重要的文化遗产，黔南州都匀市作为贵州省具有特色苗族民歌文化城市的代表。苗族是都匀市的特色民族之一，人口七万余人，占都匀市总人数的 15.20%，分布在市境东部的坝固、王司、大坪、基场等地。在漫长的历史长河中，勤劳智慧的苗族同胞用自己的聪明才智，创造了璀璨夺目的都匀苗族民间文化。而苗族民歌文化是其重要组成部分，起源于人类劳动与生活的苗族民歌文化，伴随历史的步伐，反映着各个时期的社会政治生产劳动、民风习俗、爱情婚姻、生活风貌等。

在去年我校的社团活动日中，我们看到了由我校音乐教师指导的曾获一等奖的表演作品——苗族小合唱《苗家迎着幸福来》。独特的演讲方式和优美的曲调使我们对都匀苗族民歌文化产生了浓厚的兴趣，由此展开了深入的研究，希望我们的研究能呼吁社会对苗歌的关注，弘扬苗族音乐文化，促进民族文化事业的繁荣发展。

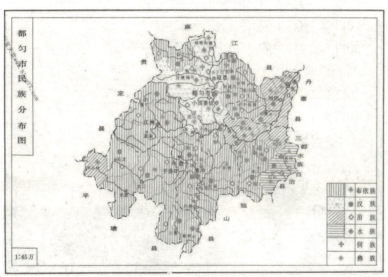

图1　都匀市民族分布图

2.　研究目的

（1）全面了解苗族民歌文化的历史；

（2）认识苗族民歌文化的内在结构，具体内容；

（3）保护、传承和弘扬苗族民歌文化，提高自身素质。

3.　调查方法

问卷法、文献法、统计分析法

4. 调查对象

（1）都匀市一、二、三中在校学生

（2）都匀市部分市民

（3）都匀市境内苗寨村民

（4）都匀市文学艺术研究中心

5. 调查时间

2013 年 4 月，提出问题

2013 年 5 月~6 月，制定调查问题的主要方向和研究方案

2013 年 7 月~8 月，进行调查和访问

2013 年 9 月，对调查和访问的结果整理及分析

2013 年 10 月，撰写课题论文

2013 年 11 月，对课题论文进行认真修改

2013 年 12 月，定稿，完成课题论文

6. 调查结果分析

6.1 都匀市苗族民歌文化的分类及特点和近年苗歌参赛概况

6.1.1 都匀市苗族民歌文化的分类及特点

苗族是一个歌舞才能卓越的民族，自古有歌，并且种类很多，尤以飞歌、情歌、酒歌享有盛名，苗族人表达人与人之间的亲情、友情。往往以歌抒情达意，于是就有了酒歌；苗族男女为追求爱情追求幸福互相爱恋，于是便产

图 2　到州文化馆调查

生了浩如烟海的游方歌，在苗族人民的社会生活中已是不可缺少的基本组成部分。人们通过它来传承历史，传承生产知识，传承做人

的道理，通过它来恋爱结婚，延续后代。因而，苗族群众把苗歌看得与物质生活等同重要，苗族民歌根据其演唱场合的不同可分为：飞歌、游方歌、风俗歌、叙事歌、祭祀歌等，曲调各不相同。

表1　都匀市苗族民歌的主要类型

苗歌分类	主要分布地区	代表曲目
飞歌	都匀市坝固镇	《苗乡情》、《太阳出来亮沙沙》《山花朵朵》
游方歌（情歌）	都匀市大坪镇	《青青河边草》《阿哥阿妹》
祭祀歌	都匀市王司镇	《新场苗祭天神》
酒歌（风俗歌）	都匀市王司镇	《苗族六月六》《格多苗寨等你来》
劳动歌	都匀市坝固镇	《苗家一心搞四化》

（1）飞歌

"飞歌"是都匀市苗族歌曲中最具代表性的歌曲之一，是典型的原生态民歌，质朴自然、毫无雕琢，是苗族民歌歌唱艺术中的瑰宝。"飞歌"原为苗族人在田间劳作时，男女放声歌唱藉以抒情，男孩用假声，女子多用真声。"飞歌"也称"顺络歌""喊歌""山歌"。其音调高亢嘹亮、豪迈奔放、节奏明快自由，旋律起伏性大，音域宽广。有强烈的感染力，多用在喜庆，迎接等大场合，见物即兴，现编现唱，歌词内容以颂物，感谢鼓励一类为主，都匀市苗族飞歌主要以《太阳出来亮沙沙》为主。

图3　都匀山歌《太阳出来亮沙沙》歌词

（2）游方歌（情歌）

"游方歌"是苗族民歌的专称，是都匀市苗族男女青年在游方活动中作倾诉爱慕之情的曲调。歌词除小部分是即兴创作外，绝大多数是传统的押调体五言和七言诗，抑或有少数是叠句，长短句等。演唱时，讲究强弱起伏、均用假嗓、气息深厚，表达细微的感情，结束时速度缓慢、节拍自由、缠绵婉转、扣人心弦。

图4　都匀情歌《想见她呀》歌词

（3）祭祀歌

苗族过去信仰万物有灵、崇拜自然、祀奉祖先，苗族聚居地区地处偏僻，苗族人敬傩神（传说"傩"能驱鬼消灾）每逢秋冬祭拜。唱祭祀歌还愿傩神酬祭歌伴随着苗族人民的生活，是苗族人重要的生活特征。苗族民间最大的祭祀活动是"六月六"又称"祭神节"。届时要杀一头牯子牛，跳芦笙舞祭祀先人，食时邀亲朋共聚一堂，以求增进感情，家庭和睦。

（4）酒歌（风俗歌）

苗族人民在时逢佳节和婚姻喜庆饮酒时，常用酒歌来祝福酬谢。席间酒后，老人们往往用酒歌的曲调来传唱历史，歌颂民族英雄和祖宗的业绩。酒歌旋律起伏不大，庄重严肃，带朗诵风格，常常是一个章句的无限反复，仅因歌词调子不同而稍有变化，例如都匀苗歌《苗家六月六》：苗家姑娘在等候　欢迎你来游一游　芦笙伴你手牵手　木叶伴你抛绣球　请你喝杯牛角酒。

（5）劳动歌

劳动歌是苗族人民在长期的生产劳动过程中，创作歌颂劳动和生产的歌。《四季歌》叙述了一年四季中劳动过程的事，什么季节应该做什么活路，应该怎么做，叙述得清清楚楚，最后以获得丰收的情景和愉快的心情为结束，有的生产劳动歌记叙了时令、季节、气候变化等方面的内容。比如：《种稻歌》、《刺绣歌》、《种棉歌》、《蜡染歌》、《造酒歌》等。主题思想积极，多是鼓励人们努力劳作，创造美好生活的作品。

图5 都匀人民劳作时唱的苗族民歌

访问得知州文学艺术研究中心对都匀市苗族民歌文化研究的人
员越来越少，其原因是苗
歌难以理解、纷繁复杂、
难以学习等，因而都匀市
苗族民歌文化越来越难适
应快速发展的现代多元化
社会，难以被人们接受、
学习、传承和保护。所以
现在面临失传的危险，苗
族民歌作为中华民族的非
物质文化遗产不应该淡出

图6 采访州文化馆馆长

人们的文化生活，且应该多加重视与传承弘扬。

针对其淡化的现象，我们对都匀市部分人员对苗歌的看法与态度进行了调查研究。

6.1.2 多彩贵州歌唱大赛都匀赛区近年参赛概况

表2 多彩贵州歌唱大赛都匀赛区近年参赛概况

演唱活动名称	参与总人数 （人）	演唱苗歌人数 （人）	比例 （%）
2005 年多彩贵州歌唱大赛都匀赛区	300	31	10.3
2008 年多彩贵州歌唱大赛都匀赛区	253	26	10.2
2011 年多彩贵州歌唱大赛都匀赛区	456	46	10.1
2013 年多彩贵州歌唱大赛都匀赛区	279	25	8.9

"多彩贵州"歌唱大赛都匀赛区比赛一直是都匀地区主要的歌唱比赛活动之一，历年来参加的人数也比较多。虽然"多彩贵州"的节目是以突出民族特色演唱为主，但是从表中我们可以看出演唱苗族民歌的人还是少之又少，不超过比赛节目的11%，甚至比例在逐年下降。其实本市特色的苗族民歌可以有演唱、演奏、表演等多种表演形式，但表中显示比赛选手大都并不青睐于它。因此可以看出，传承着民族厚重而独特的历史和文化的苗族民歌渐渐淡出人们的视线。处于快节奏时代的新一辈，不重视本身民族文化陪在，所以，都匀市苗族民歌文化的传承保护工作已相当严峻，迫在眉睫。

6.2 对都匀市市民和学生的调查

6.2.1 对都匀市中学生的调查

本次调查共采访了都匀市一、二、三中 580 名学生，客观地了解和分析都匀市中学生学习音乐的类型与观看苗族民歌节目的情况。

(1) 都匀市中学生学习音乐的类型

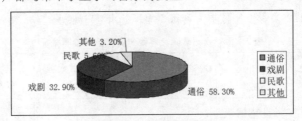

图7　都匀市中学生学习音乐的类型

由调查结果得知，图7表明都匀市中学生学习音乐的类型主要有通俗、民歌、戏剧，学习通俗类的学生所占比例高达58.30%，学习戏剧类的学生占了32.90%，而学习民歌的学生仅占5.60%，剩余3.20%的学生学习其他类型的音乐。由此体现出都匀市中学生学习民歌的人数比较少，学习苗族民歌的人数就更少了。在快速发展的现代社会中，中学生偏爱易懂的通俗歌曲和有趣的戏剧音乐，学习民歌不是他们的首选爱好，苗族民歌文化正渐渐淡出他们的视线，如今苗族民歌面临着断代失传的现象。如何做好一名优秀的民族文化的传承者，是我们中学生应当认真思考的问题。

(2) 都匀市中学生观看苗族民歌节目的情况

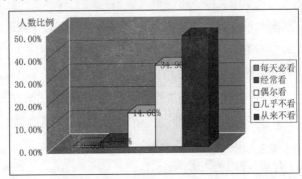

图8　都匀市中学生观看苗族民歌节目

调查显示，图8表明都匀市中学生对苗族民歌节目并不感兴趣，甚至从没看过苗族民歌节目的高达47.60%，几乎不看苗族民歌节目的占了34.90%，然而每天必看苗族民歌节目的仅仅只有0.60%。由此看出在生活娱乐中，都匀市中学生了解苗族民歌的人数少之又少，对苗族民歌的关注度亦如此。如今的中学生被社会主流文化发展带来的新兴娱乐方式所吸引，他们不会选择去聆听苗族民歌和观看苗歌表演节目，而是偏爱于轰动一时的潮流歌曲，因而选择进酒吧，KTV等娱乐场所，赶时髦的同时也冲淡了苗族原有的传统民族文化，这对苗族民歌文化发展是不利的。因此，如何继承和发扬苗族民歌文化是中学生应当认真考虑的问题。

6.2.2 对都匀部分苗族同胞的访问

本次调查共访问了500名都匀市苗族同胞，同时从不同年龄段进行采访，多方面综合得出苗族民歌文化现状并对其进行客观分析

（1）各个年龄段的苗族同胞会唱苗歌人数

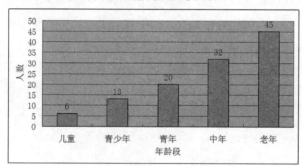

图9　每个年龄段的苗族同胞会唱苗歌人数

在此次访问中，我们在每个年龄段均各采访了50名苗族同胞。图9显示被采访的苗族同胞中会唱苗歌的老人有45人，中年的有32人。然而会唱苗歌的苗族青少年有13人，儿童仅占6人。因此，会唱苗歌的人多聚集在老年阶段，其他年龄段会唱苗歌的人屈指可数，也就是说苗族民歌的新兴力量并不多。依现在苗族民歌的发展趋势，会唱苗族民歌的人数逐年下降，不久便会出现失传的现象，这对于苗族民歌文化的传承和弘扬是十分不利的。

（2）苗族同胞参加相关苗歌活动情况

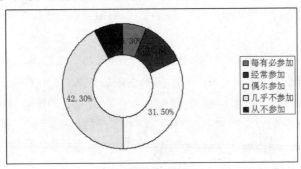

图10　苗族同胞参加相关苗歌活动情况

　　在此次调查中，我们访问了250名苗族同胞，图10体现出苗族同胞参加相关苗歌活动的积极性并不高，其中每逢有苗歌活动必参加的人数仅占6.30%，但几乎不参加的人数高达42.30%，数据表明苗族同胞对于本民族的特色活动热情度较低。而苗族是与歌为伍的民族，由访问苗族同胞可以得知，从上个世纪九十年代以来，曾经盛行于苗族同胞娱乐圈中的民歌，开始逐渐被各种新兴娱乐方式所取代，苗族青年男女谈情说爱已逐渐从对唱情歌到书信来往转为手机联系、短信私谈，而传统的民歌对唱沟通情感的方式在这一变迁过程中已慢慢消失，从城市到农村，现在的各种礼仪庆典过程也被人们一点点简化，不再走原有既定程序中的很多过程，有些习俗、民歌也就无立足之地了。苗族作为都匀市主体民族之一，由于现代科技文化的逐步普及，其传统民歌随社会的进步而一点点失去，随着社会娱乐文化方式的日新月异而逐渐淡化。

图11　与音乐教师交谈

6.2.3 对都匀市部分人员对苗歌文化传承的看法

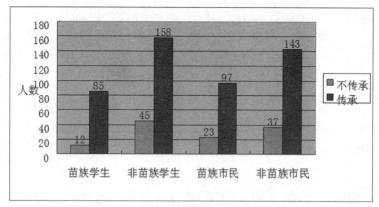

图12　都匀市部分人员对苗歌传承的看法

在此次调查中，我们随机采访了都匀市 600 名各界人士，虽然现在会唱苗族民歌，研究民歌的人并不多了。但可以从图中看出，人们还是希望把苗歌文化继续传承下去的。苗族人民认为苗歌是本民族的特色，是老祖宗们留下的瑰宝。所以传承苗歌是他们的责任，更是他们的自豪。非苗族人民则表示，苗歌是民族文化的一种体现，传承苗族民歌也是保护民族文化多样性的措施之一。我们相信，在社会各界的共同努力下，苗族民歌的传承还是有一个可观的前景。

6.3 苗族民歌演唱风格

（1）演唱方法

图13　演唱方法需要了解的喉部结构

苗歌的唱法丰富多彩，根据不同的曲调，不同的演唱方式，不同的演唱环境，大致可分真，假声结合唱法，半真半假唱法，轻声唱法，真声唱法等几种类型。

① 真假分明的声唱法：即真假混交替在一首歌中的唱歌，需要

特有的润腔调节。此种唱法，使得声音自然，无论高调的低调都可在真假声的交替中转换自如，保证歌曲的协调性与完整性。

②轻声唱法：轻声唱法又叫虚起首发声，即运用气声演唱，类似叹气似的发声，给人一种先出声后发声的感觉。因此，轻声唱法发出的声音听起来放松舒适、柔软亲切、情深隐秀。

③真声唱法：是现代苗歌中突破传统的苗歌演唱的一种新苗歌唱法，这种唱法大多用胸腔呼吸，主要靠喉头冲击的力量发声，因此声音高亢嘹亮，振奋人心。

（2）演唱调式

苗族民歌调式多用五声徵调式和羽调式，旋律给人以宫、角、徵或羽、宫、角三声为骨干。苗族民歌的音域相对宽广，旋律尝做分解和弦式的运动，形成路进较多的风格。在多声部歌曲中，模仿式复调式的作品最多见，和声音程关系则体现出对三、四、五度的和谐观。

①按照纯五度排列起来的五个音节所构成的调式叫做五声调式，这五个音由低到高依次定名为宫、徵、商、羽、角（Jue）。如：

图14　苗歌演唱调式

图15　苗歌演唱调式

①将这五个音由低到高排列在一个八度之内，便是：

②按首调唱名法，在一般情况下可以说 do 就是宫，re 就是商，mi 就是角，sol 就是徵，la 就是羽。这使识别宫、商、角、徵、羽以

及这五个音的其他音名提供了极大的方便，以 c 调为例：宫 = do = C，商 = re = D，角 = mi = E，徵 = sol = G，羽 = la = A。

对于多种的都匀市苗族民歌的演唱风格，大部分人都难以接受其单调的演唱调式和把握不稳的演唱方法，如今有部分人对民歌进行改版加入了多种通俗易懂的现代元素，因此苗族民歌文化就此失去了其特有的古朴自然的纯

图 16　练习苗歌演唱调式

正民风，在我们看来，苗族民歌是苗族人民对其生活的表达，如果将其改版，自然会没有了苗族文化的特色，因此我们针对是否传承淳朴的民歌对都匀市部分人员进行了调查。

7. 都匀市苗族民歌文化传承与保护建议

7.1 由政府主导，认真研究对策，加强苗族民歌的挖掘与保护

苗族民歌是苗族传统文化的重要组成部分，它的传承直接影响着整个苗族文化的发展，作为与苗族群众日常生活息息相关的民歌能否得到发展，直接关系到本民族的整个文化的和谐发展。现在苗族民歌面临着严峻的形势，应当及时抓住目前国内对少数民族文化极为重视的打好机遇，充分利用各种和科技手段搜集整理，并列入国家非物质文化遗产加以保护。

7.2 结合社会主义新农村，针对性地对苗族民歌加以保护和弘扬

现在我州正进行着热火朝天的社会主义新农村建设，很多苗族村寨也被列入其中，各个苗族村寨在建立村文艺队时，应当本着去粗取精，古为今用的原则，在保持原有民族形式和特色的条件下，有意识地对传统民歌进行挖掘，整理和加工，充实具有时代气息的

内容，借民族喜闻乐见的文艺形式宣传党的路线方针政策。同时，聘请村里一些擅长传统民歌的歌手作为文艺队的创作顾问。在节目编排过程中，融入一些原汁原味的东西，对于先进民族的一些文艺形式和优秀作品可以用民族语言加以充分应用，让本民族有限的文艺表演形式得到充分拓宽，不断拓宽本民族的文化视野，提高欣赏水平。

7.3 重视本民族的语言与汉语的"双语"教学

少数民族文化大多不是通过学校教育，而是在民众日常生活中以口传心授的方式传承的。苗族是一个历史悠久、文化独特的民族，也是一个久经磨难的民族。同时也是一个有语言无文字的民族，用语言传承苗歌成为苗歌传承的一种主要方式。都匀苗歌的演唱语言是苗语，苗歌传承着苗族的历史文化。政府应该确实加强对传承苗族语言工作的扶持，通过教育部门尽快恢复当地地区学校中的苗汉"双语"教学，把苗语引入课堂，增加学校图书馆关于苗歌文化的书籍，开展苗歌比赛等。采取相应措施，加大宣传，提高本地区人民对本民族传统文化的认知和认同感，树立起本民族自尊心和民族自豪感。

7.4 采取措施对民间歌手进行培训，使民歌在传承过程中避免出现断层

苗族民歌要得到很好的传承与保护，少不了媒体的引导和传播。一方面，借助黔南人民广播电台的苗语广播和黔南电视台民语节目这个平台，对弘扬苗族民歌的重要意义及其审美价值进行广泛宣传，从而提高苗族群众对传承

图17 采访苗族同胞

和保护民歌的意识，自觉学习和创新本民族的民歌文化；另一方面，社会团体应采取各种有效措施，开办苗族民歌培训班，并引进各地苗

族民歌歌王前来教学，鼓励广大苗族青年男女学习本民族传统民歌，开展苗歌比赛等。

7.5 筹集资金，把苗族民歌文化作为文化开发项目加以包装

苗族传统民歌，属于一种非营利性的隐形文化，这就需要对它进行扶持，才会得到延续和发展。为此，各有关部门在保护苗族传统民歌文化的工作中应多方筹集资金，加以认真开发利用。一方面，积极创造条件，力争每年举办一届苗族民歌大赛，从中发现民间艺人，为今后我州各类歌手大奖赛储备人才；另一方面，组织我州民歌研究专家、学者到先进发达的其他少数民族地区进行考察学习，借鉴好经验、好做法，并把我州苗族民歌中的精品推荐出去，为更多的人所了解和认识。

致　谢

本次研究调查得到了所有被采访者及在校领导、老师、家长、在校中学生的全力支持，尤其是得到了都匀市苗族同胞和资深音乐教师的帮助，才使本次调查研究顺利进行。特此感谢！

附图：

图1　在州图书馆查阅相关资料1　　图2　到州图书馆查阅相关资料2

图3　体验苗族风情

图4　访问苗族学生对苗歌传承的看法

图5　访问都匀市市民

图6　采访苗族老人

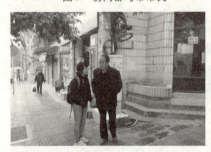

图7　老爷爷热情接受采访

图8 到都匀市王司镇格多苗寨采风

图9　学生演唱苗族民歌

图10　学生参加苗族民歌表演

图 11 采访学生观看苗歌节目情况　　图 12 分析采访结果及整理数据

【教师点评】

　　苗族民歌内容丰富、体质古朴、旋律优美，其演唱艺术也是具有鲜明的少数民族传承艺术特色。本文以研究都匀地区苗族民歌的特征为切入点，多方面对都匀市市民进行采访，进一步对苗族民间文化深入探索，可增强人们的保护传统文化意识、提高对苗族民歌文化传承的积极性、传承和弘扬苗族民歌文化、促进中国民歌文化的蓬勃发展。

　　（本文获第 29 届贵州省青少年科技创新大赛二等奖）

第十二节　体育学科

都匀市高中生身体素质调查

作者：李卿熠　罗文智

辅导教师：周光发　谢　韵　杨先彤

　摘　要：这几年来学生体质持续下降，健康状况很不乐观。本课题通过对我校高中生身体状况，体育锻炼习惯等现状进行调查，对学生体质健康状况下降的原因进行了初步探讨。

　关键词：学生　孩子　健康　体质下降　原因

1. 研究背景

　　体质的强化和身体素质的提高，需要长时间的坚持和努力付出，而这，会与人的惰性形成冲突和矛盾，为此，需要一定的强制性措施予以保证。而观体育达标制度，从某种意义上讲，其本身就是一种带有一定强制性的制度，或者具有一定强制性的保障措施。因此，就这一制度而言，其关键之处，不在于有没有、测没测和达标率有多高，而在于有没有对学生的身体锻炼，起到应有的强制和督促作用，以及究竟起到了多大的作用。是故，分析并判明达标制度、项目和标准变迁，是强化还是弱化了它的强制和督促作用，以及它在导致学生体质持续下降问题中究竟起何作用等问题，对于今后决策部门改进达标制度，完善测试项目和评定标准等工作来说，其意义不言而喻。

　　体质和健康的关系非常密切。学校体育是我国教育事业的重要组成部分，对国民体质的增强、健康水平的提高和生活质量的改善具有重要意义，国民体质健康水平是社会现代程度的重要标志之一。高校体育是学校体育的最高层次，在终身体育教育中，学校体育是中间环节，起着承前启后的"桥梁"作用，是社会体育衔接的特点。高校作为培养人才的基地，当务之急应从战略发展的角度认识到提高中学生体质健康水平的重要性和紧迫性。居里夫人曾说过"科学的基础是健康的身体……，如果失去了健康，那就意味着失去了一切"。中学生是祖国的栋梁，肩负着建设祖国的重任。时代要求他们不但要有综合、坚实的科学文化和突出的才能，同时还应具备强健的体魄。那么中学生只有具备良好的健康体质，才是提高学习成绩、培养跨世纪人才的重要前提。

2. 研究时间

2015 年 10 月 8 日，提出课题

2015 年 10 月 25 日—11 月 11 日，实地考察，搜集学生们的上体育课情况

2015 年 11 月 11 日—12 月 10 日，对数据进行分析

2015 年 12 月 11 日—12 月 15 日，通过上网等方式查阅于本课题相关研究资料

2015 年 12 月 20 日，完善内容，整理数据

图 1　正在微机房里上网查阅资料

3. 调查过程

对我校高一、二、三 3 个年级共 3800 名学生进行调查。

（1）调查问卷

①你的年级？［单选题］

选项	小计	比例
A、初中	260	52%
B、高中	240	48%
本题有效填写人次	500	

②你的性别？［单选题］

选项	小计	比例
A、男	320	64%
B、女	180	36%
本题有效填写人次	500	

③是否喜欢体育锻炼？［单选题］

选项	小计	比例
A、是	150	30%
B、否	200	40%
C、一般	150	30%
本题有效填写人次	500	

④你平时通过什么方式锻炼？［单选题］

选项	小计	比例
A、跑步	100	20%
B、打篮球	150	30%
C、踢足球	80	16%
D、其他	170	340%
本题有效填写人次	500	

⑤你对学校的锻炼设施满意吗？［单选题］

选项	小计	比例
A、满意	180	36%
B、不满意	220	44%
C、一般	100	20%
本题有效填写人次	500	

⑥你认为高中生身体素质下降的原因有？［多选题］

选项	小计	比例
A、学校里轻松好吃的多	80	16%
B、学校不重视体育，体育课内容少，体育设施少	120	24%
C、上网时间过多	50	10%
D、运动减少	100	20%
E、其他	150	30%
本题有效填写人次	500	

⑦你平时选择什么时间锻炼？ [单选题]

选项	小计	比例
A、早晨	80	16%
B、中午	90	18%
C、傍晚	100	20%
D、晚上	70	14%
E、其他	160	32%
本题有效填写人次	500	

⑧你平时在什么地点锻炼？ [单选题]

选项	小计	比例
A、操场	260	52%
B、体育馆	110	22%
C、公园	40	8%
D、健身房	20	4%
E、其他	70	14%
本题有效填写人次	500	

⑨你对你的身体素质满意吗？ [单选题]

选项	小计	比例
A、很满意	140	28%
B、满意	120	24%

选项	小计	比例
C、不满意	150	30%
D、很不满意	60	12%
E、一般	30	6%
本题有效填写人次	500	

⑩你每周锻炼多长时间？［单选题］

选项	小计	比例
A、一小时以下	260	52%
B、1－5小时	100	20%
C、6－10小时	80	16%
D、10小时以上	80	16%
本题有效填写人次	500	

⑪你不运动或减少运动的原因？［单选题］

选项	小计	比例
A、不喜欢	170	24%
B、没时间	200	40%
C、场地太少	60	12%
D、没人一起	40	8%
E、其他	30	6%
本题有效填写人次	500	

⑫你对近几年频繁出现的高中生体质？[单选题]

选项	小计	比例
A、个人平时不锻炼的结果	300	60%
B、是高中生平均体质下降的表现	100	20%
C、学习时间紧，压力大，缺少锻炼时间	100	20%
本题有效填写人次	500	

（2）调查结果分析

我州中学生的平时体育锻炼的意识不强，身体素质状况也并不好，平时的体育锻炼得时间也没有多少。所以我们要加强体育这方面得意识，多锻炼，身体是革命的本钱，身体不好，会影响我们的一生。

图2　对我校学生进行调查

4. 影响高中生身体健康的因素分析

（1）考试制度造成学校不重视体育教学，使学生压力过大，没有足够运动时间

（2）家长，学生，老师对体育的认识不够，使青少年体质下降

（3）体育教师本身责任下降，造成学生体质持续下降

（4）青少年承受巨大的考试和升学压力，直接导致了睡眠时间的严重不足和学习时间的延长，减少了体育锻炼时间

此外，居住环境的改善，限制了青少年的活动空间，减少了青少年户外活动的时间。同时，交通日益发达，出行方式的多元化、现代化，也导致了青少年在日常生活中的体力节省化，大大减少了对青少年生长发育的自然运动刺激。

西方快餐文化盛行，过多高能量物质的摄入，导致膳食不平衡或营养过剩，直接引发青少年肥胖症的增加。

多年来，由于我国选拔人才的高考制度以文化课考试成绩为依据的格局没有根本改变，加上中国家长对子女获得高质量高等教育机会的不懈追求……导致了青少年的学习压力并没有出现减轻趋势，在某种程度上反而越来越重。这种压力反映在学生的学习生活中，最直接的表现是睡眠时间严重不足和课业负担过重。

5. 提高高中生身体健康的对策和建议

（1）学校领导要站在提高中华民族素质的高度上，充分认识提高青少年学生体质健康水平的重要意义，针对学生体质健康方面存在的问题，采取切实有效的措施，落实学校的各项体育措施。

（2）学校教导处要将学生的体育考试和体质测试等工作纳入到教师业务考核中，作为体育教师必须完成的教学任务，通过考试和体质健康测试等手段来检验教学效果。

（3）学校应有计划的切实解决学生体育锻炼所必须的场地、器材设施等问题。

（4）体育教师按照教学大纲和新课程标准（实验）的要求上好每一节体育课，学校不得以任何理由挤占体育课和课时。

（5）要按照《学校体育工作条例》要求，在抓好体育课堂教学的同时，落实学生每天一小时的体育活动时间，继续举办学校体育节，开展丰富多彩的第二课堂体育活动，充分调动学生锻炼身体的积极性。

（6）要进一步加大体育课程和学生体育活动改革的力度，在体育活动内容的安排上，除了要考虑不同年龄段学生的生理、体质特点外，还要针对学生体质健康存在的问题，合理安排运动量和运动负荷，改善学生的心肺功能、增强体能，全面提高学生的身体素质。

（7）通过课堂教学、讲座、板报、广播等多种形式对学生进行营养知识、常见病预防知识的宣传教育，培养学生科学的营养观念和良好的饮食卫生习惯，增强学生的卫生防病意识。

（8）依据女生心理、生理特点，体育与健康课应适当增加形体健美内容，激发她们的学习兴趣，提高她们参与活动的积极性。男生对体育活动的兴趣也要加强，要及时的进行体育锻炼，增强自我锻炼意识，养成自我锻炼的良好习惯。

（9）加强学校的体质研究工作，用体质信息促进教改，用教改结果促进教学，要改革学校体育效果的评价方式和标准。

（10）积极稳妥地推行"学校体质健康标准"。通过实施"学生体质健康标准"评价，让学生了解自己的体质健康状况，并制定相应的运动处方，指导学生进行科学的体育锻炼，以达到增强体质的目的。

（11）开设体育选修课，由学生选择自己喜欢的项目进行有效的锻炼，培养学生经常参加锻炼的良好运动习惯，并学会一两个项目的锻炼方法，从而使身体素质得到不断的提高。

6. 结语

人的体质状况主要受先天遗传和后天环境的影响。在后天环境中，体育锻炼是影响体质的重要因素。适宜的体育锻炼可以加强血液循环、加快新陈代谢、增强身体素质。为了全面了解中学生的体育锻炼状况，本研究将以不同学校在校中学生为研究对象，在充分了解其现状的基础上，重点探讨近 30 年来体育达标项目和标准变化对中学生体质发展状况的影响，为我国大校学生增强体质、促进健康提供理论依据，为进一步深入研究运动健身指导方案奠定坚实的实践基础

总之，在改善青少年体质和健康的道路上，学校、家庭以及社会是一个有机整体。家庭是学校和社会的前提，学校是连接家庭和社会间的"桥梁"，而社会则是家庭和学校的延伸。只有将体育融入到家庭、学校和社会的各个环节，将学校的纪律、家庭的观念以及社会的责任统一起来，建立"统一战线"，培养青少年"终身体育"的意识，才能从源头扭转青少年体质逐年下滑的势头

【教师点评】

本文通过对高中生身体状况调查，学生体育锻炼习惯的形成进行了调查，对学生体质健康状况下降的原因进行初步探讨并提出相应对策。作者思路清晰，分析深入，可圈可点。

（本文获第 31 届贵州省青少年科技创新大赛三等奖）

第三单元　黔南州社会实践活动课程

第一篇　了解社会实践活动

1. 什么是社会实践活动？

社会实践活动就是在学习或工作的闲暇做一些贴近社会、了解社会的一些事情。并能了解社会，并对以后进入社会提供帮助的活动就叫做"社会实践活动"。

社会实践活动是青年学生按照学校培养目标的要求，利用节假日等课余时间参与社会政治、经济、文化生活的教育活动。

社会实践是相对于单纯的理论、课程学习的行为，可以是了解社会的行为，也可以是实践的行为。参与校园社团活动，了解社会和社会兼职工作，参与公益性的社会活动，与本专业相关的实践、试验，去企业参观、实习等都是社会实践活动。

社会实践活动的主要特点是：

（1）它是一种教育活动，是中国特色的社会主义教育的一个有机组成部分。

（2）它在组织学生参与社会生活的过程中达到教育的目的，是以学生亲身参与为主要教育途径的特殊教育形式。社会实践活动的教育目的是使学生在实践中受到教育，增长知识和才干。

（3）它是在课余时间进行的特殊教育活动，是教育实践环节的必要补充。同教学实习不同，社会实践活动主要在教学计划外的课余时间进行。

2. 参加社会实践活动要达到什么目标呢？

社会实践活动是培养学生创新精神和实践能力、提升学生综合素质的良好载体，是实施素质教育的一种良好形式。社会实践活动是学校"综合实践活动"课程的一部分，是一种全新的课程形态，主要以此为载体，使学生能够融入社会，感触生活，通过参与、体验与感悟，增强对社会的认识和理解，发展学生的批判思维，增强学生的社会责任感。

社会实践活动是人有意识、有目的的社会活动，这一行动带有行为者的主观意向性，根本目标是培育有理想、有道德、有文化、有纪律的公民。社会实践活动是加强中小学生思想道德教育和整体推进素质教育的一个重要途径。

（1）通过活动帮助学生感悟自我价值，确立正确的价值观

人的价值是指对他人、对社会的意义，即对他人需求和社会需求的满足程度。把人的需要分成五个层次：

①生理需要，

②安全与保障的需要，

③爱与归属的需要，

④尊重（自我和他人）的需要，

⑤自我实现的需要。人的需要可以随着满足和满足的条件与方式的发展不断丰富、更新。

人的自我价值是社会对于个人价值的肯定，即社会对个人的尊重与满足。当一个学生帮助了别人，并获得了对方的认可与尊重时，他就能够深切感受到自我价值的意义。

（2）通过活动培养学生与人交往的能力。

培养学生具有与人交往的能力是社会发展的需要，也是教育工作者和学生家长的重要任务。从学生的本性特点看，当没有生存的

压力和环境的约束时，最容易体现出他们格外露的本性，想到什么就说什么，想到什么就做什么，喜欢就是喜欢，讨厌就是讨厌，天真直率。可是当他们一旦在老师面前、在同学面前和在陌生人面前就会变得十分拘谨。如果学生没有机会得到相应的锻炼，就不易形成他们在社会生存和发展必须有的能力。

（3）通过实践活动培养学生的公民意识。

公民意识的培养相对于中小学生来讲，主要是帮助他们树立公民的责任意识和维护公民权利的意识。有计划的社会实践活动，就是培养学生责任意识和维权意识的好机会。

1）培养公民的责任意识。

责任是公民分内应做的事或个人对别人的承诺。责任意识是把责任转化为行为的心理特征。培养责任意识就是要培养学生学会做一个负责任的公民。

2）培养维护公民合法权益的意识。

人的基本权利是每一个人作为人存在和发展的前提条件，未成年是公民的特殊群体，国家高度重视保护未成年人的合法权益，颁布了一系列保护未成年人的法律，签署了有关的国际公约。

（4）通过活动提升学生对所学知识的理解和把握程度。

学习知识是为了增强解决问题能力。学生从书本上所获得的主要是事实知识和原理知识，而提高处理问题的能力还需要有人际知识和技能知识。在实践中，帮助学生把事实知识和原理知识转变为人际知识和技能知识，形成解决问题的能力，进而巩固和提高了对原理知识的理解和把握。这就是组织学生参加社会实践活动的重要性所在。

（5）有助于提高提高学生的动手参与能力

社会实践是教育教学内容的重要组成部分，主要以学生个人主动参与及体验为主，是巩固所学知识、吸收新知识、发展智能的重要途径，它不受教学大纲的限制，学生可以在这个课堂里自由驰骋，发挥自己的才能，在动手的过程中，体会课本知识，发展自己的动手能力。充分利用在校期间的以学习为主、学好和掌握科技知识的有力条件，在社会实践中磨炼自己，真正锻炼和提高自己的适应能力。同时，通过必要的社会实践来获取学分，也是新课程的要求。

（6）有助于激发学生对社会问题的思考

培养组织中学生参加社会实践活动，将有助于学生接触群众，了解社会；学生在社会实践过程中，很自然地要走出校门，要离开书本，走入社会，通过融入社会、贴近自然、感触生活，增加对社会的认识与理解、体验与感悟，并能够在此基础上反思社会现象，发展批评思考能力，从而增强社会责任意识，这是一个长期积累的过程。同时学生在参与实践活动的过程中，会促使学生对出现的一些问题的思考，并站在他们的角度上探寻解决的办法，加深学生对社会的认识。

（7）有助于提高学生的综合素质

社会实践活动具有实践性、开放性、生成性和自主性等特点，对学生综合素质的提升，特别是创新精神和实践能力的培养，提供了广阔的空间，是实施素质教育的良好载体。学生在社会实践的过程中，通过参与、动手、思考、解决问题等等过程，将所学的书本知识内化为自己的能力，全面提升学生的思想素质、求真精神和务实的品质；同时也培养了学生积极向上、珍爱美好生活的优良心理品质。

（8）有助于学生尽早地融入社会

教育的目的是培养对社会有用的人才，学校学习的最终目的是要学以致用，为以后的社会生活积累必要的知识储备。社会实践活动可以使学生对书本知识在实际生活中的应用有一个练习的机会，同时也使学生对社会有一个初步的了解，在这种双向了解的过程中，学习社会知识，促进学生的社会化，为以后的融入社会生活做一个铺垫和准备。

3. 社会实践活动的内容有哪些？

中小学生社会实践活动包括公益劳动、社会调查、社会服务、志愿者行动、勤工俭学、科技文化活动等。

（1）从组织形式上看，主要有两种形式：

1）分散活动

其内容丰富多彩，涉及社会方方面面。从区域划分，有农村的、有城市的、有内地、有沿海的；从内容上划分，有希望工程的，有金融保险的，有房地产开发的，有市场营销的，有厂矿、企业的内部管理机制的，有科技扶贫、文化教育的，有家教、生产劳动的等等。

2）集体组织

组成社会实践小分队，分赴各地开展社会实践活动。

（2）从社会实践的类型看，主要有以下几种

1）便民服务

各小分队利用当地的圩日在市场上设立家电维修、单车修理、理发等便民服务点，尽己所能，不怕脏、不怕累，以优质的服务赢得当地群众的称赞和好评，同时也努力实践着青年志愿者的精神。

2）调查活动

调查家乡、家庭、个人的问题，如：压岁钱的花法，调查后写个感想和感受；家里的过年和往年有何不同，钱多了没有，人多了没有，父母的变化，你的变化，家里的习惯都可以。

3）义务劳动

许多军烈属和五保户因家里缺少劳力，庄稼熟在地里而无人收割，同学们积极帮助这类家庭，为他们提供无偿帮助。

4）勤工俭学活动

不少假期未回家的同学在学院的组织下开展各种各样的勤工助学活动，一方面了解社会，另一方面也解决了自身的生活需要。

5）环境保护活动

组织学生积极参与"保护母亲河"行动，进行生态环境调查，宣传倡导环抱观念，治理环境污染，装扮母亲河。"植树""清扫公共设施""社区宣传"等

6）考察实践活动

我校每年集中部分学生，赴贵州省独山县深河桥开展考察实践活动，加强革命史的学习和教育，牢固树立跟党走的信心和决心。

7）科技活动

每年我校会确定中学生科研课题一百多项，迎接每年的科技活动周，提高我校学生科技学术水平，各个课题小组纷纷利用假期时间收集数据，抓紧实验。

总之针对不同人群和不同年龄段，进行特定活动教育主要培养动手、团队协作、敢于挑战、永不放弃的能力。

4. 如何实施社会实践活动？

（1）社会实践活动的开展途径

组织在校学生开展社会实践活动，是全面贯彻教育方针，培养有理想、有道德、有文化、有纪律的一代新人的重要措施。学校在活动内容的把握上应以学生的实际能力为基础，密切结合学生的生活与学习的实际，积极探寻有助于学生运用所学知识、锻炼学生能力的内容，以提高社会实践活动的针对性和实效性。具体来说，有以下几种形式：

1）以校内服务为主的岗位实践活动

社会实践活动首先应该从与学生学习生活关系密切的校内生活开始。学校在具体的开发过程中，可以充分运用学生的能力，相信学生，放手让学生从事一些校内岗位的锻炼，从而提高学生的能力。如校园迎宾活动、校园卫生值日的检查、纪律的维护、家长会时的一些服务导引工作、大型活动时的秩序维护等等；也可帮助老师做

一些辅助的工作，如帮助图书馆进行图书的整理、登记工作，帮助实验老师进行实验仪器的整理，帮助微机老师进行电脑系统维护等；还可从事一些校园的公益劳动，如进行公益卫生打扫、到食堂帮橱。通过这些活动，既锻炼了学生的能力，也使学生对他们生活的校园有一个了解，了解部分老师的工作，从而使他们珍惜劳动成果，尊重老师的工作。

2）以调查研究为主的社会实践

这类活动与学生开展的研究性学习结合起来，学生在老师的指引下，针对某一社会现象，进行资料查询、专家走访、实地考察，提出这一现象出现的缘由、目前的现状、解决的办法等，进而形成自己的考察报告。在这一过程中，学生的选题、调查的过程到形成报告，都需要认真地思索，锻炼了学生的资料收集能力、分析问题能力、观察能力、与人交往能力、写作能力等等。在这类实践中，教师一定要对学生进行认真地指导，切实选择适合学生实际的、经过学生的努力便于解决而又存在一定难度的论题。如调查水污染、学生心理状况、课间教室关灯与资源节约等。

3）以社区服务为主的社会实践

学生在教师指导下，走出教室，进入实际社会情境，直接参与和亲身经历各种社会生活活动，开展各种力所能及的社区服务性、公益性、体验性的学习与实践，以获取直接经验，发展实践能力，增强社会责任感。针对自己生活的社区，学生通过垃圾分类、清除非法广告、帮助孤残老人和儿童、慰问军属烈属等各种形式的活动，进一步了解社会，增强社会责任感。

4）以公益宣传为主的社会活动

学生利用节假日，走上街头，进行公益宣传，提高公众对某一社会现象的关注，增强公众的科学意识，建设环保节约型社会。如环保宣传、交通安全宣传、节约水资源的宣传、法律知识宣传、禁烟宣传等等，这类宣传比较容易进行，只要结合着某一节日（如世界水日）进行就行，但要注意在宣传时不但要面向公众，还要与学生自己的生活实际相联系，在宣传的过程中也提高学生自己的意识与水平。

5）以参观为主的实践活动

在学校的组织下学生可以进行一些参观活动，这些参观可分为两类，一类是自己所在地的现代化企业，一类是本地的一些人文自然景观。通过参观现代企业，使学生感受现代企业文化和企业管理，体验现代高科技。通过参观本地的人文自然景观，如历史博物馆、科技馆、地质博物馆、一些遗址等，使同学们了解本地的自然人文情况，增强学生对区域性文化的了解。

总之，通过学生的社会实践活动，可以有效地锻炼学生能力，提高学生的综合素质，增强学生社会生活能力。当然在这一过程中，也会存在一些困难，如社会实践活动的时间安排问题、教师的跟进问题、甚至活动的一些经费问题等等。但在活动过程中，俺们只要用心发掘资源，一定能够找到合适的方式与方法，也一定能够对学生的成长起到积极的作用。

（2）社会实践活动报告撰写

1）收集资料

在社会实践活动报告中肯定是需要大量的资料的，而且这些资料必须得是一手的，里面没有任何虚假的，这样的话才会使之后的过程更加的顺利。大家一定要知道资料是撰写社会实践活动报告的基础，而且大家不要感觉到收集资料多么的困难，其实非常的简单，可以通过实地的调查，社会实践以及实习等等各种渠道来解决这个问题，非常的轻松简单。

2）拟定社会实践活动报告的提纲

这一步也是为了可以更加轻松的进行的。如果有了一个好的提纲的话，大家就可以更加顺利的进行，并且如果遇到不满意需要修改的地方也可以逐渐的修改出来。

3）修改社会实践活动报告

　　修改是因为不合格，所以建议大家好好的进行修改，并且所修改的所有内容都要是有着一定的可靠依据和真实性的，这样的话才是一篇理想的社会实践活动报告。

第二篇　社会实践活动案例分享

第一章　步　骤

第一步　活动准备：明确目的、充分准备

1. 地点选择

关键：选择合适的社会实践地点。对方同意接待并对实践服务内容作详细的安排。

类型选择：根据社会实践调研的目的要求，选择富裕地区、贫困地区或者一般地区，也可以选择典型事件发生地区，也可以选择几个村庄或居民点对比调查或者进行随机调查。

2. 联系人

在服务地要有明确的联系人，确定路线，便于在实践过程中与服务地沟通、联系，在出现困难时还可寻求帮助。联系人可以是当地的农民带头人，可以是当地干部，也可以是亲友，但要保证可靠。

第二步　拟定方案

根据服务地的情况、团队成员的专业背景、自身兴趣特长及需要关注的问题等拟写调研计划，制订科学合理的调研课题，做到心中有数，目的明确，准备充分。

提纲：课题（注意现实性、可行性、优势性、创意性）、目的、意义；

实施：范围、地点、时间、对象（多层次、代表性）、方法、

工具

　　阶段：阶段划分及相应调查内容等。

第三步　接受培训

　　查询并确定实践地，查资料：地理位置、所处县市、村庄、居民点的发展历史及现状、风土人情、季节特点、生产规律、主要人物等，做到心中有数；

　　明确实践目的和意义，统一思想，了解有关政策、法规，了解实践方法，多阅读相关的资料、前人经验及局限等，深化认识，加深思考；

　　根据当地需要，准备相应的法律政策和科技资料（宣传单、小册子、书或者光碟）或科技农药、蔬菜种子等，也可事先组织捐献衣物、文具、书本，给孩子买些糖果，准备些小玩具，这些心意也能取得老百姓的欢迎和信任。同时应准备些歌曲、小游戏、小节目等，在实践调研过程中可能会发挥积极的作用。

第四步　实施活动

　　实践调研不是为了验证自己的观点，所以在对服务地大致情况了解之后，需要认真分析自己的实践主题，及时调整、改进，考虑调研对象的选择，适时安排人员分工分组的调整及方法的运用！然后深入调查，循环反复，掌握第一手、第二手资料，分析总结，再深入，再总结。实践调研的主要方法有：

1. 访谈

　　半结构访谈——根据调研目的与主题，形成次主题，围绕此与调研对象交谈，并根据具体情况随时灵活更改次主题和广泛提出相关的感兴趣话题，使大家处于和谐积极信息的交流氛围中！具有循环反复性，充分互动性！

准备：确定找谁谈、何处谈、何时谈、谈什么，选择有代表性调研对象，对有关问题及时、实地、实人验证。

进行访谈

a. 告诉被访者自己的身份，访谈目的，消除他们戒备心理，引发他们的认同和兴趣；

b. 围绕"中心"按顺序进行访谈，先与交谈对象从家常生活"海聊"起，先避开敏感话题，积极地与他们寻求共鸣，与他们一起探讨对问题的看法，同时引导交谈的话题不偏离主题，从中了解我们想知道的信息；

c. 技巧

用语直白明确，通俗易懂；多渠道了解问题，如不要直接问"大爷，你们家一年的收入是多少？"可与他们一起考虑各收入渠道和相应收入，再自己计算；多问开放式问题，以"谁？什么？什么地方？什么时候？为什么？怎么样？"切入询问，通过细节、比较等，引发交谈对象思考，畅所欲言；一般不问诱导性（如："您家种苹果是因为管理好么？"）或简单的答案为"对或错"、"是或不是"一类的问题；

d. 判断答案及处理

如果交谈对象反复要求对问题进行解释或回答过快、过慢、或答案模糊不清，说明他们可能在回避问题，可真诚与其交流，表明自己的态度和想法，若仍不奏效，可迂回询问，从侧面了解真实情况和他们不愿回答的原因。若被访者不清楚或不理解所问问题，可重复解释。若被访者提供的信息有误，可技巧询问、引导和核实。若信息不完整可提示他们补充回答；

e. 记录信息

为保持气氛宽松，最好别当场记录，而是记在心里，事后迅速回忆、记录、整理、补充。若确定需要记录，队员之间默契配合，由几个善于发问反应较快的同学与农民交谈，由善速记的同学负责记录。还可使用录音机、相机、摄像机等保持更完整信息和证实调查资料来源的真实性。

离开：要真诚地向被访者表示感谢，不轻易承诺，但有诺必行！

2. 问卷调查

根据调研目的、主题，认真编制和设计调研问卷；在合适时间、范围人群中分发，明确回收。问卷的基本结构如下：

（1）前言：

调查目的和意义，对被调查者回答问题的要求及匿名保证，调查者个人身份或组织名称。

（2）主体：

a. 问题要求：

合理：围绕调研课题"必须了解的问题"，一个问题问一件事，不问无关问题；

适用：问题适用于所有被调查者，内容及措词与其生活背景、文化程度等相适应；

明确：不用抽象概念和专用词汇，通俗易懂，表达清晰。

艺术：委婉——不用敏感性词句；消虑——正式提问前引用相关政策法规等；虚拟——设定一定情境，让被调查者回答。

b. 问题排列：同类组合，先易后难，先次后主，先大后小，先封闭性后开放性。

c. 问题类型：封闭式——提供被选答案，在其中作答；半封闭式——若干被选答案及"其它"，可自行填入；开放式——不提供答案，自由回答。

d. 回答的引导语：说明答案适用者、如何作记号、选择数目、具体填写要求，对问题或答案中有关词句的解释。

e. 问题答案编码（将问题每种答案相应编码，将文字答案转为数字）便于计算机处理。

（3）结语：

对被访者再次感谢：提出 1 – 2 个有关对本次调查有何感想的问题，请被调查者回答，并感谢。

3. 在整个调研过程中，需要注意以下事项

尊重：尊重被访者及其当地风俗习惯，要真诚融入！真诚热情，戒心浮气躁傲慢懒散，能吃苦耐劳不怕脏不怕累；

倾听：用心倾听，并积极地反应，如同意、赞许、欣赏等，避免重复提问；

耐心：不要强迫或催促被访者立即回答。避免对他们的回答下结论或是帮他们完成某一句话，即使看上去被访者有些困难解释某件事也应保持耐心和诚心；

中立：不要为了验证自己的想法而问，应以被访者为主，同时保持中立，不要加入自己主观情绪，不要暗示你期望得到某种回答；

保密：个体访谈时，要保证被访者回答问题的保密性，不要随意暴露被访者的隐私，也不要谈及个人隐私问题；

足够的敏感：视觉、听觉、触觉、知觉、直觉一齐行动；

点面结合：围绕同一调研主题，挑选不同类别的访谈对象进行分类访谈；对典型人物，焦点问题进行深入访谈；注意问题全面性，干部群众都要访谈到，听取各方观点；

时间：适时，不打扰农事和农民的日常生活，可在饭桌上交流；访谈时间不宜过长，个体访谈控制在 1 小时以内，群体访谈控制在 2 小时以内，但可视具体情况而定。

第五步 交流发言

各成员之间、相关各组及合作伙伴、参与者之间可在一定时间内，交流经验，讨论成功与不足之处，以待改进。

第二章　案　例

都匀市老年人休闲场所的调查与合理规划研究

作者：杨　洋

指导教师：周光发　申　浪　骆用刚

摘　要：老年人的文化娱乐活动是老年人生活的重要组成部分，是老年人发挥老有所为，老有所乐的重要内容。大力开发与发展都匀市老年文化产业对老年人的生理与心理需求都有积极的作用。本研究以都匀市部分老年人为对象，通过问卷调查和访谈的方式进行调查研究，进而分析都匀市老年人娱乐场所现状，为调查提供理论依据，指出了其存在的问题，提出了几点关于实施老年人娱乐场所合理建议，希望能为老一辈人的文化娱乐尽一份绵薄之力。

关键词：都匀市　老年人　娱乐方式　娱乐场所　建议

1. 调查背景

随着生活的发展，人们生活水平的提高，我国人口老龄化也越来越严重，人口老龄化已经成为我国的一个重大的社会问题。目前，我国老年人口数量超过1.4亿，随着新中国成立后50年代出生高峰的人口即将进入老年，预计到2015年我国老年人总数将突破2亿人。而老年人渴望丰富多彩的文化生活，有着强烈的精神文化需求。采取有力举措，加强老年文化建设，为老年人提供良好的精神生活环境、文化产品与服务势在必行。加强老年文化建设，对加快我国的小康社会建设步伐、落实科学发展观、构建社会主义和谐社会都有重大的现实意义。

最近我在报纸上看到一则关于老年人因为进行娱乐活动而和附近居民发生争执，最后演变成肢体冲突……想起在自己上学路上看到的进行娱乐活动的老年人，我不禁陷入了思考。中国的老年化日益严重，而老人们渴望丰富的文化生活，有着强烈的精神文化需求，可是他们的方式怎么与那些发生了冲突呢？是那些冲突？我们可以采取那些措施呢？

2. 调查目的

我在老师的帮助下，展开了本课题的调查研究，我希望通过此次研究，从中发现问题，并提出相应的合理建议，帮助解决这些矛盾。本次调查主要以问卷调查和访谈法为主，旨在通过调查，深入的去了解老年人的文化娱乐活动遇到的问题，并针对这些问题，提出可行性的建议，希望能为老年人更好的进行文化娱乐活动出一份力。

3. 研究思路

3.1 通过请教老师了解到，随着我国老龄人口的不断增加，老龄人口问题逐渐受到热门的关注。如何提高老年人的生活质量，始终如一贯彻政府所提倡的"老有所养、老有所医、老有所教、老有所学、老有所为、老有所乐"的工作目标就成为了许多学科的研究焦点。目前，都匀市已经有为数不少的老年人活动场所，但是这些公共服务设施普遍呈现出服务半径小、活动设施陈旧、建筑空间功能单一等情况，迫切需要得到改善。

3.2 通过走访都匀市的一些老年人主要的娱乐场所，了解都匀市老年人对于他们的娱乐场所的一些主要问题。

3.3 通过网上查询资料了解关于老年人娱乐场所的研究。

3.4 采取随机调查的方式，在课余时间对都匀市的一些主要娱乐场所进行调查，并访问都匀市市区居民及居住娱乐场所在的居民、老年人对关于老年人娱乐场所的看法。

4. 研究时间

4.1 2013 年 1 月—3 月，准备阶段，确定课题并对课题进行可行性分析

4.2 2013 年 4 月—6 月，查找资料阶段，查找与本课题有关的资料内容，通过网上查找，书籍查找等方式了解与本课题相关的最新研究进展。

4.3 2013 年 7 月—9 月，学习阶段，学习都匀市老年人的娱乐方式于娱乐场所方面的知识，对都匀市的老年人的娱乐场所进行调查统计。

4.4 2013 年 9 月—10 月，整理分析阶段，对调查结果进行整理分析。

4.5 2013 年 11 月—12 月，修改论文，参加比赛。

5. 研究过程

5.1 都匀市人口老龄化概况

（1）都匀市概况

都匀市总面积 2274 平方公里，总人口为 50 万，有布依、苗、水、瑶等 33 个少数民族，占总人口的 67.08%。市辖 1 个省级经济开发区、5 个办事处、10 个镇、8 个乡（其中有 3 个水族自治乡）。城市建成区总面积为 23.8 平方公里，市区人口 27 万（含流动人口）。各类基础设施齐全。在 1989 年—2009 这 20 年的时间里城区人口呈直线上升的趋势，从 89 年的 22.82% 到 09 年的 61.05% 接近翻了 2.6 倍，在此其中都匀市人口在 08 年达到了 46.16 万人，老龄人口占总人口 11.36% 并且以 3.1% 的速度不断增加，老年人的娱乐场所也日益成为人们越来越关注的话题。

（2）都匀市人口老龄化现状

随着都匀市医疗卫生事业的发展，人民生活水平的提高。人口

的出生率下降，死亡率基本稳定，自然增长率下降。

根据都匀市统计局提供的都匀市人口增长数据和资料可以看出：在1989—2009年这20年的发展历程中都匀市人口出生率由1989年的19.59%下降到了2008年的8.50%，死亡率1989年的6.87%上升到2008年的7.8%。

表1　都匀市老年人口增长情况统计表（2000年—2008年）

年份	总人数	60 – 69岁	占总人口的百分比	70 – 79岁	占总人口的百分比	80 – 89岁	占总人口的百分比	90 – 99岁	占总人口的百分比	100岁以上	占总人口的百分比
2000	461400	38599	8.4%	17890	3.9%	5987	1.3%	91	0.02%	12	0.003
2001	464800	38369	8.3%	18245	3.9%	6231	1.3%	39	0.01%	7	0.002
2002	468400	38972	8.2%	18800	4.0%	6451	1.4%	198	0.04%	13	0.003
2003	472300	37336	7.9%	19905	4.2%	6954	1.4%	264	0.06%	8	0.002
2004	475100	37760	7.9%	24319	5.1%	4166	0.9%	174	0.04%	6	0.001
2005	476200	36865	7.7%	24024	5.3%	6122	1.2%	89	0.02%	9	0.002
2006	479100	34679	7.2%	26967	5.6%	5687	1.2%	34	0.01%	12	0.003
2007	483800	35010	7.2%	26310	5.4%	7654	1.6%	17	0.004	9	0.002
2008	482500	34430	7.1%	23752	5.0%	6023	1.2%	160	0.03%	37	0.007

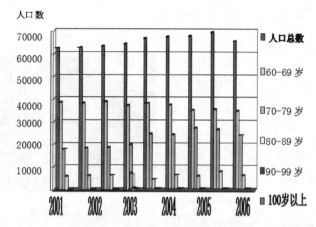

图2　都匀市老年人口构成情况统计图

从数据中可以看出：老年人口数量逐渐增加，各年龄段的老龄人口数成上升趋势，老龄化现象逐渐形成并快速发展。如表1和图1所示

在1989年—2009这20年的时间里城区人口呈直线上升的趋势，从89年的22.82%到09年的61.05%接近翻了2.6倍，在此其中都匀市人口在08年达到了46.16万人，老龄人口占总人口11.36%并且以3.1%的速度不断增加。

随着都匀市人口老龄化的发展，老年人娱乐场所的问题已经成为现在不可忽视的社会问题。根据第三次人口普查资料测算，都匀市现在有60岁以上老年人口25928人。老龄化是人类社会发展的必然结果，搞好老年人娱乐场所工作势在必行；搞好老年人娱乐场所工作将促进社会进步和社会文明建设，具有重要作用。随着都匀市经济的发展，人们生活水平的逐步提高，使得老年人对于娱乐生活要求也在不断提高，生活环境的改善，致使人们的寿命增长，老龄人口的数量加剧。这些都对都匀市城区人口老龄化的发展进程起到了影响。

5.2 都匀市老年人休闲场所概况

（1）都匀市老年人休闲场所发展进程

近年来，由于市内几个公园免费开放，因此文峰公园便成了市民饭后茶余的休闲场所。原本安静的地方，如今已难觅清静。无论是草坪上还是亭台楼阁、座椅长廊，都会有一群群中老年人的身影，或引吭高歌，或翩翩起舞，歌声、乐曲声不断，高分贝

图 3　老年人乐队

的扩音设备吵得周围居民和想在公园里图个清静的游客苦不堪言。如今，由于老年人娱乐场所的缺乏，市区除了棋牌室、麻将馆外，很少有供中老年人消费的歌厅、舞厅等，因此导致他们只能去公园、广场和街头等公共场所"找乐"。除了文峰公园，还有体育馆、云宫花城和开发区一些路段也成为了人们的休闲场所。

（2）都匀市老年人休闲场所休闲场所的分布状况

注：红色圆圈表示都匀市老年人休闲场所分布

图 4　都匀市老年人休闲场所分布

从图中可以看出现在都匀市的老年人休闲娱乐一般选择在公园、广场一类的绿化好和面积宽广的空阔地，而这样的场所分布很不均匀，限制了老年人的娱乐范围，造成大多数老年人都没有属于自己的休闲娱乐场所进行娱乐活动。而且这样的地方往往是分布在人口密集的地方，从而造成老年人活动和其余人的活动发生冲突，使得老年人的娱乐活动受到阻碍；同时这样的地方规划不便，所以基础设施差，环境绿化条件差。

5.3 都匀市老年人休闲场所及娱乐活动的实地调查

（1）都匀市休闲场所调查地点

本课题选取了文峰公园、体育馆、云宫花城等有代表性的地方。目前了解到：老年人占居民人数的主体，60% 左右，老年人娱乐活动场地缺乏，老人找不到合适的场地活动，但有一定活动器械。为了让政府和社会根据老年人口的生活情况制定有利于老年人娱乐场所的相关政策，为此我们在课余时间对都匀市部分小区与老年人活动较为密集的地区采取了随机抽查的问卷调查咨询方法，从中找出问题，为政府和社会提供合理的意见和建议。

（2）调查问卷分析

在这次调查中，共发放 300 份问卷，收回 300 份问卷，其中有效 290 份，无效 10 份，统计如下表。（表 2、3、4 为问卷调查表，图 5、图 6 为作者在对老年人进行采访）

图5　作者采访老年人1　　　　图6　作者采访老年人2

1）老年人参加娱乐会活动的年龄段

表2　老年人进行娱乐活动的年龄段

选项	人数/个	百分比	男性	女性
50~65岁	74	25.5%	33	41
66~75岁	148	51.0%	87	61
76~85岁	68	23.4%	35	33

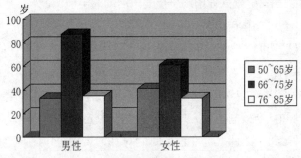

图7　老年人进行娱乐活动的年龄段

通过以上问卷调查（表2）分析得出，进行老年人娱乐活动的人群一般都集中在50~65岁、其66~75岁、76~85岁年龄段的老年人。其中，66~75岁年龄段的老年人占很大比重，男性占多数。其次，50~65岁年龄段的老年人占25.5%，女性占多数。最后，76~85岁年龄段的老年人占23.4%，男性占多数。随着人口老龄化的增长，老年人对于自己的日常生活需求也越来越丰富，娱乐活动也越来越成为老年人生活中不可缺少的一部分，老年人的娱乐活动也影响着人口老龄化的发展与社会的发展。

2）老年人的日常娱乐频率

表3　老年人的娱乐日常频繁（次数）

选项	人数/个	百分比
经常	165	56.9%

选项	人数/个	百分比
一般	78	26.9%
偶尔	47	16.2%

图8　老年人休闲散步

通过以上问卷调查（表3）分析得出，老年人的日常行为活动通常都是在一天之内是按一定的程序和便捷的路线来进行的，这种规律性的行为一旦固定下来就很难改变。就调查结果显示出，老年人中有56.9%的人都是经常出来进行娱乐活动，26.9%的人是平常都会出来，16.2%的人是偶尔才出来一次。

3）都匀市老年人娱乐方式

老年人的娱乐活动大致可以分为三类：自发性活动、必要性活动和社会性活动。每一种活动类型对于环境的要求都不同。

①自发性活动

包括散步、观赏有趣的事情、小坐、休憩、晒太阳、运动、跳舞等活动。此类活动有赖于外部的物质条件，因此良好的活动场地、优美的场所环境等非常重要。都匀市老年人自发性的娱乐活动形式分析如下：

表4　老年人的娱乐活动形式

选项	人数（个）	百分比（%）
跳舞	115	39.7%
运动	36	12.4%
练武术	30	10.3%
其他	109	37.6%

　　根据以上调查问卷（表4）分析，在老年人的娱乐活动中，跳舞是老年人最受欢迎的活动，占了总人数 39.7%。其次就是其他的娱乐活动，就像打麻将、唱歌、爬山等类似的活动，占了总人数的 37.6。再然后就是关于运动方面，运动有助于老年人的身体健康也受到少许人的热爱，占了总人数的 12.4%。最后就是练武术，有 10.3% 的老年人对于武术方面很有兴趣。

图9　老年人就医照片

　　②必要性活动

　　指老年人在生活中为了生存和发展必须进行的活动，不以人的意志为转移，不由自主的活动行为，如购物、等人、候车、邮寄、就医等活动。此类活动以步行活动为主，较少受

图10　老年人在公园打牌与下棋的景象

到物质环境（如时间、场所、空间等）的影响，一年四季都可进行。由于该活动具有大量性、随意性的特点，因此创造良好的环境质量尤其重要。

③社会性活动

在空间中有赖于他人参与的各种活动，包括互相打招呼、交谈、打牌、下棋、各类公共活动以及最广泛的社会活动—被动式接触，即仅以试听来感受他人的活动。这些活动可称为"连锁性"活动，只有良好的必要性活动和自发性活动条件，才能间接的促成社会性活动。

4）都匀市老年人参加娱乐活动的原因

①追求身体健康和幸福生活的需要

人在步入老年时，各种毛病都缠上身来，有些老人身体状况不佳，便难以进行娱乐休闲活动。人进入老年期后人体组织结构进一步老化，各器官功能逐步障碍，身体抵抗力逐步衰弱，活动能力降低，以及协同功能丧失。老年人患病不仅比年轻人多，而且有其特点，主要是因为人进入老年期后，人体组织结构进一步老化，各器官功能逐步障碍，身体抵抗力逐步衰弱，活动能力降低，以及协同功能丧失。如高血压、冠心病、糖尿病、恶性肿瘤、痛风、震颤麻痹、老年性变形骨关节病、老年性慢性支气管炎、肺气肿、肺源性心脏病、老年性白内障、老年骨质疏松症、老年性皮肤瘙痒症、高脂血症、颈椎病、前列腺肥大等等。有些疾病困扰但还能进行正常娱乐活动的老人，跟会几级的参加各种活动，尤其是健身活动。

表5　老年人对幸福的看法

选项	人数	百分比
身体健康	125	38.5%
儿女孝顺	97	29.8%

选项	人数	百分比
稳定的经济来源	74	22.7%
受到社会和家庭的尊重	11	3.4%
有丰富的文化娱乐生活	10	3.1%
能够继续发挥余热	8	2.5%

在本次调查中，当问及老人对幸福的看法时（表5）表明38.8%的老人选择身体健康；29.7%选择儿女孝顺；22.7%选择有稳定的经济来源；3.4%选择受到社会和家庭的尊重；3.0%选择有丰富的文化娱乐生活；2.4%选择能够继续发挥余热。在回答"最需要的社区服务项目"时，表4现实"健康咨询服务"占第一位，为26.3%，在"社区需要增加的服务设施"中，"老人护理中心"占第二位，为21.6%。在社区应管的事中，被调查老人认为首先是医疗问题，占25.7%；其次是老年人应急服务，占24.2%。可见老年人对健康问题的关心程度很高。此外，老人愿与配偶和子女同住的事实还表明，他们希望有病时能够得到子女和配偶的照顾。有的老人认为社会提供的健康服务虽然不错，但经济上却负担不起。因此，他们在谈话中不约而同地表露出渴望低廉而可靠的医疗服务的愿望。

②缺少精神慰藉与亲情的需求

调查数据显示，老年人在居住方式上与配偶同住的比例最高，为50.8%。从表6可以看出"居住方式与孤独感"之间的相关关系，对"从未感到孤独"一问由多到少的依居住方式的排序是：与配偶同住、与配偶及未婚子女同住、丧偶与子女同住、独居。与子女共同居住的方式，在排解老人孤独感、满足老年人亲情需求方面表现出明显的优越性。所以，与配偶同住和独居的老人会通常感到孤独，会经常参加各种娱乐活动派遣心中的苦闷。

表6　老年人的居住方式

选项	人数（人）	百分比
与配偶同住	125	51.02%
与配偶及未婚子女同住	65	26.53%
丧偶与子女同住	35	14.28%
独居	20	8.17%

③追求文化生活的需求

在被调查老人喜欢参与的组织中，文体组织排在第一位，为40.4%。老人对社区服务设施的要求是增加老年人活动场所占第一位，为45.7%。在社区应管的事情中，除增加医疗健康服务外，就是增加文化娱乐场所问题。此外，在老人对改进社区工作的建议中，也有23.9%的人要求增加老年人生活服务和文化娱乐设施。有73.7%的人比较愿意和非常愿意参加社区组织的文体活动；参加的原因为自己高兴的占35.5%，可以和更多的人交往的占25.3%，为社会做好事的占17.2%，实现自身价值的占13.3%，为消磨时间和"随大流"的只有7.8%。可见老年人对与人交往、实现自身价值、为社会做好事等高层次的精神需求也较多。老年人退休后有大量的闲暇时间，调查结果表明，有28.1%的老人闲暇时间是呆在家里，20.8%参加早晨或晚上的文体活动，18.1%看书报，12%的老人串门聊天，8.1%养花、养鸟，基本以家庭内部活动为主，参与社会活动的机会少。看电视、做家务、照顾第三代、照顾生病的老伴、聊天、散步是大多数老年人退休后主要的生活内容，而文体活动能满足他们与人交流的精神需求，但存在的主要问题是没有人组织和缺乏活动场地。

④追求组织活动与社会交往的需求

在调查和访谈中，老人们表现出愿意参加组织活动和集体活动的愿望，他们希望社区能够在这方面提供支持。从表 2 可以看出，老人们最喜欢的是文化体育活动组织，占 40.6%。第二是老人互助组织，占 12.8%。第三是公益活动组织，占 12.1%。喜欢参加的组织，依年龄不同而呈现不同的强度，年龄越轻的老人社会交往的愿望越强烈。

5.4 制约都匀市老年人参加娱乐活动的因素

（1）经济因素

改革开放，响应国家号召"全面建设小康社会"以来，都匀市的经济发展较为迅速，居民的生活有显著的提高。温饱问题已经解决，老人的生活基本上有了保证，老人平时看看电视、听听广播，早起时可以经常看到老年人打太极、散步等进行锻炼身体、陶冶情操的身影。在老年活动室也可以看到老人聚会聊天的热闹景象。经济基础是决定老年人能否进行休闲娱乐活动，进行各种休闲娱乐活动的根本影响因素。82.1% 的被调查老人的经济来源靠离退休金和工资。由于老年人收入以离、退休金为主，在经济上一般没有后顾之忧，老年人自认为经济状况比较好的占多数（见表 7），可见大多数老年人的基本生活需求不成问题。

表7　老年人口经济状况

经济来源	工资	离退资金	子女供养	亲友接济	国家或社会帮助	其他	合计
人数	68	557	88	4	13	31	761
%	8.9	73.2	11.6	0.5	1.7	1.7	4.1
经济状况	很不错	比较好	有点困难	很困难			
人数	76	483	150	44			753
%	10.1	64.1	19.9	5.8			100

（2）交通因素

交通不便也是阻碍老年人参与休闲娱乐活动的一个重要元素。都匀市的经济在不断发展，城市建筑也在不断扩大，由于建筑物的增多，道路逐渐变得狭小，有时会发生堵车等类似的事情。老年人每天一早都会去公园或者附近比较宽敞的场地进行娱乐活动，可有时候娱乐场地的进出口经常会有车辆进出，对老年人的人身安全造成了威胁，不仅是老年人，也有老年人的子女对此有很大的意见。

（3）时间因素

现在大多数的老年人都已经退休在家，整天都是看看电视、听听广播来打发时间，有时候都没有时间区进行休闲娱乐活动，如带孙子、替子女看家、在家煮饭等待下班的子女回来吃饭等事情，导致老年人大量的时间都花费在这些生活琐事上，没有自己的自由时间，就没有时间来进行休闲娱乐活动。现在的老年人在退休之前，辛辛苦苦的为国家做贡献，在他们退休后，子女们应该孝敬父母，带他们去旅游或给他们自由的时间去进行属于老年人自己的休闲娱乐活动。

5.5 都匀市老年人休闲场所存在的问题分析

（1）活动场地布局比例不合理

场地内大部分地方是"草坪"和园路，只有少量比较宽敞的场地，不利于集体性活动的进行。老人进行晨练时，如打拳、舞剑等不得不进入草坪，又由于疏于管理，导致大量观赏绿化受到严重破坏。

图11　老年人在公园练武术

图12　文峰公园的座椅设计

（2）室外座椅设置不当

50%的老人认为室外座椅数量不够，45%的老人认为座椅布置不够合理，如一些座椅安排在园路中间，不仅影响交通，而且使就坐的人四面都受到人流的不断穿越，非常难受，严重影响使用。另外，长凳的设置过于分开，使两人以上的交流变得非常困难。

图13　老年人在体育馆练武术

图14　文峰公园的座椅分布

（3）地面状况不合理

调查表明，15%的老人喜欢在硬质地面上活动，50%的老人选择草地，35%的老人选择软质地面（如土地、橡胶地等）。老年人动作较为迟缓，而骨质又较为疏松，因而容易跌倒跌伤，安全问题往往是他们进行娱乐活动最为关心的问题之一，由于场地上缺少软质地面，存在老人锻炼时的安全隐患。

（4）缺少私密性空间

环境心理学认为，人的活动具有领域性，尤其是老年人，在他们静坐或聊天时，喜欢停留在视野开阔而本身又不引人注目和影响交通的地方。有的活动场地过于开阔，缺少树木或者建筑物的遮挡，老年人难以寻觅到较为私密的空间，因此，遭到许多老年人特别是爱闲坐聊天老人的抱怨。

图15　体育馆的娱乐设施

（5）使用设施不合理

在许多老年人娱乐活动场所中，许多座椅设计的过高过窄，很不符合老年人生理尺寸，即使年轻人使用都很不方便，为老年人使用带来许多不便；有些地方小卖亭的购物窗口过高，使得许多老年人买东西是不方便，有的残疾老人更是使用不便；有的场地中缺少扶手、座椅，缺少无障碍设计。这些问题使得该场地对于老年人失去了吸引力，由于造成恶性循环，场地的状况也得不到老年人的关心。即"环境影响人的活动，反之人的活动对环境又起促进或阻碍作用"。

（6）设施陈旧，老化严重，安全隐患多

许多老年人娱乐场所入口与交通出口混淆，老年人活动场地出入的地方也是车辆频繁进出的地方，尤其是上下班期间，给老年人生命安全带来极大的威胁。

图16 文峰公园的进出口通道　　　　图17 文峰公园的设施陈旧

现在都匀市的所有老年人休闲场所中，每个休闲场所都有基础的娱乐设施，可是根据作者的走访调查，发现几乎全部的基础娱乐设施都已经超过了五年以上，超过了设施原来三年的保质期，可是政府仿佛视而不见，根本没有对娱乐设施进行重修或者替换的表现，现在的基础娱乐设施都已经变得非常陈旧和老化，这样不仅仅对老年人造成威胁，对小孩也是一样的，所以，老年人因为娱乐设施的陈旧和老化问题，有些都不再进行娱乐活动了。

（7）活动设施少，条件差资源共享困难，设施周边环境差

养老设施发展的滞后、低龄健康老人群体的不断膨胀，以及目前还不需要或无条件入住养老设施老人们的大量存在，决定了老年人活动设施的需求旺势。据调查，老人们普遍希望能在家居附近社区内开辟合适的活动场所。

目前都匀市大部分居委会虽按上级要求建立了活动站，但基本上没有专门的老年活动站，即使是一室多用的也受场地和资金限制，面积狭小、条件简陋、娱乐设施不完备、缺少健身器材，有的甚至冬天没有暖气，其现状远不能满足老

图18 文峰公园的设施老化

年人群需求。一些地区的老年人常年在墙根下、马路边和高架桥下聚群活动，不仅影响了市区环境和交通安全，汽车尾气的大量吸入，

亦有碍老年人健康。而一些有条件的单位和部门兴建的活动设施，往往只对本单位离退休人员开放。这些设施因涉及到设备管理、维修费用、事故责任等问题，使地区资源共享存在一定难度。调查中发现，部

图19 悠闲的环境

分养老设施周边环境因多种原因，脏、乱、差现象十分严重。地面坑凹不平、垃圾成堆、杂草丛生，仲夏季节蚊蝇遍地，汽车过处尘土飞扬，雨天过后道路泥泞。有的路段如："体育馆"门前道路问题虽经多方呼吁，几经与有关部门反映、交涉，多年来仍无结果，既不便行走，也有碍观瞻，使一些有意入住的老年人及其子女望而却步，一些中外参观人士也不得已被安排绕道而行。严重影响了我区养老设施的窗口形象及养老环境。

表8 老年人休闲场所的限制因素

选项	人数/个	百分比
环境差	63	21.7%
基础设施不完善	109	37.6%
娱乐场地小	89	30.7%
其他	29	10%

根据以上问卷调查（表8）分析，老人们认为娱乐场所场地过于狭小、基础设施过于单一、环境差、绿化不足等因素限制了他们的娱乐活动。

（8）休闲场所分布不合理

表9　老年人对休闲场所分布的态度

选项	较满意	满意	不满意	非常不满意
人数（个）	23	31	92	144
百分比（%）	7.9%	10.7%	31.7%	49.7%

　　根据以上问卷调查（表9）显示，有49.7%的老年人对于他们的休闲场所感到很不满意，他们认为场所的进出设施差，有时候到晚上的时候都没有定显得很黑暗，老年人看不到，这样很危险。有31.7%的老年人感到不满意，有10.7%的人感到满意，最后只有7.9%的人感到一般，较满意。

5.6 都匀市老年人娱乐场所不能满足的原因分析

（1）社区管理不到位

基层社区（街道、居委会）权责不统一，社区的责任在无限扩大，社区的权利却不明确。在社区改革中，市政府在计划、规划、市容、卫生等8个方面给区、街下放了24项管理权，各区也分别向街道下放了相应的管理权。但居委会作为基层自治组织，实际上成为上级政府布置各项工作的落实机构，老人工作只是其中之一，居委会工作人员无法腾出时间和精力考虑老年群体的管理问题。

表10　最需要的社会服务项目

选项	人数/个	百分比
老人护理中心	62	21.3%
老年人应急服务	68	23.4%
健康咨询服务	87	30.0%
医疗服务中心	73	25.2%

　　老年人对社区服务的利用频度较低，这与他们需要社区提供服务的期望形成强烈的反差。我们在访问中列举了"家庭钟点工、老年应急服务、婚姻介绍、职业介绍、陪伴服务、家庭病床、心理咨询、托老所"等项供老人选择，有96.1%的老人提出了自己不同的需求，但在实际利用社区服务选项中，却只有23.3%的人利用了社区服务项目，61%的人没有利用社区服务。其中看病为9.5%，参加文娱活动为10.3%。在访谈中，很多老人都表示了社区服务项目不全，现有的服务存在的可靠度差和价格不合理等问题。目前，大部分老年人活动场所的管理模式都是也与管理式，即一般是由年纪较大的人员进行兼管，其实大部分也谈不上管理，只是负责开门关门，开灯关灯而已，更谈不上为老年人服务的质量和水平了。

　　（2）资金因素

　　资金不足是制约社区老人服务业发展的重要因素。街道一级社区资金的来源基本上是以街道自筹为主、政府拨款为辅，加上部分社会赞助，相对来说要好一点。居委会所需资金基本上靠自己创收、便民利民服务网点收入和社会集资，基本上没有专项经费，每月的办公经费只有100元左右，为了增加经费，居委会人员忙于创收而不能专一于社区管理工作。但他们创收所得的资金还必须交给上级政府部门管理，不能"费随事转"，加上财政投入太少，不仅使居委会连基本的日常开支都难以维系，对包括老人服务业在内的社区建设受到极大的限制。由于都匀市政府及社会每年投入老年人活动设施的经费较少，活动设施的建设、管理及维护的步伐已跟不上社会的进步发展，大部分活动也无法开展。长期以来，严重影响了老年人的活动设施及精神文化生活等方面的建设发展。

　　5.7 解决都匀市老年人娱乐场所的措施

　　现今人们对都匀市老年人娱乐场所的娱乐设施并不陌生、随处可见，这恰恰反映了室外健身娱乐设施的出现和存在具有现实意义，且已经成为了城市热生活中的一部分，但这些娱乐设施却依然存在着巨大的问题。

（1）都匀市老年人娱乐场所的合理规划图

在图20中，我了解到都匀市的老年人娱乐场所分布不均匀，是阻碍老年人娱乐的一大原因，所以就此我提出了我认为合理的老年人娱乐场所规划图，如图20所示。

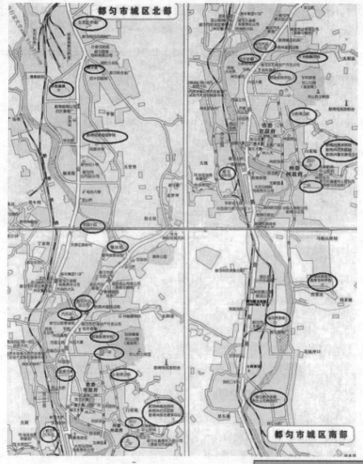

注：深红色圆圈代表的是我规划的都匀市老年人休闲场所的分布区域

图20　都匀市老年人休闲娱乐场所规划分布图

如上图所示，我认为应该增加老年人的娱乐场所，而这些增加的娱乐场所应分布在住宅区的四周和城市的边缘地带，因为这样的地方人口活动相对较少，利于管理和基础设施等的维护和更换，同时也利于老年人们能在近距离的进行娱乐活动，不用起早和上班族们抢交通去到很远的娱乐场所进行娱乐活动。

（2）都匀市老年人娱乐场所合理规划的建议

1）加强社区建设，关注老人

虽然都匀市的社区配备了专职的社区干部，但由于社区规模太大，社区管理经验不足等原因，从整体上看，社区管理还处于较低的水平，在资金以及各方面条件不足的情况下，没能有效的发挥管理优势，在社区资源整合等方面有所作为，如将社区范围内企业、学校、机关的人才、场地、设施利用起来，为老人提供文化体育活动、

图21　老年人在进行娱乐活动

教育等服务，以弥补社区资金、场地等方面的不足。大多数老人意识到自己的生活与社区工作存在着密切的关系。在回答"您觉得社区工作和您的生活关系大吗？"时，有48.9%的老人选择了"很大"。

与社区管理人员打交道的频率是观察老年人和社区实际互动关系的一个方面。从总体上看，老人和社区管理人员之间的交往频率比较高，虽然没有和其他群体调查问卷数据的比较，但从访谈和座谈中，我们了解到，老年群体和社区工作人员的交往频率高于社区内其他群体。

大约有98%以上的居委会都有老人参加社区管理工作，几乎每个居委会中都有1～3名老人做兼职工作，约有100～300元左右的工

资，绝大多数都是担任楼组长工作，少数居委会每月给他们 10～50 元作为报酬，但大多数是基本没有报酬的。老人们却表示，他们愿意做一些事情，有无报酬都是无所谓的。从参与社区公益活动的情况来看，经常参加的老人少于没参加过的老人，他们主要参与的活动有社区治安、社区卫生、社区宣传教育活动等。老人们成为社区公益活动的主体，从对参与意愿的调查可以看出，他们参加这些活动，更多的是为了满足自身的表意性需求，如生活充实、快乐、高兴，实现自身价值等。

2）加大财政拨款，进一步加大对社区和农村老年人活动项目、文化设施、娱乐场所的建设和资金投入。

我在调研中发现，现有的街道和社区老年人活动场所少、面积小，有的社区没有老年活动场所，有的由于各种原因又改变了用途。很多老年人只能把商场、超市、树下、房前屋后作为聚集场所。建议由市财政拨款，进一步加大对社区和农村老年人活动项目、文化设施、娱乐场所的建设和资金投入，在全市城乡街道、社区，结合原有的老年活动场所，建设专门针对老年的文化学校，内部设施支出由财政负担。委员刘秀艳则建议在制订相关规划时，要充分考虑并安排老年服务设施；规范或以财税优惠的方式鼓励房地产开发项目，配套建设一定规模的老年会所，并希望能树立一些像房地产项目配套建设中知名的幼儿园、学校等样板工程那样的老年会所。借鉴"希望工程"的成功经验，组织实施"孝心开放工程"和"爱心工程"，引导社会力量和慈善机构，捐资捐物，加强对老年人活动场所的建设，为老年人开展活动创造条件。目前，马鞍山老年人综合活动中心正在建设中，计划 2015 年全部建成投入使用。这将较好地提升我市老年人文化生活配套设施水平。

3）在文峰公园西北处筹建一幢老年活动中心。

来广场的老年人可以经常聚在一起活动，这里如此开阔的优美环境，除了节日政府开展短暂的活动外，就再没有他用了，真浪费，若能在这里给老年人盖幢活动中心，为老年人提供学、乐、为等服务该多好啊。

增设一些固定桌椅。在文峰公园广场西北边规划一块有树木的草地，铺设一些硬化小道，增设一些固定桌椅供老年人在树荫下休憩、娱乐。若一时难于在文峰公园广场建老年活动中心，建议在广场周围用不锈钢管、彩钢瓦搭建一处避雨亭供老年人使用。

6. 总结

胡锦涛总书记要求："我们要弘扬中华民族尊老敬老的传统美德，大力发展老龄事业，给予老年人更多生活上的帮助和精神上的安慰，让所有老年人都能安享幸福的晚年。"有位基层干部说得好：老年文化阵地建设是一件既有益于今天老人、也有益于明天我们、还有益后来子孙的"三益之事情"；是一桩既承传统美德、又成时代美景、也留后世美名的"三美之建设"。

家家有老人，人人都会老。发展老龄事业是为全人类作贡献，关爱今天的老年人，就是关爱明天的自己。只要我们坚持"党政主导，社会参与，全民关怀"的老龄工作方针，建设一个适宜老年人活动的场所是一定可以实现的。

让老年人玩有场所，社会合力建设。家家有老人，人人都会老，全社会都要支持关心老龄事业。老年文化阵地建设因为是件"要拿真金白银才可以办成的事情"，更需要各级政府强力主导、社会各界广泛参与。要通过新闻媒体长期展开宣传，营造良好氛围。要特别鼓励和引导民营企业家、慈善家、海外人士向老年福利事业投资和捐赠，动员组织更多力量加入到老年文化事业建设中来，一定要让千家万户的老人们"有个地方玩、玩得很快乐"！只有把老一辈"安顿好了"，我们的心里才踏实，我们的社会才和谐。

感　想

在老师的协助和同学们的帮助下，经过几个月的努力，我通过上网查询资料，制作问卷实地调查、询问老年人，对老年人的娱乐场所现状和老年人对开展娱乐活动的休闲装进行了深入的调查与研究。通过调查研究发现了其中存在的问题，并对此提出我的建议。

通过这次调查研究，使我认识到了老年人娱乐场所的现状，让我发现我应该多陪陪家里的老人，关心他们，支持他们进行娱乐活动。

活动附图

图1　老年人在体育馆打太极

图2　老年人在公园跳舞

图3　老年人在公园做运动

图4　老年人在公园唱歌

图5　老年人在公园放风筝

图6　老年人在公园弹奏乐器

图7　作者在向老年人进行访问1

图8　作者在向老年人进行访问2

【教师点评】

　　作者以都匀市部分老年人为对象进行调查研究，分析了都匀市老年人娱乐场所现状，指出了其存在的问题，提出了关于实施老年人娱乐场所合理建议，为老一辈人的文化娱乐尽了一份力量。

　　（本文获第29届贵州省青少年科技创新大赛二等奖）

第三篇　社会实践活动学分认定

1. 社会实践的考查内容

所谓社会实践调查，是指应用科学方法，对特定的社会现象进行实地考察，了解其发生的各种原因和相关联系，从而提出解决社会问题对策的活动。

社会调查主要包括以下要素：（1）明确的调查目的；（2）具有社会意义的调查对象；（3）科学的调查方法；（4）实际的调查效果。

据其调查内容和功能的不同，可分为研究性的调查（为解决理论性或政策性的问题而进行）和工作性的调查（为解决当前实际工作中的问题而进行）。

2. 社会实践的考查程序

（1）提出或选择社会考察、参观、访问的主题，提出活动目标，确定社会考察、参观、访问的地点、对象、时间，并由学生自主地制订考察、参观、访问的活动方案。

（2）与考察、参观、访问的对象（人或机构）取得联系，通过交流和磋商，确定活动的具体时间表。

（3）准备必要的活动设备。

（4）进入实际社会情境，展开实质性的考察、参观、访问活动，收集资料。

（5）撰写考察、参观、访问的活动报告。

（6）相互交流考察、参观的体会，分享不同的感悟，进行活动总结。

3. 社会实践的考查评分样表

学生社会实践活动小组登记表。学生社会实践活动记录表。社

会实践学分认定

社会实践活动记录表

班级：　　　　　　　　　　　　　　姓名：

活动主题		活动时间	
活动地点		组织者	
个人主要活动内容简述			
个人活动体会、感想、收获	签名：　　　　年　　月　　日		
活动组织者评价意见	签名：　　　　年　　月　　日		

注：本表作为每次社会实践活动登记表，高中阶段每学年活动时间不少于一周、认定 2 学分，三年总计 6 学分。

社会实践活动评价与学分认定表

班级：　　　　　　　　　　　　　　姓名：

	序号	活动时间	活动地点	组织者	活动内容	表现评价	
						自我评价	组织者评价
参加社会实践活动情况记录及评价	1						
	2						
	3						
	4						
	5						
社会实践活动综合评定等级			班主任签名：　　　　年　　月　　日				

学分认定	班主任意见 （在相应栏签名）		德育处审查意见		学校主管领导 审批意见	
	合格 （2分）	不合格 （0）	合格 （2分）	不合格 （0）	合格 （2分）	不合格 （0）

说明：

①自评、组织者评价、综合评定均采取等级制，评定等级为：优、良、合格、不合格。

②本表作为每学年社会实践学分认定表，高中阶段每学年活动时间不少于一周，认定2学分，三年总计6学分。

③社会实践活动综合评定由班主任根据组织者的评价意见评定。

4. 社会实践活动具体分值有以下几个方面

（1）参加学校活动

a. 参加社团活动（凡组织参加社团在校内开展一次有正面影响力的活动计0.2－0.5分，凡组织参加社团在校外开展一次有正面影响力的活动计0.2－0.8分，每学年最高计2分）

b. 参加文化艺术节（参加一个项目比赛计0.1分，获一等奖再计0.3分，二等奖再计0.2分，三等奖再计0.1分，最高计0.8分）

c. 参加学雷锋活动（参加计0.1分，被评为先进积极分子再计0.2分，最高计0.3分）

d. 参加学校组织的主题夏（冬）令营、外出实践活动（参加一次计0.4分，服从管理表现积极再计0.1分，每学年最高计1分）

（2）参与学校管理

a. 加入学生会工作（参加学生会计0.5分，表现优秀再计0.2分，每学年最高计0.7分）

b. 参与本班值周工作（参与工作每天计0.1分，每学年最高计

0.5分）

（3）参加或组织团委下发文件的活动并高质量的完成（每次0.2－0.6分，每学年最高2分）

（4）寒、暑假深入单位开展工作实践或进行勤工俭学（每天计0.1分，每学年最高计2分）

5. 计分、记录办法

高中阶段必须修满6分，高一学年最少修2分，最多可修4分，高二、高三不限。以上社会实践活动每学年须写一篇不少于800的社会实践活动总结并附上至少5张工作照片，直到修满为止。其中社团活动、艺术节、学雷锋、值周由班长、团支书负责统一认定、证明；参与学生会、社团由团委开具证明；进单位、勤工俭学由所在单位开具证明并加盖公章。

*说明：所参加活动每年只能在社会实践中计分一次（以参加时间为准）；相关活动界定得分以团委每次所下发通知为准；以上办法以团委解释为准，从高一年级开始执行，高二年级按原办法执行。

第四单元 黔南州志愿服务活动课程

第一篇 了解志愿服务活动

1. 什么是志愿服务?

志愿服务是指学生在教师的指导下,走出教室,参与社区活动,以获得直接经验、发展实践能力、增强社会责任感为主旨的学习领域。它与研究性学习、劳动与技术教育以及信息技术教育共同构成我国基础教育新课程体系中的综合实践活动课程。作为综合实践活动课程的一部分,志愿服务服从于综合实践活动课程的总目标。同时更为注重学生的社会适应能力、社会参与意识、公民责任感及创新意识的培养。它的基本目标是拓展知识,增长经验,增进学生的社会适应与创新能力;融入生活,获得感受,形成学生健康、进取的生活态度;主动参与社会实践,增强学生公民意识和责任感;使学生自觉服务社会,对他人、对社会富有爱心;让学生亲近、关爱自然,懂得与自然和谐相处;促进学生自我了解,肯定自我价值,发展兴趣与专长。志愿服务的内容是开放的、灵活的、多样化的,各校可结合自己的实际选择。

志愿服务是指以社区为基本单元,以各类社区服务设施为依托,以社区全体居民、驻社区单位为对象,以公共服务、志愿服务、便民利民服务为主要内容,以满足社区居民生活需求、提高社区居民生活质量为目标,党委统一领导、政府主导支持、社会多元参与的服务网络及运行机制。

与别的服务体系不同，志愿服务具有福利性、群众性、地缘性和互助性的特征。

志愿服务的原则有以人为本的原则、社会化方向的原则、特殊群体为重点的原则、社会效益为首的原则和因地制宜协调发展的原则。

2. 志愿服务的由来

志愿服务是伴随经济发展和社会发展而兴起的，它是工业化、城市化、社会化大大生产和社会分工专业化的产物。在我国，是1986年由国家民政部从探索建立社会保障制度的高度，第一次提出来的。

3. 志愿服务包含哪些内容？

（1）社区福利服务

它是针对社区特殊群体提高的服务。

①为老年群体提供的服务

主要包括老年人包户服务、老年人收养和寄托服务、老年人文化生活服务、老年人庇护服务、老年人生活综合服务等。其次是为残疾人和精神病人群体提供的服务。主要包括残疾人康复服务、精神病人康复服务、残疾儿童寄托服务、弱智儿童启智教育服务等。再次是为社区心理障碍群体提供的服务。主要包括心理咨询服务、心理诊治服务等。

②社区便民利民服务，它是针对社区居民提供的服务

主要包括家政服务、婚庆丧事服务、子女教育辅导服务等，属于有偿和无偿两种形式相结合的便民利民服务。

③社区居民、企事业单位共建服务

它是指社区和企事业单位充分利用资源，开展的双向共建服务。主要包括职工及家庭子女就业培训服务、企业生产安全服务、社区

设施维护服务等。

（2）志愿者活动

为社区大型活动提供志愿者服务，在公共活动场所（如公园、图书馆）参与管理服务，参加助残帮困活动等。

（3）本校开放参观服务类活动

（中高考试、直升考试、本校夏令营、冬令营、开放等担当志愿者服务校园）。

（4）社区科技文化教育和环境建设活动

参加社区各种形式的精神文明建设活动，如法制宣传、人口与保健宣传、环保与卫生宣传活动；城乡科技、科普活动；拥军拥属活动，城乡文体活动，城市交通秩序维护活动等。

4. 志愿服务的具体目标是什么呢？

（1）服务社区

通过服务社区的活动，使学生熟悉社区在地理环境、人文景观、物产特色、民间风俗等方面的特点，继而萌生亲切感、自豪感，并懂得爱惜、保护它们；使学生经常留意社区中人们关注、谈论的问题，并能学会综合而灵活地运用自己的知识加以解决，从而掌握基本的服务社区的本领，形成建立良好生活环境的情感和态度；使学生在服务的过程中学会交往、合作，懂得理解和尊重，形成团队意识和归属感，增强服务意识和责任感。

（2）走进社会

通过进入社会情境，接触社会现实，参与各种社会活动等途径，使学生理解社会基本运作方式、人类生活的基本活动，积累社会生活经验；理解社会规范的意义，并能自觉遵守、维护社会规范与公德；在社会实践活动中形成并增进法制观念、民主意识；在实践中发展社会参与能力，形成参与意识和较强的公民意识。通过观察、考察和探究，懂得科学技术与日常生活、社会发展的关系，形成正

確的科学观。通过接触不同国家、不同民族、不同地区的文化，懂

确的科学观。通过接触不同国家、不同民族、不同地区的文化，懂得理解、尊重文化的多样性。

（3）珍惜环境

通过和自然的接触，领悟自然的神奇与博大，懂得欣赏自然的美，对自然充满热爱之情。通过观察、考察身边的环境，领悟到自己的生活与环境息息相关，加深珍惜环境的情感。通过保护环境的活动，懂得人们的生产、生活对环境的各种影响，熟悉环境保护的常识，掌握基本的技能，并能综合运用所学的知识解决环保中的一些问题，自觉地从身边小事开始，关注周围、社区、国家乃至世界性的环境问题，并养成随时随地保护环境的意识和习惯。

（4）关爱他人

通过和他人的接触、交流，学会理解他人的生活习惯、个性特点、职业情况，懂得尊重人、体谅人。通过体验个人与群体的互动关系，懂得他人和社会群体在个人生存与发展方面的重要性，体验关怀的温暖，对他人的帮助心存感激。通过与人交往、合作，形成团结、合作的精神。经常留意身边需要帮助的人，自觉而乐意地为他们服务，掌握志愿服务的有关知识和技能，对他人富有爱心，使学生在与那些由于他们的帮助而从中获益的人的接触中，获得深刻体验、感受和满足。

（5）善待自己

通过各种活动感悟生命的奥秘、意义与价值。发现自己的优点与弱点，知道如何发挥优势、弥补短处。能够了解自己的情绪，并学会用适当的方法控制和调节自己的情绪，进一步适应各种社会角色，正确理解个人价值。通过各种锻炼活动，掌握安全生活的常识，能够在危难中自救与求救，养成对自己生命高度负责的态度。懂得自己的权利与义务，能够学会用法律保护自己。在生活中养成良好的生活习惯、健康乐观的生活态度，愿意为创造更美好的生活而不懈努力。

5. 志愿服务活动的内容有哪些?

（1）为老年人服务

开办各种类型的老年大学，开展各种有利于老年健康的文体活动，兴办社会福利机构，如福利院、老年公寓、老年保健、老年法律、老年婚介、老年心理及健康服务，为方便老年人生活，提高老年人生存质量提供各种服务项目。

（2）社会保障服务

对社区低收入家庭，根据国家政策提供社会保障和救助，落实低保政策。建立再就业基地，加强职业中介等千方百计安排下岗职工再就业。

（3）优抚服务

主要协助政府落实优抚政策，做好退伍安置工作，开展拥军优属服务，为军人家属和伤残人员的生活提供方便。

（4）为残疾人服务

为残疾人提供就业安置服务，医疗康复服务，基本生活服务及婚介服务。

（5）安全防范服务

社区居委会可以根据需要建造社区安全防范设施，如电子防盗监控系统、楼宇对讲系统等。在社区可以成立由社区志愿者组成的治安巡逻队。

（6）卫生保健服务

办好社区卫生保健室，开展对常见病的康复医疗服务。宣传健康防病知识，提高全民健康意识。

（7）为青少年服务

为青少年提供各种健康有益的文体建康活动场所，组织开展各种健康有益的活动。

（8）家政服务

为居民家庭介绍家政服务员。如婴儿保姆、家教辅导员、清洁工、修理工、接送服务等。

6. 如何实施志愿服务活动？

（1）活动组织和要求

1）应根据课程目标选择适当的活动方式，尽量采用参观、访问。调查、实验、采访、宣传、郊游、义务劳动、公益服务等方式，以引起学生的兴趣丰富学生的感性经验。

2）活动的组织形式有个人活动、小组活动、班级活动、学校活动等，应根据课程内容、学校特点和学生实际灵活安排不拘泥于形式，注意活动的实效

3）应充分发挥学生的自主性，鼓励学生自己参与设计、自己选择主题、自己组织实施、自己进行评价，尽可能让学生自己去观察、感知、判断、分析、反思和创造，将活动的实施过程作为学生改变学习方式、学会学习的过程。

4）要高度注意课程实施过程中的安全问题，保障学生的身心健康与安全。

5）在活动中应多给学生提供并指导学生充分利用相互交流、分享成果的机会，培养学生的交往能力和合作精神。

6）应重点关注学生在课程实施过程中认识、能力、情感、态度和价值观等领域的进步与发展，尤其是个体相对于以前所发生的变化，而不是急于展示某种成果。

7）如果活动中有多方人员参与指导，教师应注意协调各方人员的关系，与之互相配合，共同发挥作用。

8）志愿服务与社会实践活动是必修的学习领域，有基本课时的保证，但学校可以灵活使用这些时间，可以与地方课时结合起来使用每次活动的时间和活动量应根据具体情况予以调节既要讲求实效，

又不能加重学生的负担。

（2）活动实施的一般程序

1）明确志愿服务的活动项目

学校和教师结合社区背景，根据中小学生的特点，在社区调查或考察的基础上，确定社区服务的活动项目。

2）确定志愿服务的目的和活动对象。

具体提出志愿服务活动的目的，确定志愿服务的活动对象或活动领域。志愿服务的对象可以是社区特殊的社会群体（如孤寡老人、残疾人、幼儿等），也可以是社区的经济机构（如商场、农场）、政府机构（如环保部门、宣传部门）、文化机构（如图书馆、电影院）。

3）与志愿服务对象或机构取得联系，制定具体的活动时间和活动方案。

4）实施志愿服务。根据社区服务活动方案，展开具体的社区服务活动过程。

5）志愿服务活动的总结。总结并交流志愿服务活动的体验和感受。

第二篇　志愿服务活动案例分享

第一章　步　骤

第一步　提前准备：全面了解情况、明确活动目标

志愿服务在开放的时空中开展，因此，学校在活动前都安排一定时间进行安全、法制、礼仪教育。教育学生预防事故，注意自我保护；教育学生必须遵守法制，遵守实践地和社区的规章制度；教育学生礼貌待人，体现当代中学生良好的精神风貌。

学生根据自己的兴趣和已有的知识经验，从接触的生活世界出发，从熟悉和关注的社会实际中选取活动主题和内容。活动要坚持"就近"原则，注意活动的主题性、可行性、经济性和安全性等。

第二步　拟定活动计划

学生必须首先联系好将要前去服务的地点或单位，制定活动计划，报告家长、班主任或指导教师。家长、班主任或指导教师要对活动的计划和地点进行分析和考察，并对服务活动的可行性和安全性进行评估。志愿服务活动要在家长、班主任或指导教师认可并签字表示同意的情况下方可实施。

学生必须按计划进行活动，接受服务地的负责人领导，班主任和指导老师要随时关注活动的正常开展。在活动中组长要协调好小组成员及各方面的关系，各成员要发挥团队精神，相互协作，确保活动的顺利进行。每项服务活动实施过程中，学生必须认真填写《学生志愿服务记录卡》，还应该撰写一些有关活动的经历、收获、

感受或体会等内容的文章。

第三步　活动交流与评价

　　学校每学年安排一次志愿服务活动的总结交流。交流的对象为《学生志愿服务记录卡》、每次活动证明以及一些介绍活动过程和体会的文章等。交流形式由班级自定，可以是主题班会、班级网页、墙报展览等。

第二章 案 例

寒假云宫志愿服务活动

作者：兰小苗

指导教师：周光发 刘廷昌 贺 琨

目的：了解志愿服务情况，锻炼自己，认识社会，增长才干

形式：深入社区，进行社区卫生服务

地点：都匀市云宫社区

时间：2015 年 01 月 31 日

清晨，凛冽的寒风扑面而来。恶劣的天气并没有击退我要在寒假参加志愿服务的决心。我要看看我能否在恶劣的环境中有能力依靠自己的双手和大脑来面对社会，我所学的东西能否被社会所用，我的能力是否被社会所承认。同时，我也想通过亲身体验志愿服务让自己更进一步了解社会，在实践中增长见识，锻炼自己的才干，培养自己的韧性。这次志愿服务，我主要是通过调查社区相关情况，特别是社区卫生服务方面。虽然这次志愿服务只有短短一天的时间，但是我学习到很多东西。现总结如下：

一、社区居委会的基本结构

根据我国居民委员会组织法规定，居民委员会由主任、副主任和委员共五至九人组成。居民委员会主任、副主任和委员，由本居住地区全体有选举权的居民或者由每户派代表选举产生；根据居民意见，也可以由每个居民小组选举代表二至三人选举产生。居民委员会每届任期三年，其成员可以连选连任。其中社区党支部是党在城市的基层组织，是居民区各类组织和各项工作的领导核心，也是做好街道、社区党建工作的基础。社区党支部宣传贯彻党的路线、方针、政策和国国家的法律、法规，执行上级党组织的决议、决定，支持和保证居委会依法履行职责。社区居民委员会是社区居民大会的办事机构，由社区居民大会或社区居民代表大会选举产生，每届任期三年。社区居民委员会要执行社区居民大会的决定，并向社区居民大会负责，接受社区居民大会的监督，定期向社区居民大会报告工作。社区居民委员会要在政府有关部门及政府派出机构的指导下开展工作，组织社区成员进行自我教育、自我管理、自我服务、自我约束。

二、社区居委会的基本功能

（一）宣传宪法、法律、法规和国家的政策，维护居民的合法权益，教育居民履行依法应尽的义务，爱护公共财产，开展多种形式的社会主义精神文明建设活动；

（二）办理本居住地区居民的公共事务和公益事业；

（三）调解民间纠纷；

（四）协助维护社会治安；

（五）协助人民政府或者它的派出机关做好与居民利益有关的公共卫生、计划生育、优抚救济、青少年教育等项工作；

（六）向人民政府或者它的派出机关反映居民的意见、要求和提出建议。

云官社区也针对本社区内部具体情况对居民作出了如下承诺

1. 为社区居民最低保障服务，为残疾人提供服务

2. 为新市民提供多方面优质服务

3. 为育龄妇女优生优育指导，为行动不便老人上门服务

4. 为特困家庭提供关心服务，为待、下岗人员择业提供中介服务，为七十岁以上老人办理优待证，为青少年提供法律维权服务

通过在居委会实践一周，我的确看到了居委会成员都履行了他

们的职责，诚心诚意的为居民服务。都匀市云宫居委会下设有工作室、党员之家、文娱活动工作室等。这些活动室的设立也大大的方便了居民，为社区工作开展提供了很好的平台，为现代社区建设打下了很好的物质基础。

三、政府各相关部门根据职责要求参与社区卫生服务工作

卫生部门成立技术指导组开展对社区卫生机构的监督管理，组织从业人员开展培训，并联合市发改、编办、财政、人事、劳动保障、民政等部门制定了发展社区卫生规划、编制、人才队伍、经费补助、医保引导等相关配套文件。

（一）政府对社区卫生服务工作重视程度有较大提高

政府各相关部门根据职责要求参与社区卫生服务工作，卫生部门成立技术指导组开展对社区卫生机构的监督管理，组织从业人员开展培训，并联合市发改、编办政府各相关部门根据职责要求参与社区卫生服务工作，并联合市发改、编办、财政、人事、劳动保障、民政等部门制定了发展社区卫生规划、编制、人才队伍、经费补助、医保引导等相关配套文件。

（二）政府增加了经费头入

去年，都匀市云宫社区只有3家诊所店，今年，私人独自办的诊所就有6家，新建了都匀市云宫社区卫生医疗服务中心，还新开了3家社区卫生合作社，为社区居名卫生健康提供了一定的保障.居名在社区医疗合作社就医还可以享受一定的医疗补助。

社区卫生服务能力得到一定提升。一批社区卫生服务机构的工作重心开始逐步从单一的医疗服务向预防保健综合服务转变，不同程度的开展了家庭病床、户籍健康档案、康复指导、健康教育、预防接种等服务.区安装了社区卫生服务管理信息系统软件，为提高社区卫生服务管理水平提供了技术支持。

（三）社区卫生环境是否良好影响着居民的生活起居、身心

健康。

环境是人类赖以生存和发展的必要物质条件，环境问题直接关系到未来人类命运的兴衰福祉。社区有专业的清洁工，专门打扫社区卫生，有的是打扫路面的拉圾，有的是处理社区居民墙面的广告图画等，还有专业的农林工人，专业负责处理社区绿化带，维护社区绿化。

（四）社区卫生存在的主要问题

1. 思想认识和学习宣传仍不到位

一些政府及相关部门领导对发展社区卫生服务是各级政府履行社会管理和公共服务职能的重要内容的认识不到位，责任不明确，没有将发展社区卫生服务纳入经济社会和城市发展总体规划以及社区精神文明建设规划。

2. 对发展社区卫生服务的意义、作用和相关政策学习宣传不到位

社会关注度和干部、群众知晓率低，甚至连部分街道负责人都不太了解，导致社区卫生机构工作上得不到支持配合，社区群众对社区卫生服务机构"六位一体"服务职能不清楚，全社会关心、扶持发展社区卫生服务的良好氛围没有形成。

3. 各项经费投入不到位

坚持公益性是发展社区卫生服务的首要原则。市政府实施意见明确要求"政府对社区卫生服务的补助内容包括：按规定为社区居民提供公共卫生服务的经费、社区卫生服务机构的基本建设、房屋修缮、基本设备配置、人员培训和事业单位养老保险制度建立前按国家规定离退休人员的费用等方面的支出"。然而公共卫生补助经费至今未按规定预拨到社区卫生服务机构。由于总体投入不足，社区卫生服务的公益性基本未得到体现。绝大多数社区卫生服务中心均未真正从原来的基层医疗机构转型包括我所在社区，人员工资全部为差补，卫生服务站中有 9 为民营，因此仍是主要依靠医疗收费来维

持日常运转。

4. 社区卫生服务总体能力和水平较低

社区卫生服务队伍素质偏低。目前全市社区卫生服务机构有卫生技术人员 639 人，大多数为原基层医疗机构人员，普遍存在学历层次偏低、年龄结构老化、知识结构单一、医疗水平不高等情况。造成广大居民对社区卫生服务机构缺乏信任、居民就诊率低。因经费、政策、队伍等方面的因素制约，社区卫生服务机构从观念上无法树立预防为主、防治结合、全科服务、以维护居民健康为中心的社区卫生服务理念。

5. 从运行管理上仍沿袭医院的医疗管理模式

以赢利为主要目的开展单一医疗服务，对社区卫生公共服务部分的人事、财务、业务没有单独管理核算；从工作方式上，仍以坐等病人上门为主，主动服务、上门服务、社区责任医生等适合社区卫生服务特点的工作少有开展。目前各机构已建立的部分无论是纸质还是输入电脑的居民健康档案，都与对居民的日常服务和上级医疗机构脱节，不能发挥居民健康管理监测、信息资源共享的作用。社区卫生服务"六位一体"总体能力较弱，公共卫生服务没有得到有效落实。

四、为社区居委会服务

"把一件简单的事做好就是不简单，把一件平凡的事做好就是不平凡。"通过这次社区服务劳动，我明白了了许多道理。劳动中，我知道了自己许多不足之处。这次在居委会服务一天，我也算是亲身投入了实践当中，而且我都努力的完成我该做的任务。刚开始去居委会的时候，居委会主任参观了居委会办公的地方，认识一下居委会成员，后来主任安排我扫地、拖地、擦桌子、窗户等。刚开始劳动是有点累，但我仍然坚持，因为我知道这是我第一次社会实践，给自己一个锻炼的机会。后来主任安排我整理文件，这些事对我来说很简单，很快就完成了任务，所以我在居委会有很多的空闲时间。我就利用这些多余时间与居委会叔叔阿姨攀谈，询问他们一些有关社区情况以及社区卫生服务状况。

通过一天的实践，我发现居委会成员个个都很有责任感，做事情都很认真，每当有居名来居委会办事的时候，他们都很热情的接待和处理事情。

五、为一步推进社区卫生服务的建议

（一）希望要强化政府责任，切实加强领导。

（二）对社区卫生服务重要意义、作用和相关政策的学习宣传力度，要采取电视滚动播出、宣传材料入户等有效方式，提高社会关注度和广大群众的知晓率，特别是要发挥社区居委会的组织发动作用，提高社区居民对社区卫生服务机构的了解和利用率，营造有利于发展社区卫生服务的良好氛围。

（三）要强化政府主导，落实保障措施。要加大各项经费投入力度，以保证社区卫生机构的公益性质。

（四）要强化能力建设，完善服务功能。一是要加快社区卫生服务人才队伍培养步伐，加大政策倾斜力度，改善社区卫生工作条件，吸引更多的卫生专业技术人员到社区卫生机构工作。

（五）要充分发挥社区居委会、社区群众等多方面的民主监督作用，建立社区卫生信息公示和群众满意度评价制度。

六、社区服务感悟

在服务的这一天里，我通过自己的努力奋斗，体会到了工作中的酸甜苦辣，这时才发现自己是最幸福的。因为我还在学习的阶段，还没能真正地接触事业，没能真正地了解到工作的难处和辛苦。现在看起来，我觉得自己现在还是不错的了，能在这么好的环境下读书，为以后的工作打下基础。是这一次社会实践给了我学习和深入了解社会的机会。

在这次服务的过程中，我认真负责地做好居委会主任安排给我的事情，耐心的听居委会成员给我讲有关社区居委会以及社区卫生服务情况。社区实践活动提高了我们的社会实践能力。引导了我们接触、了解社会，增强我们的社会责任感和社会适应能力。在竞争如此激烈的今天，对于我们这些初生牛犊的学生们，独立的培养和社会的洗礼是多么的重要。在这个更新速度超快的今天，如何适应社会也是我们即将面临的困难。对于现在的我们，越早接触这个日新月异的社会，就意味着我们越能适应它。

原本以为自己已经学会了一些基础的知识就够用了，可到了实践的时候才知道原来自己要学的东西还有很多，以后自己要走的路还很长，不能只安于现状，一定要奋勇直前。人是在不断前进中成长起来的，虽然会有很多坎坷，但总是会有办法解决的。做人不怕失败，最怕失败后永远不能站起来。一定要相信自己，因为我总是对自己说"勇敢点！挫折？怕什么！风雨过后一定会有彩虹的！"

高中生社区服务，有利于增长才干。坚持学习书本知识与投身社会实践的统一，走理论与实践相结合的道路，历来是青年锻炼成长的有效途径。社会实践是知识创新的源泉，是检验真理的标准。把学得的知识用于实践，在实践中继续学习提高，才能真正成为对社会有用的人才。

实践以充分证明，社区服务促进了中学生的全面发展。通过社区服务活动，我从与社区工作人员以及人名群众的广泛接触了解交流中受到真切的体验，使思想得到升华，社会责任感增强。在实践中，我的人生观价值观得到进一步的强化，提高了认识能力适应能力和创新能力。

【教师点评】

作者深入社区，进行了社区卫生服务，了解了云宫社区服务活动情况。高中生社区服务要坚持学习书本知识与投身社会实践的统一，走理论与实践相结合的道路，把学得的知识用于实践，在实践中继续学习提高，使社会责任感得到增强，人生观价值观得到进一步的强化，不断提高了认识能力、适应能力和创新能力。

（本文获第 30 届贵州省青少年科技创新大赛三等奖）

第三篇　志愿服务学分认定

一、志愿服务学分认定应遵循的原则

公益性与志愿性是社区服务的最大特色，因此服务者的志愿与义务应是判断某种活动是否是社区服务活动的标准。志愿服务是学生主动参与社会生活、理解社会的重要途径，也是培养学生社会责任感的主要途径之一。

《普通高中课程方案（实验）》规定，高中 3 年，共参加不少于10 个工作日的志愿服务。即可认定获得 2 学分。因此，学校在认定此学分时，必须要求学生提交一份材料，其内容包括对象（机构或个人）的名字、活动日期、服务时间、服务项目或内容、学生自己签名、服务对象的签名及联系方式，以及学生自己的体会。

二、志愿服务学分认定的内容及方法

（一）志愿服务类型

1. 志愿者活动：为社区大型活动提供志愿者服务，在公共活动场所（如公园、图书馆）参与管理服务，参加助残帮困活动等。

2. 学校开放参观服务类活动（小升初面试、直升考试、本校夏令营、冬令营、开放等担当志愿者服务校园）。

3. 社区科技文化教育和环境建设活动：参加社区各种形式的精神文明建设活动，如法制宣传、人口与保健宣传、环保与卫生宣传活动；城乡科技、科普活动；拥军拥属活动，城乡文体活动，城市交通秩序维护活动等。

（二）计分、记录办法：

每 1 次活动，0.5 个工作日计 0.1 分，一次服务活动最高计 1 分。高中阶段必须修满 2 分，高一学年最少修 0.5 分，最多可修 1.5

分，高二、高三不限；每学年上交一份不少于 1000 字的社区服务总结、须附上至少 5 张工作照片，直到修满为止。

三、志愿服务学分认定的组织管理

志愿服务的组织可以随时灵活调整，利用课余或高一、高二期间的假期时间分散进行，不必过分拘泥于形式，而应注意活动的实效。可综合采用多种组织形式，既培养学生的独立意识，又培养学生的团队观念、合作精神。

（一）活动前的准备

在活动前要进行安全、法制、礼仪等的教育。整个活动从设计到实施，始终要注意保障学生的身心健康与安全，防止有害于学生身心及易引起诉讼的事件发生。

（二）内容与方式的选择

学生根据自己的兴趣和已有的知识经验，从熟悉和关注的社会实际中选取活动主题和内容，坚持就近原则。根据课程目标、课程内容主题、课程资源的不同特点与学校现有的条件，尽量采用参观、访问、调查、实验、测量、采访、宣传、郊游、野营、义务劳动、公益服务等方式，以激发学生对活动的兴趣。

（三）活动计划与实施

根据活动内容和实际需要灵活安排个人活动、小组活动、班级活动、学校活动等组织形式学生按计划进行活动，班主任或指导教师始终关注活动的开展。活动实施的过程中，每位学生都必须认真填写《中学学生志愿服务记载卡》，还应撰写一些有关活动的感受、收获等内容的文章。统筹考虑时间。

（四）总结与交流

活动结束后，个人写出活动小结与活动的感受，活动小组完成社会实践报告，先在小组内交流，然后组织班级、学校内外的交流。

四、志愿服务学分认定的基本程序

由团委或学生会组织的服务活动由负责教师进行学分认定，而自行组织的服务活动由班主任和年级长根据服务单位负责人签章的服务时间证明来认定，最后由综合实践活动课程学分认定小组确认。获得 2 学分的条件为：三年内服务总时间不少于 10 个工作日；《志愿服务记录卡》记录完整。

志愿服务记录表

服务对象		服务时间	
服务项目		服务地点	
个人所做的主要服务工作及完成情简述			
在服务过程中产生的体验与感受	签名：　　年　　月　　日		
服务对象的评价意见			
社区服务组织者评价意见	签名：　　年　　月　　日		

注：本表作为每次参与社区服务的登记表，高中阶段累记参加社区服务的时间不少于 10 天，认定 2 学分，要求学校在高一、高二学年完成。

志愿服务评价与学分认定表

班级：　　　　　　　　　　　　　　　　　　　姓名：

参加社区服务情况记录及评价	序号	服务时间	服务地点	服务内容	表现评价	
					自我评价	服务对象评价
	1					
	2					
	3					

志愿服务综合评定等级			班主任签名： 年 月 日			
学分认定	班主任意见 （在相应栏签名）		德育处审查意见		学校主管领导 审批意见	
	合格 （1分）	不合格 （0）	合格 （1分）	不合格 （0）	合格 （1分）	不合格 （0）

说明：

①自评、服务对象评价、综合评定均采取等级制，评定等级为：优、良、合格、不合格。

②本表作为每学年学生在志愿服务方面获得学分的认定表，每学年社区服务时间不少于五天，认1分，高中阶段总计2学分（毕业要求），学校要求学生在高一、高二学年完成。

③社区综合评定由班主任根据被服务者的评价意见评定。

计分、记录办法

每1次活动，0.5个工作日计0.1分，一次服务活动最高计1分。高中阶段必须修满2分，高一学年最少修0.5分，最多可修1.5分，高二、高三不限；每学年上交一份不少于500字的社区服务总结、须附上至少5张工作照片，直到修满为止。

后 记

　　本书经过 4 年多的努力，终于完成了，这当中汇聚了所有参与师生的智慧和心血。

　　参与编写本书的教师注重以素质教育为突破口，贯彻以提高学生创新能力为目标的教学理念，在教学中渗透研究性学习的思想。

　　教育教学改革实践和教师专业发展的内在需要赋予了"教师成为研究者"的角色。通过本书的编写，证明了教师不仅是课程的执行者，也是课程践行的"参与者"和"研究者"，综合实践活动理论与实践是推动课程发展的重要力量，课程改革的核心是理论与实践的对话，它是一线教师和理论专家之间的一种合作过程。

　　本书编写教师参与课程研究，立足于学科领域的特殊问题的解决，实现从对课程的感性认识到理性分析与重新建构，这样的研究对教师的成长具有重大意义。诚然，由于编写教师水平有限，理论存在学科视域的局限性。

　　整理完书稿后，发现有一些不足，一方面缺少系统的过程与深层的归纳，观点的表达好像"什么都是，又什么都不是"；另一方面，作为一名基层的综合实践活动教学工作者，侧重于综合实践活动教学实践层面的研究，着眼于综合实践活动教学实践中的问题发现、问题分析和问题解决是一种现实的使然。

　　教育本身就是生命发展的历程，教师的研究正是教师生命发展历程的一个重要体现，在这个历程中，既有对别人理论的借鉴、吸收、内化，又有自己的教学经历、感悟、思想，当把两者结合于一起并借助语言表达出来的时候，便是教师"在异己的东西里认识自身，在异己的东西里感到自己的家，这就是精神的基本运动，这种精神的存在只是从他物出发向自己本身的返回。"而且，这种"表达就是把自我呈现给他人，从他人这面镜子中观照自我，在与他人的对话中促进自我更新。"或许，这也正是中小学教师成为研究者的价值所在吧！

　　最后，我要衷心感谢支持和帮助我的领导，感谢专家的指点和同行的帮助与鼓励。

贵州省黔南田家炳中学（都匀二中）　周光发

2018 年 3 月 22 日